瀚舞百年

吴清源的AI思维

的AI思维

胡波◎著

青岛出版集团 青岛出版社

图书在版编目（CIP）数据

吴清源的AI思维.瀚舞百年 / 胡波著. —— 青岛：
青岛出版社, 2024.
ISBN 978-7-5736-2319-5

Ⅰ . G891.3

中国国家版本馆CIP数据核字第2024N5K398号

WU QINGYUAN DE AI SIWEI · HANWU BAINIAN

书　　　名	**吴清源的 AI 思维·瀚舞百年**
著　　　者	胡　波
出 版 发 行	青岛出版社
社　　　址	青岛市崂山区海尔路182号（266061）
本 社 网 址	http://www.qdpub.com
邮 购 电 话	0532- 68068091
责 任 编 辑	陈卉敏　陈　宁　李佳琪
特 约 编 辑	吴清波
制　　　版	青岛乐喜力科技发展有限公司
印　　　刷	青岛乐喜力科技发展有限公司
出 版 日 期	2024年12月第1版　　2024年12月第1次印刷
开　　　本	16开（850毫米×1092毫米）
印　　　张	17
字　　　数	300千
书　　　号	ISBN 978-7-5736-2319-5
定　　　价	98.00元

编校印装质量、盗版监督服务电话：4006532017　0532-68068050

目录

注：章节名调寄《青玉案》

第一章　清商二子驰纹路

新锐挑战赛让二子对战中村勇太郎

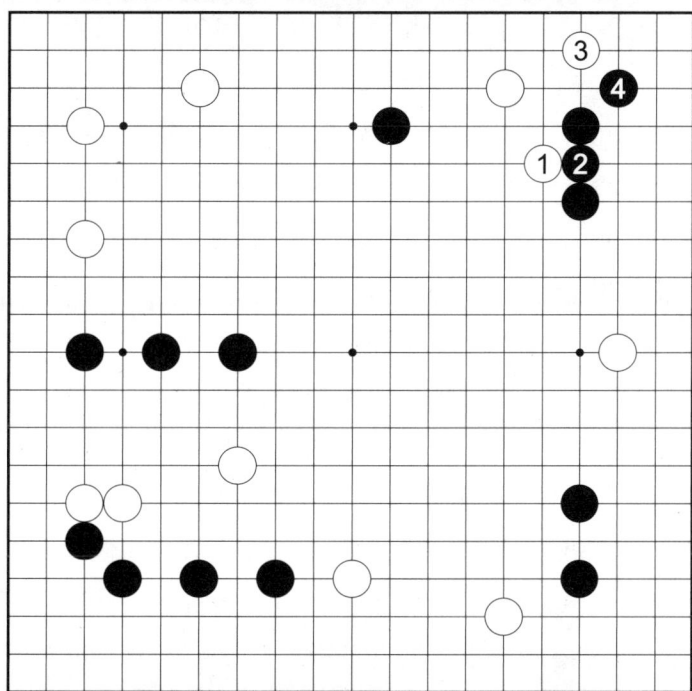

中村勇太郎　吴清源

❍ 面对巨大落差，不得不处处发挥出极致本领

❍ 又不能将胜负之弦勒得太紧太满而绷破局面

❍ 双方竭尽其能，演绎极致时代下极致的围棋

❍ 那是一生的华彩之作，虽然憾负，亦是欣然

　　从 1939 年至 1956 年的十番棋可谓一场浩大的征程，历时 18 个年头，是吴清源围棋生涯中极为重要而精彩的篇章。在十番棋的过程中，一局棋大多要下两三天，且与下一局棋的时间跨度也须数月，这期间吴清源也会参加一些其他棋战。

　　1953 年，吴清源与六段新锐棋手的对局筹划展开。中村勇太郎、山部俊郎、曲励起三名六段选手，经过层层选拔成为最终人选。这三人是六段棋手中的佼佼者，各揣本领，他们将向吴清源九段轮番发起挑战。

　　因九段与六段间的段位差已达三段，如按正规棋份进行比赛的话，吴清源应让六段对手"二先二"，即三局棋吴清源有两局让二子，一局让先。经协商，吴清源同意双方棋份降为"先二先"，也就是三局棋吴清源两局让先，一局让二子。抽签后，唯一的一盘让二子局被中村勇太郎六段抽中。

　　在以前，围棋职业九段让围棋职业六段二子是司空见惯的事情，但在现在，职业棋手之间的差距愈来愈小，九段与六段分先也不一定能胜，何况让二子？本因坊秀哉让少年时期东渡日本不久的吴清源"二三二"棋份的对局，距本次对局也就二十多年的时间而已，再看已是"天方夜谭"。那时吴清源只有三段，秀哉名人让其二子局皆告负，而此次中村勇太郎是通过层层选拔脱颖而出的六段棋手，即便对于冠绝天下的吴清源，让二子对局的难度也着实不小。

　　不过，被选中与吴清源下让二子棋，中村勇太郎六段也着实"不幸"，这盘棋即便他胜出，恐怕也没有丝毫"战胜了吴清源"的激动心情吧，更何况让二子想从吴清源手下过关亦非易事。这种无形的压力几乎在赛前就形成了，以致于执黑的中村勇太郎本局的宗旨便是力求不败。

　　这局棋虽然中村勇太郎处处稳健持重，但吴清源却处处发挥出了其极致的本领，而又不能将胜负的弦绷得太紧而撑破。总之，维系这样的均势绝非易事，这种特殊且微妙的情形，正是创造名局的完美时机。

本局弈于 1953 年，在神奈川县鹤卷温泉阵屋。同年，吴清源在"十番棋"的舞台上继续征战：上半年他结束了与藤泽库之助的第三次"十番棋"争夺，并以 5 胜 1 败的战绩将对手降为定先；下半年年末开始与坂田荣男进行"十番棋"擂争，前两局战成 1 比 1，在 1954 年结束战斗，以 6 胜 2 败将坂田荣男降为定先。此际，正是吴清源围棋水平的巅峰时期，其技艺炉火纯青，境界已臻化境。

中村勇太郎生于 1908 年，师从岩佐圭八段，棋风坚实而正统。1928 年定为初段，1981 年升为九段，门下有茅野直彦九段、黑泽忠尚九段等。本局中村勇太郎依仗其深厚功夫，处处采取稳健守势，结果又将如何？且赏佳局。

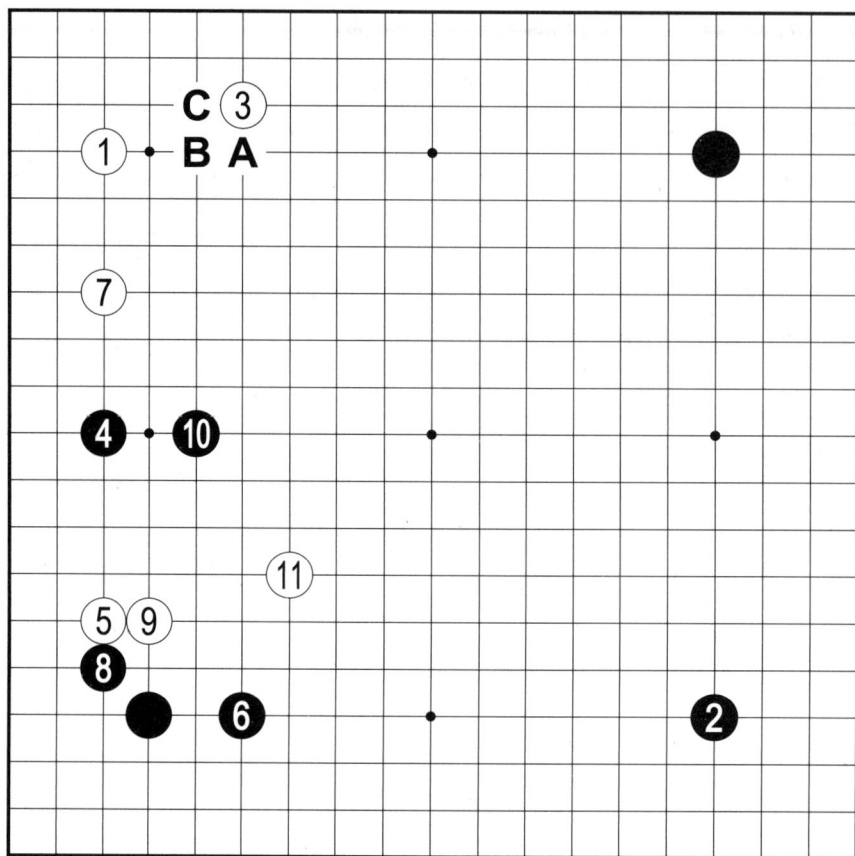

第 1 谱（1—11）

授二子局白棋先行，作为上手的吴清源起手小目，接着构起大飞阵势。黑2走星位占完盘上空角，AI 推荐白在 A、B、C 位或 3 位的四种守角方式，皆优于挂黑角。

黑4向着白棋大飞的方向拆边，稳健。相比起来，白5向周围已有两子黑棋之处挂角，则充满寻衅意味。不过在让二子局中，开局便施出无理着法也是常见的事。

黑6单关即见中村勇太郎稳健的行棋策略，普通直接在8位尖顶更为积极。白7拆兼逼，位置讲究，看似宽松，但对于大飞阵势守护更佳，面对黑4一子若即若离，对于执黑下手来说很"麻"。黑8尖顶，再10位跳出，堂堂正正。白11大飞出头，姿态轻灵优美，也是 AI 推荐的好点。

白挂角时，黑1尖顶常见，白2如挺头，黑3再关起。作为让子棋，上手方着法会稍许激进，本图白4逼迫即是如此。

尽管白二子稍重，待黑5飞攻时白6跳起，黑7镇头时，白棋再做出对策——白8拆一寻求反击。这也是考验黑棋的下法，黑棋并不好应。当然，做寻常想，白4普通在5位飞起，以下黑在A位飞或B位拆边皆无压力。

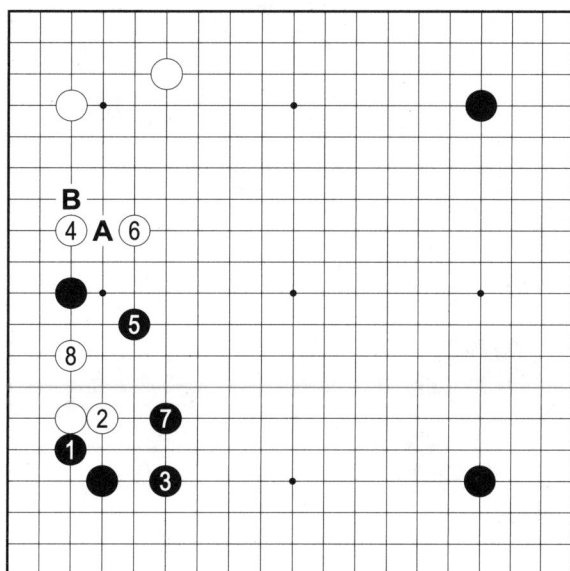

变化图1-1

实战黑单关守角时，白1小飞，若黑2占三三，白3再拆一，看似逼仄，实则积极。以下黑4简单拆二，白5再抢逼过来打散局面。黑可A位一带夹击，或从B位点也是强手应对。

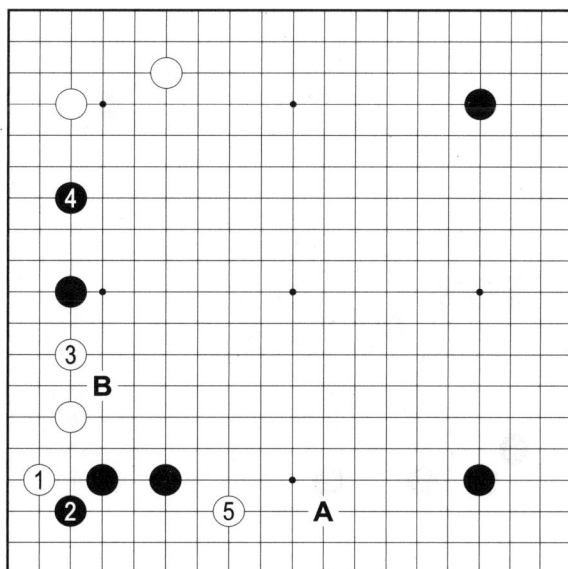

变化图1-2

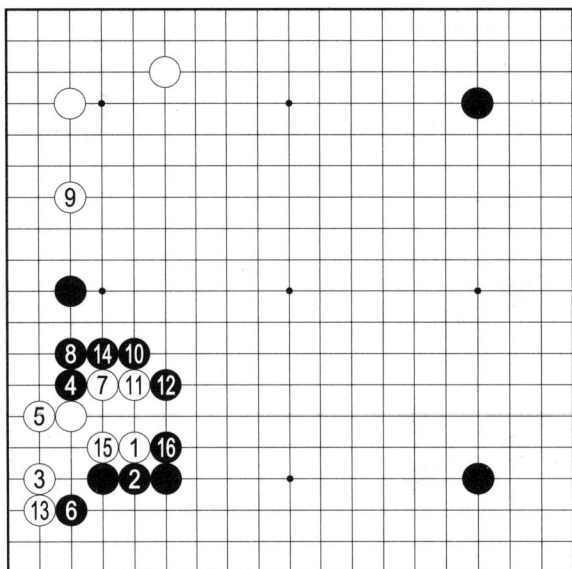

变化图 1-3

面对左下黑单关之形，白1先刺是常见的"AI流"着法，若黑2粘住，白3再飞，黑还是补角的话，白再拆一，相较上图白总是便宜的。

黑4碰反击，待白5立下后黑再占角是积极构思，黑此交换稍得便宜。以下白9逼过黑再跳出，黑12扳强手，至黑16封锁。此时白虽可得先手他投，但下手方亦易于掌控。

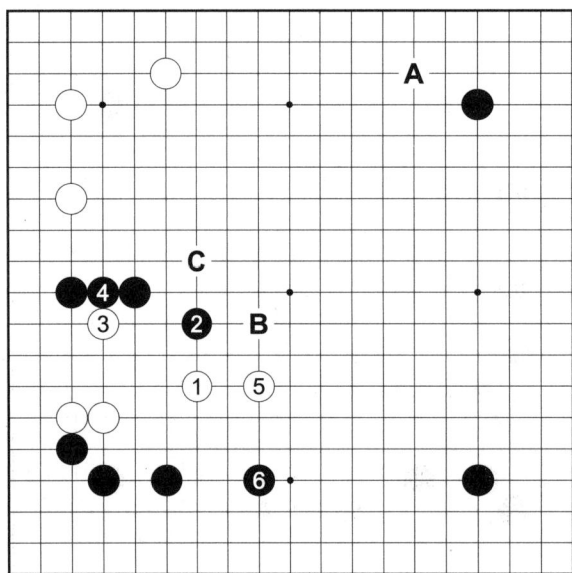

变化图 1-4

面对两边黑棋的夹击，白1大飞轻灵飘逸，以人类视角而言是姿态优美之招；以AI视角来看，同样是首选之点。

黑2夹击凶猛，白3刺与黑4粘交换，再从5位跳出简洁明快。黑6跳出后，白可脱先在A位挂角或B位曲镇、C位夹击等。本图黑棋下方阵地可观，但中腹也显薄味，作为下手总是有所担忧。

白还可以选择白4后再白6跳出的方式出头，以下黑7、黑9冲击，白8、白10挡住后再点角寻劫，至白16虎，黑大致17位飞补。

如果是对子局，此图进行也属正常，但是让二子对局的话，白棋稍有不满。

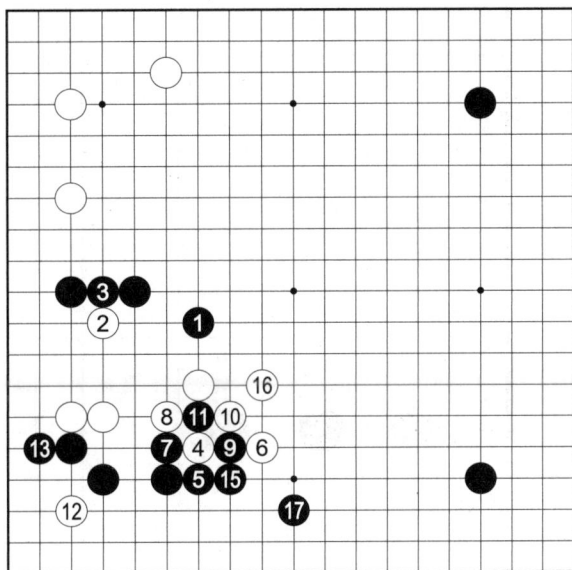

变化图 1-5

14=4

既然白棋直接出头略感不满，白1从二路侵分下方黑空，可为执白的究极应对。

黑2立下强硬，白3、白5更是无不用其极，黑6、黑8坚实应对，得到先手后再10位穿出发难左边白棋，也可在A、B等处发动总攻，或在C位靠试应手后再做决定也可。

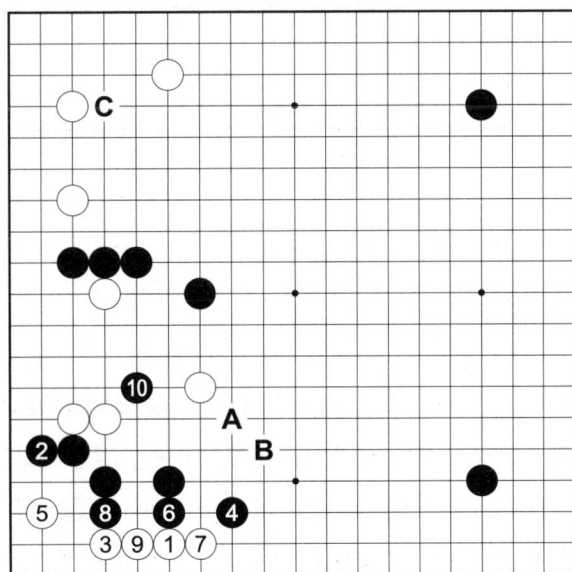

变化图 1-6

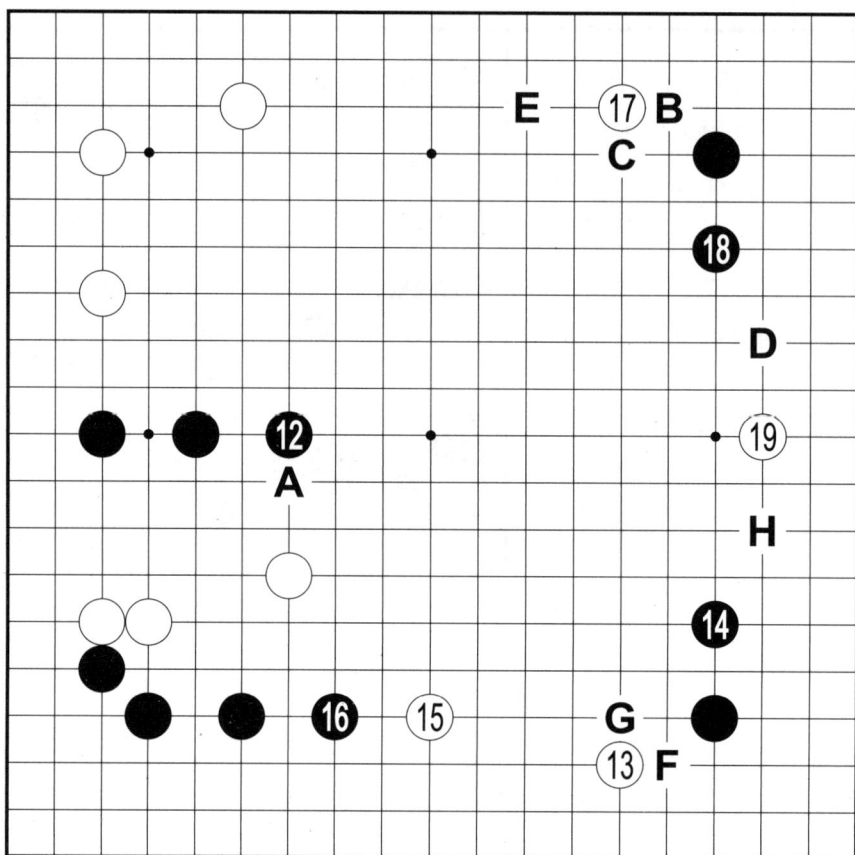

第 2 谱（12—19）

黑 12 跳出堂堂正正，对于让子棋的黑方而言，绝非坏棋。有趣的是，20余年前，面对名人秀哉的让二子考核棋，吴清源也刚好走成这样稳健的三连跳。

不过，黑 12 相较在 A 位对白三子压迫减弱，故白 13 可以抢先他投。二子局上手方都有一套治孤本领，快步调地展开局面。接下来，黑 16、黑 18 均落子高位，中村勇太郎稳健防守之意溢于言表。

白 19 分投，右边形成上下同形。此际对于白 17 一子，黑最简捷的方案是在 B 位尖顶，白如在 C 位挺头，则黑在 D 位守兼夹击白 19，或在 E 位夹击，皆有力可战。下方黑棋定型亦可在 F 位尖顶，白如在 G 位长则黑在 H 位守空兼逼迫白棋。对于被让子一方，黑棋如此稳健行棋完全可行。

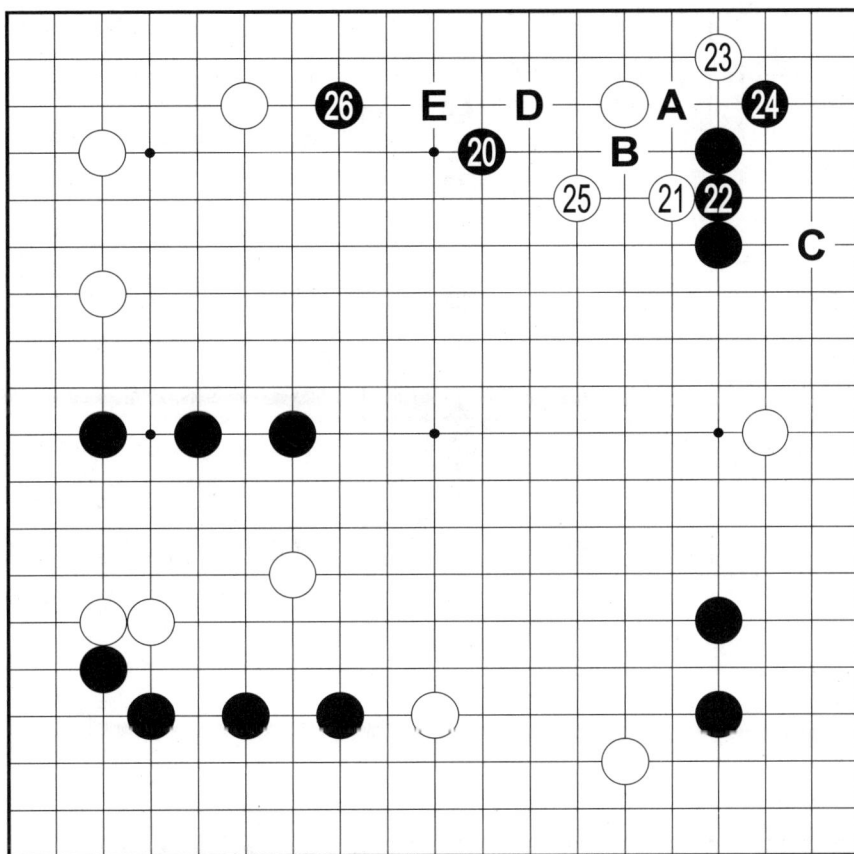

第 3 谱（20—26）

　　黑 20 选择夹击，恐怕是忌惮白棋和左边连片，故选择了将局面打散的下法。黑 20 若在 A 位尖顶，白在 B 位长后，黑再在 20 位夹击，白将在 C 位二路侵入，即刻出现乱战的苗头；若黑尖顶后在 D 位夹击，白在 E 位反夹，黑亦不放心。

　　接下来的场面不得不令人瞠目：白 21 刺，黑 22 粘，白 23 再飞角，黑 24 占三三后，白 25 轻快飞出，将黑两边分断跃出。

　　似曾相识的行棋步调，AlphaGo 改变人类围棋观念的定式之一。

　　吴清源在 70 年前就弈出来了。

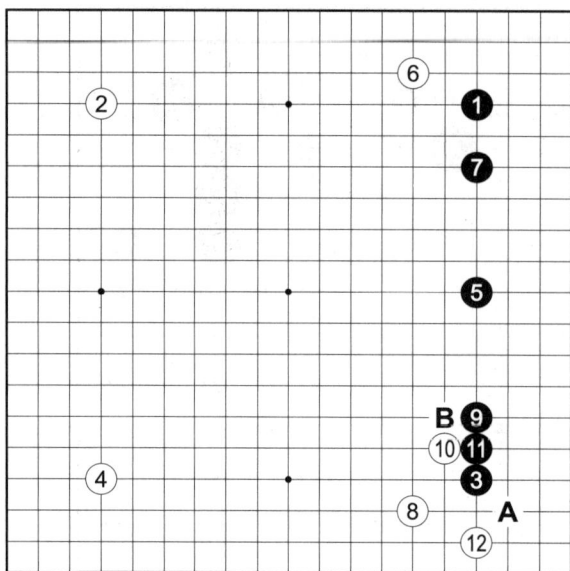

参考图1

2017年，AlphaGo化身Master鏖战人类顶尖高手，60战无一失手，举世皆惊。AlphaGo自战谱第二局中，白8挂角，之后白10刺，黑粘后，白再12位飞，白10刺的手法，令人瞠目。长久以来，开局将黑刺厚，都认为是白棋不便宜。白12飞后，黑如在A位尖，则此前白棋刺的交换明显便宜了，不然以后白再10位刺，黑断然不会老实粘住，最起码会在B位贴出。所以白12飞后，黑没有心情再尖，则白也完全安定了。

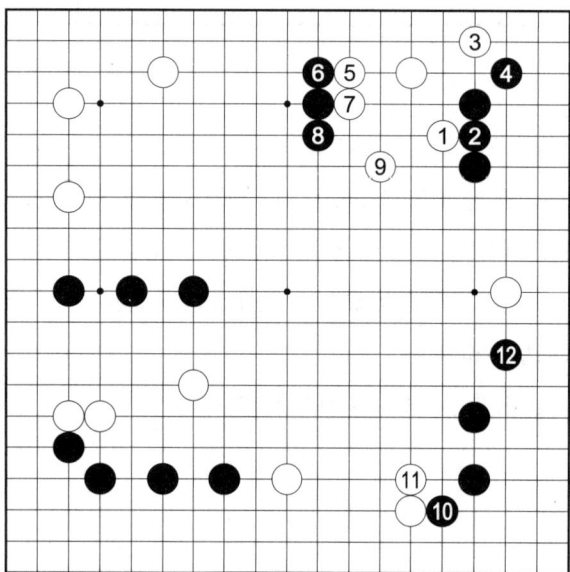

变化图3-2

在此局面下，AI自然不会错过白1刺的手段，白1、白3连续两手小飞，以下黑4尖，白5至白9简单安定。

黑10尖顶后小飞，但角内依然不安定，让二子局面黑棋虽依旧占据优势，但白也算是打开了局面。

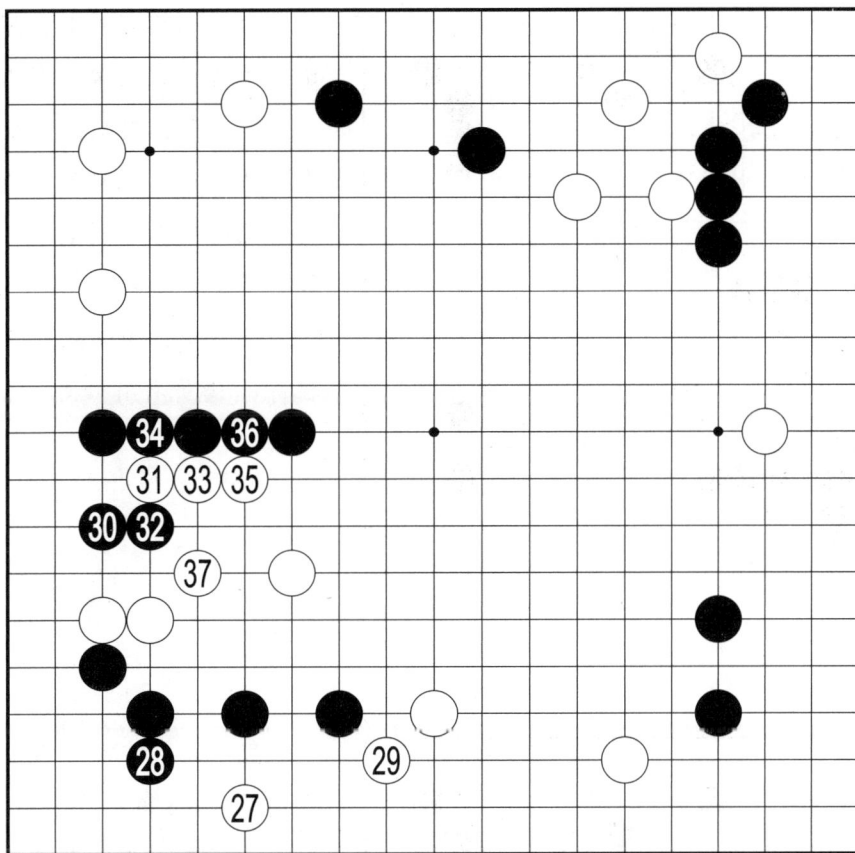

第 4 谱（27—37）

白 27 二路渗入，也是此前 AI 一直强调的要点所在。

黑 28 并依然持重，如此白 29 尖回，将下方黑空夺去不说，自身也获取了根据地。

黑 30 拆一逼迫白棋，稍显急迫，白 31 点也是好手。以下黑 32 至黑 36 的进行为必然，白 37 尖回后，因下方白棋已然安定，这一块白棋并不难处理。另外，黑 36 如走 37 位尖亦可，但如此黑棋外围被冲断，恐怕不为中村勇太郎所乐见。

回头来看，白 31 点的用意就显露出来了：黑一直瞄着分断的 37 位已被白棋占据，黑外围虽然五子连成一堵墙，厚是一回事，眼位又是另一回事。黑还留有三路被冲断的余味，这一块棋黑棋以后难说是完全无虞。

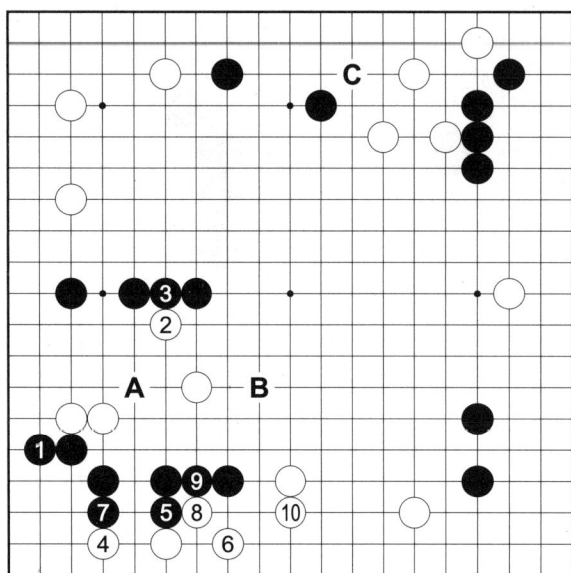

变化图 4-1

白从二路漏入时，黑1立瞄着左边白三子是强有力的下法。黑1似稳实强，白虽能捞取下方实地，但黑外围走厚，以后无论从 A 位割尾或在 B 位拦头总攻皆获主动。

过程中，白2先刺是好时机，白10并补有必要。

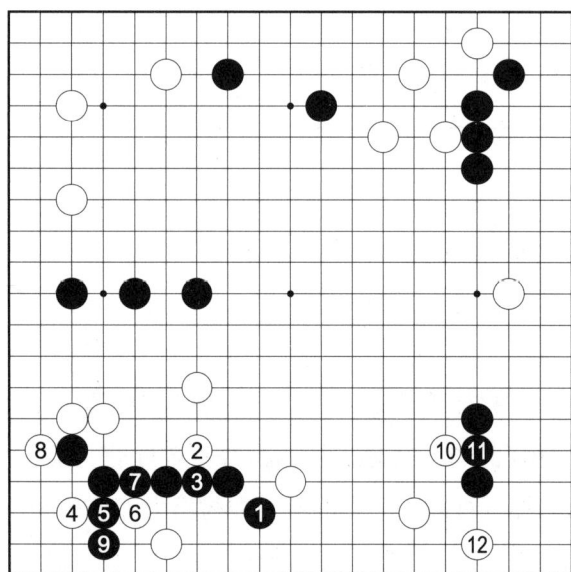

变化图 4-2

黑1如尖阻白联络，白2先刺再白4点角巧妙，黑5挡时，白6与黑7交换又是"AI流"的精巧之处。如此白8扳后，黑9须立下，白得到先手后走到白10、白12，白棋两处皆得安定。

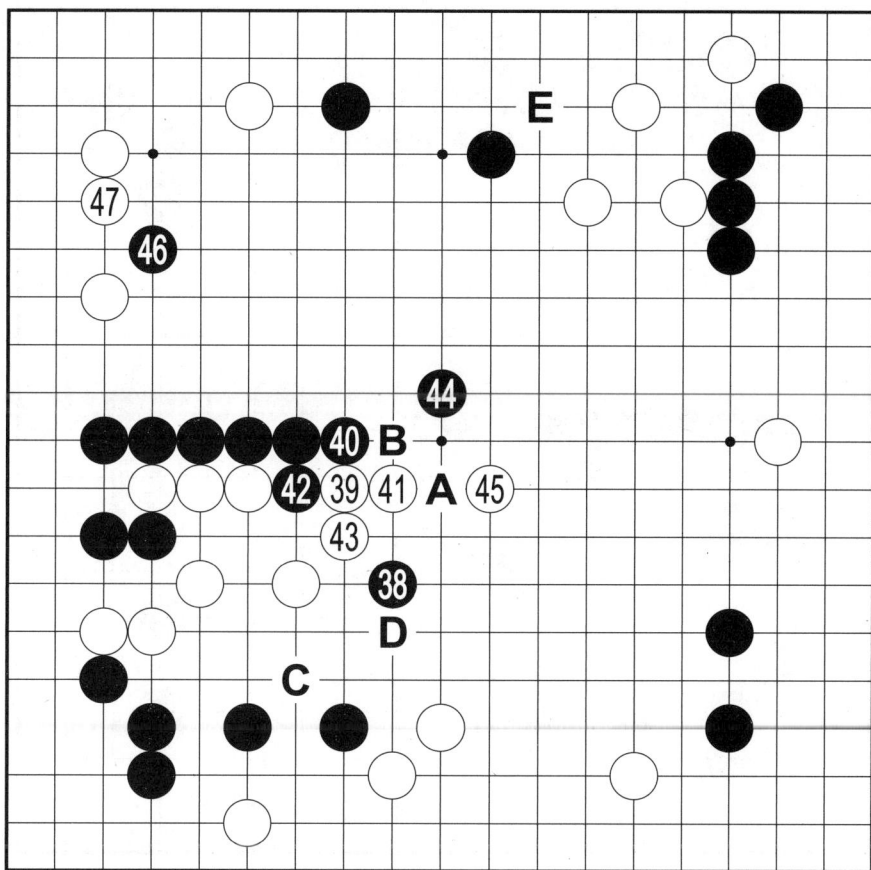

第 5 谱（38—47）

　　黑 38 镇头，中村勇太郎发起攻势。白 39 简单飞出，黑 40 贴时，白 41 也可在 A 位跳出。白 41 在 A 位跳时，若黑在 43 位夹，白在 42 位粘，黑在 41 位虎断，白在 B 位打后再在 C 位刺后再于 D 位靠出，作战不惧。

　　黑 44 飞是好形，白 45 跳出必然。中腹告一段落，黑中腹砌成厚势，白棋左上角愈发薄弱，黑 46 点正当其时。这一带中村勇太郎好手频出，能从众多六段中脱颖而出，岂是等闲之辈？另外，上方 E 位也是黑棋要点所在，此处瞄着右上白形弱点，同时也可加固自身，如黑棋抢到此处，白棋处境不容乐观。

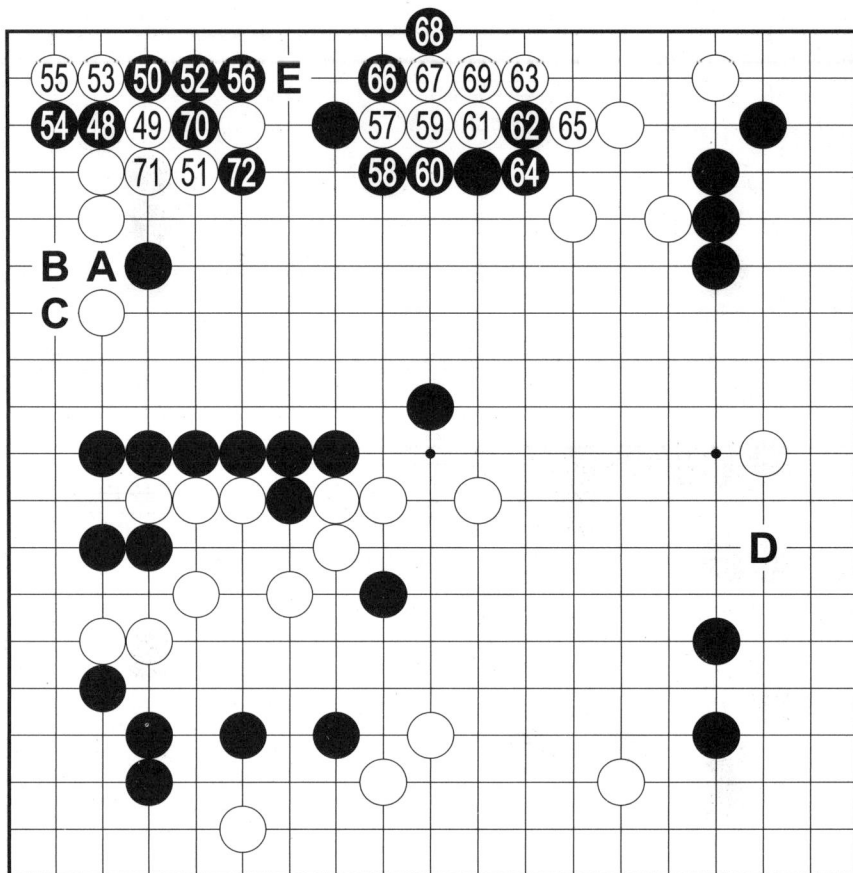

第 6 谱（48—72）

黑 48 直接从角部靠入，显示出中村勇太郎执拗的一面。按说前谱白 47 并之后，黑走 49、70 位等处更显从容。黑 50 扳之后白 51 虎是好手，如在 52 位虎，黑在 71 位打后再从 A 位冲下，白在 B 位挡，黑在 C 位断，白一子被吃；白 51 如在 70 位粘，则上下都没起到作用，不值一提。

黑 56 爬后，白 57 靠机敏，以下进行至白 69，白棋抢先定型，黑 62 位尖的反攻手段没有发挥作用。所以黑 48 靠之前，如先在 62 位抢攻，则更显主动。

黑 70 打，白粘之后，黑再 72 打吃稍显疑问，此处价值并不大，应争抢右边的 D 位逼迫为要。即便黑棋要再上方补棋，走在 E 位实则更好。数谱之内，黑走得坚实稳重，吴清源且战且守，静待战机。

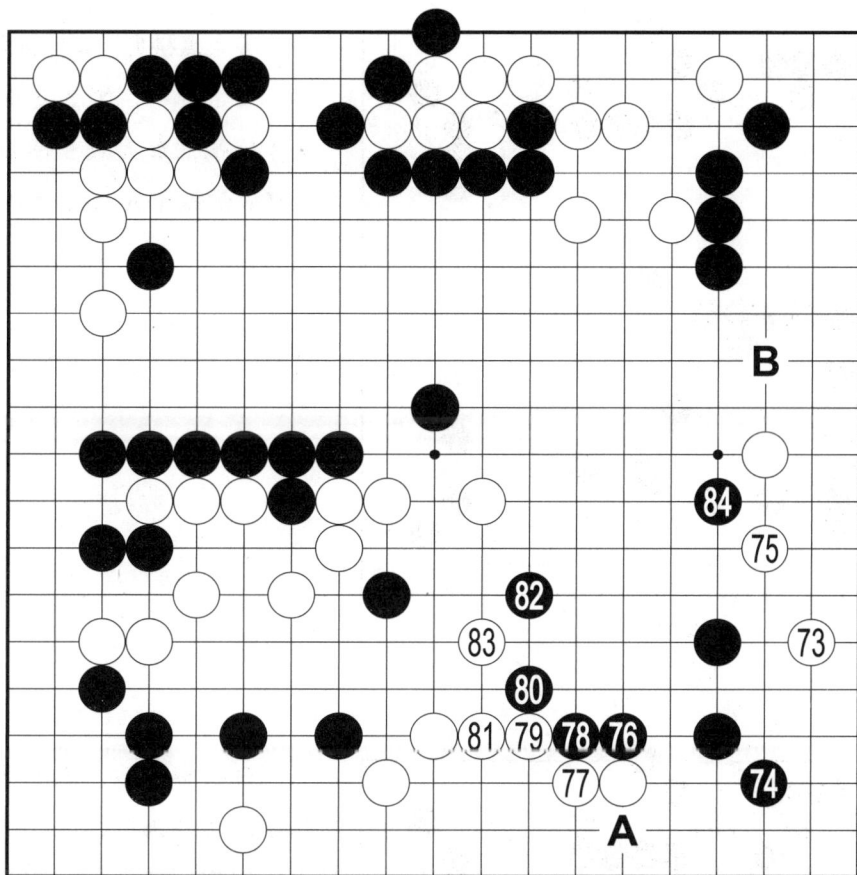

第 7 谱（73—84）

白 73 深深潜入，自左下二路"扫堂腿"之后，白棋在右边再度施出此招。白 73 普通是在 75 位拆，吴清源自然不甘平常手段，让黑棋简单安定。

黑 74 尖三三，稳健。如此黑棋安全无虞，但白 75 也乐得拆回。此处应对，又是白棋得利。

黑右下三子坚实无比，黑 76 靠稍缓，如在 77 位靠入或 78 位肩冲，黑右下三子能量将发挥得更为充分。另外白 77 如在 78 位扳，则黑在 77 位断，白在 A 位立下将形成乱战。黑 82 跳不如在 B 位拆务实。实战白下方围出不少目数，黑棋在中腹却所获不多。

但黑棋二子优势实在太大，开局二子 AI 即给出黑棋有 20 目的优势。即便吴清源在细小处巧妙得利，处处积攒下来，直至现在也不过追至黑棋盘面 12 目左右。黑 84 刺，要点所在，中村勇太郎下出了好手。

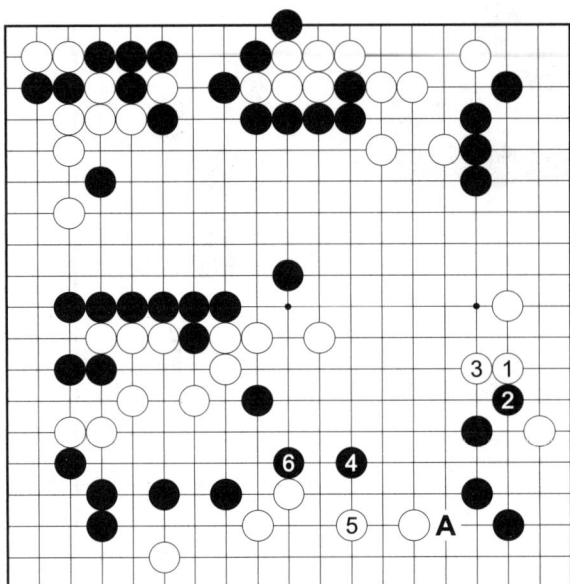

变化图 7-1

实战黑棋尖三三略显消极。

白1拆一，黑2尖顶后再从4位吊，白大致5位补，如此黑6靠或于A位尖顶亦可。

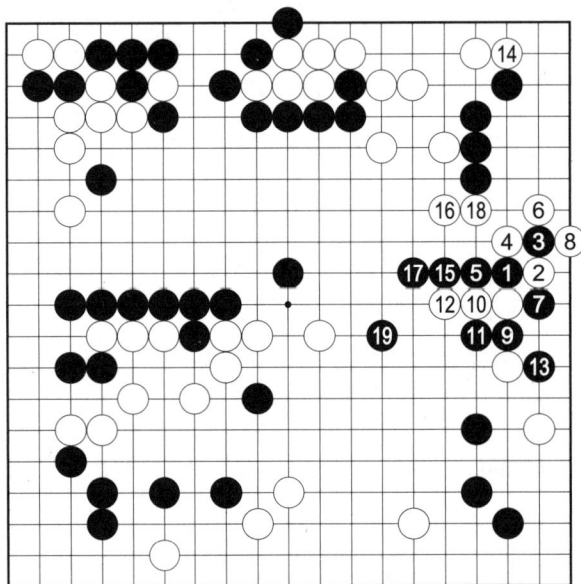

变化图 7-2

白棋拆一后，黑1碰也是强手，白2扳时，黑3连扳，白4打后，双方寸土不让，以下将形成转换。

让二子局如此迅速定型，恐非白棋乐意之型。

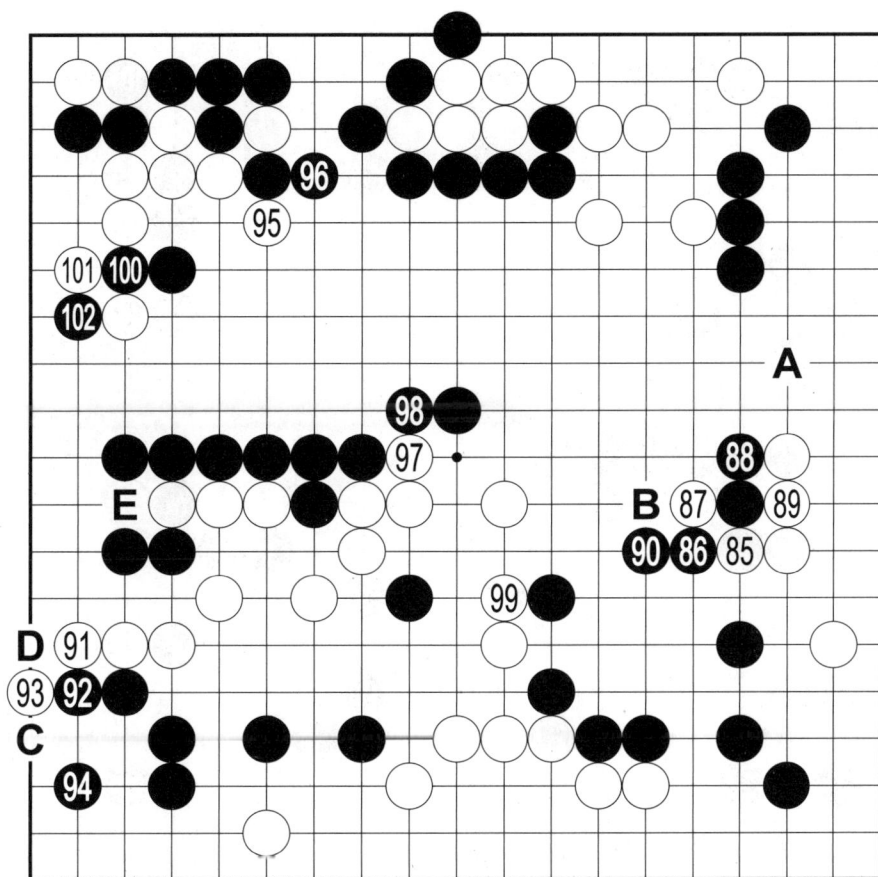

第 8 谱（85—102）

　　白 85 反击意识强烈，如在 89 位粘住，则黑在 A 位守交换明显便宜，黑棋满意。

　　以下黑 86 至白 89 是好应接，但黑 90 未走出最强手。事实上，此时黑若在 B 位打吃，白不太敢长出，黑在 88 位向上长出的话，右边白棋将被黑棋封头，白自顾不暇。实战黑 90 退后，能吃到口的白 87 一子白白摆在盘上，黑方无疑亏损。白 91 立下时机正好，白 93 扳时，黑 94 跳稳当，如在 C 位打，白在 D 位粘，白得一路硬头以后有 E 位冲的后续手段，黑二子无法连回。

　　白 95、97 交换后回到 99 位挡，价值大且厚。黑 100 冲后再 102 断是左上一直暗藏的手段，接下来白若吃黑 102 一子，黑断打后能反吃角上白二子；而白若二路粘补则被黑完全便宜，无论如何下不出手。此际白棋看似很难周全，面对四处通厚的黑棋，吴清源该如何处理？

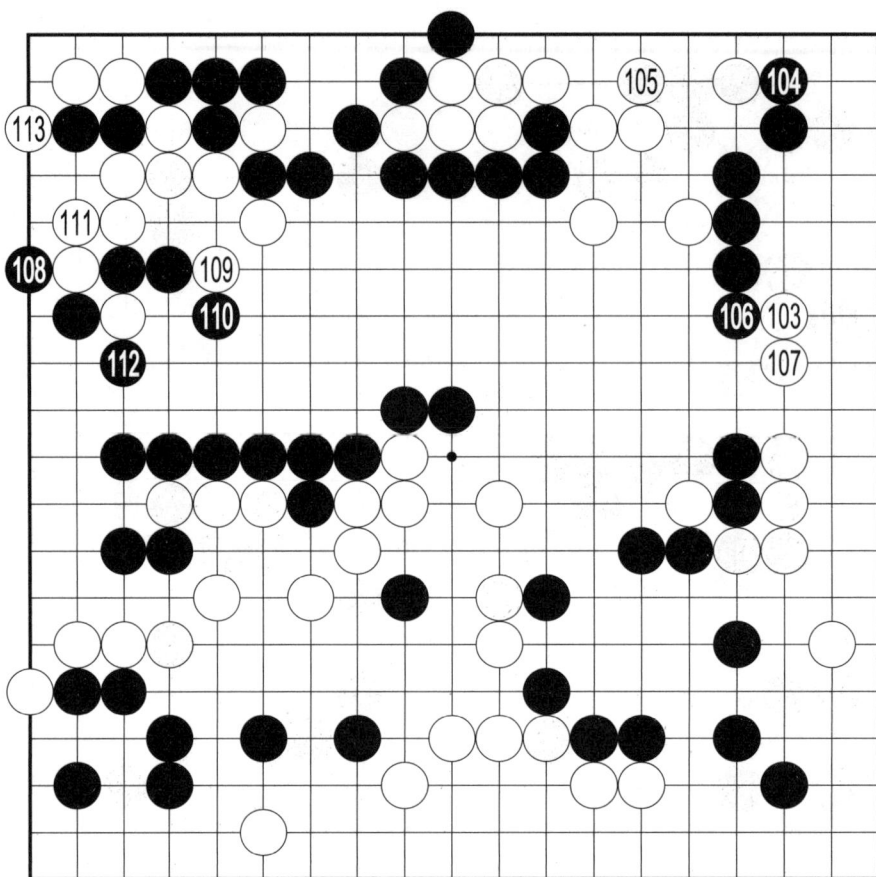

第 9 谱（103—113）

左边黑棋突发强手，看似白棋左右为难，吴清源却广袖一挥，将白子掷于盘上右侧——白 103 拆逼！应不好的地方，何必再应，再去为难自己，何不把选择权连同恼人的情绪交给对方。短短一合，即以洞见吴清源的智慧。

黑 104 挡、黑 106 压，中村勇太郎果真弈得谨慎小心，叩桥而不渡。即便是面对冠绝天下的吴清源，堂堂六段棋士受二子若吃了败仗总非荣光。

黑 108 从一路打好构思，白 109 反问黑棋应手，这一带两人各尽心思之巧，弈得极为细致。白 113 还需后手吃住，这就是黑选择一路打吃的巧妙之处，此役中村勇太郎稍得利。

实战白在 11 位补稍缓，如在 1 位打，至白 11，虽形成转换，但完全可战。

此图白棋角部留有扑劫的手段，而且等到黑 10 补后，白棋再走 11 位正当其时，或 A 位飞出亦可。

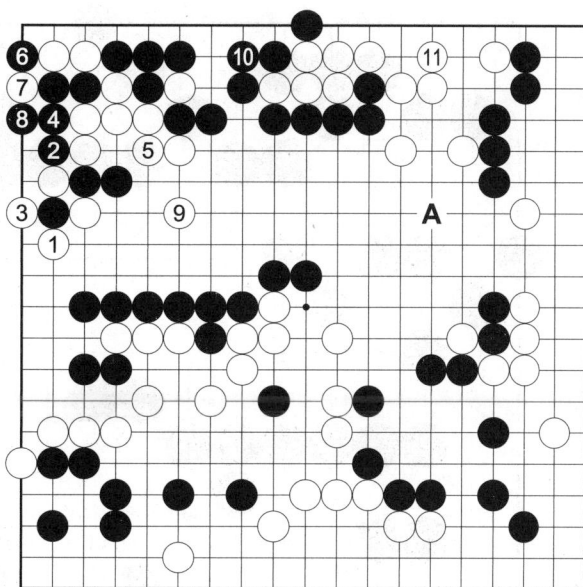

变化图 9-1

实战白 113 如脱先，黑 1 托严厉，白如在 3 位挡则成劫；如白 2、白 4 提吃二子，白棋眼位不够，周遭黑棋厚实，白棋恐难做活。

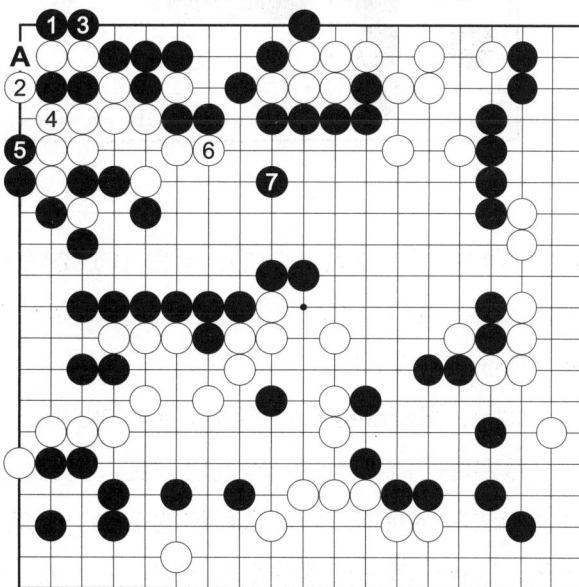

变化图 9-2

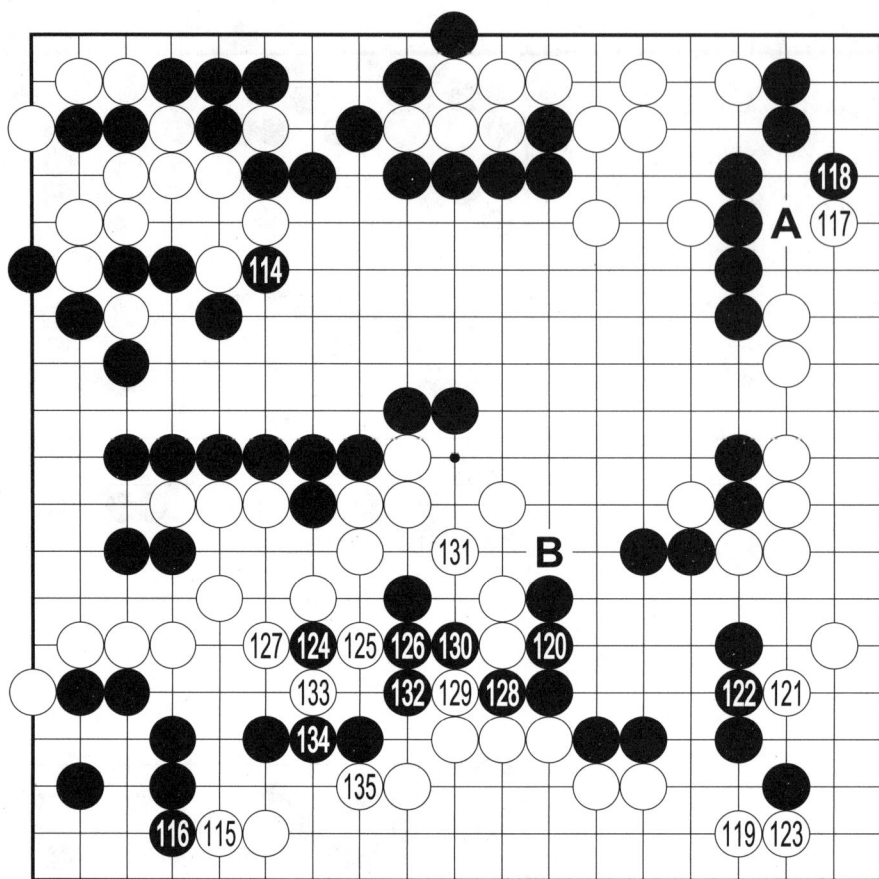

第 10 谱（114—135）

黑 114 打价值大。白 115 至白 121 是愉快的先手利，白 123 不如在 A 位顶价值大。至白 135，黑棋将白棋撞厚，以后 B 位价值不小，所以黑 124 不如在 125 位简单尖回。

此际，吴清源已追到了贴目局面的细棋。

著名超一流棋手赵治勋九段说过，吴老师的棋充满了速度感。在局部除必要的着法以外并不过分追求最好的下法，而是飞快地抢占大场，总是领先对手一步，这种充满速度感的棋手可谓前无古人。赵治勋表示自己曾仔细研究吴老师的棋谱，很为他的无理着法之多感到惊讶。这大概是因为在没有贴目的情况下，执白要想取胜就不得不勉而为之吧。

那是在极致的时代下，极致的围棋。

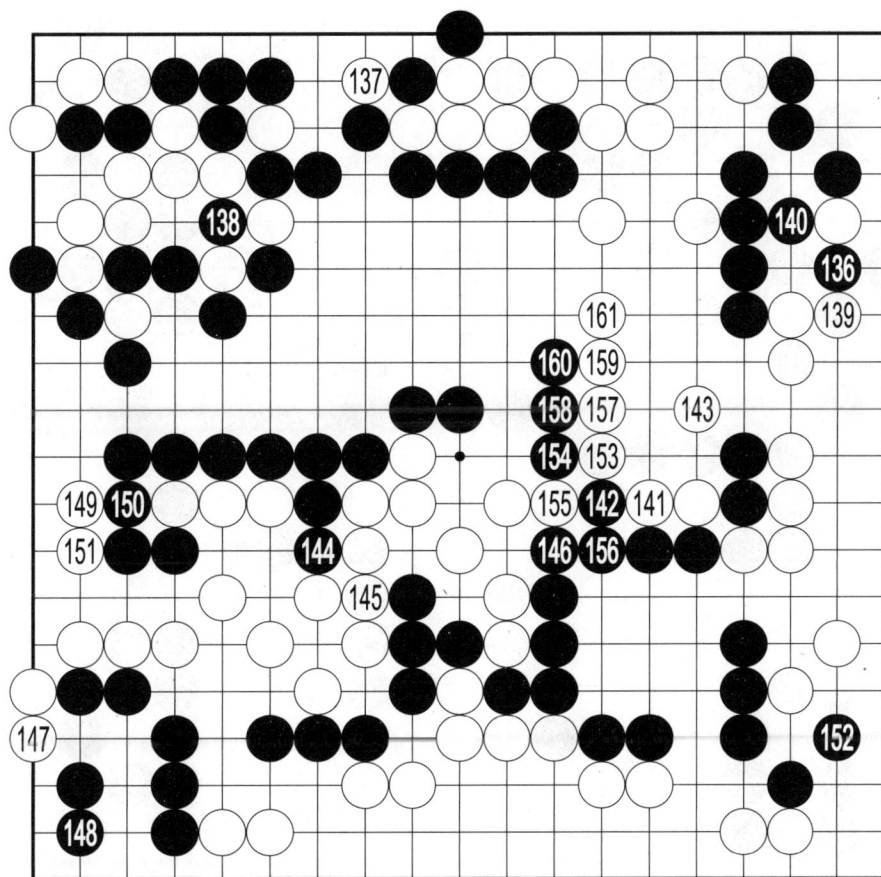

第 11 谱（136—161）

黑 136 与白 137 是价值相等的最大选点，两人各得其一，黑 138 价值也不小，黑 140 见缓，如抢 143、146 位更大。

从白 141 压开始，双方定型无可挑剔，至白 161 长，白棋已将差距追至 5 目以内。

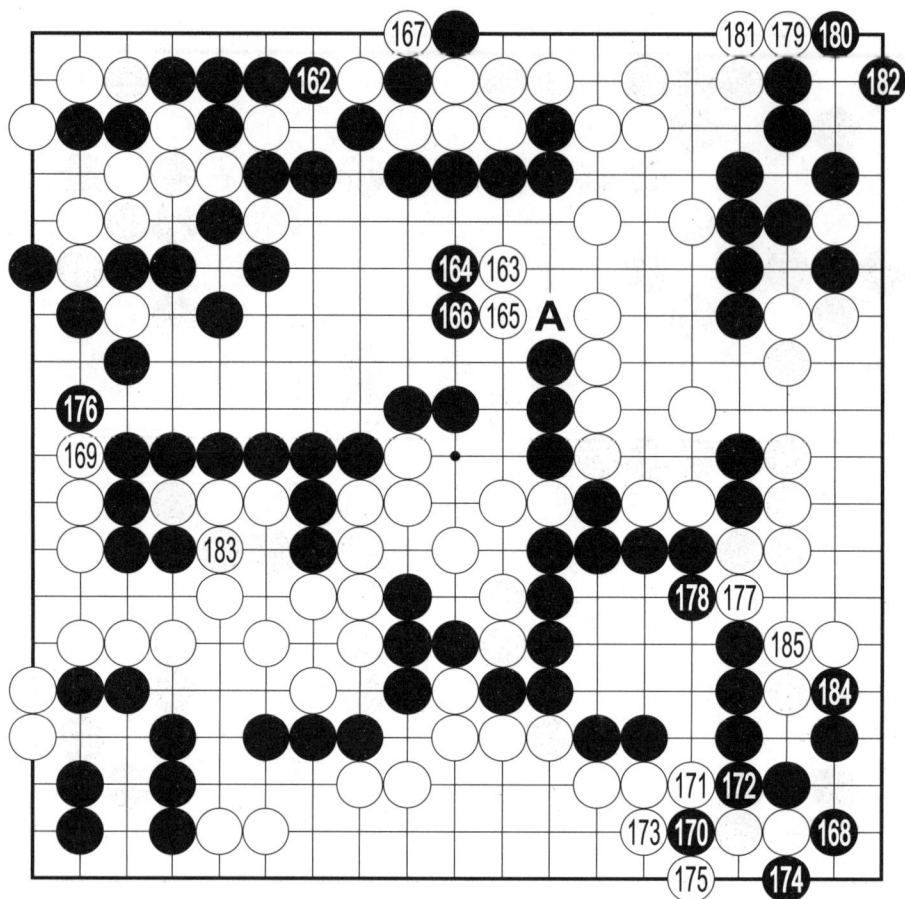

第 12 谱（162—185）

　　黑 162 打稍有疑问，应在 A 位挡更好。白 163 飞后，先手破获不少目数。

　　167 位与 168 位是盘上价值最大处，双方各占其一。至白 185，双方收束精准无误。黑棋领先一两目，且稍稍厚一些，而这种厚味对于小官子局面的得利起到了关键的作用。

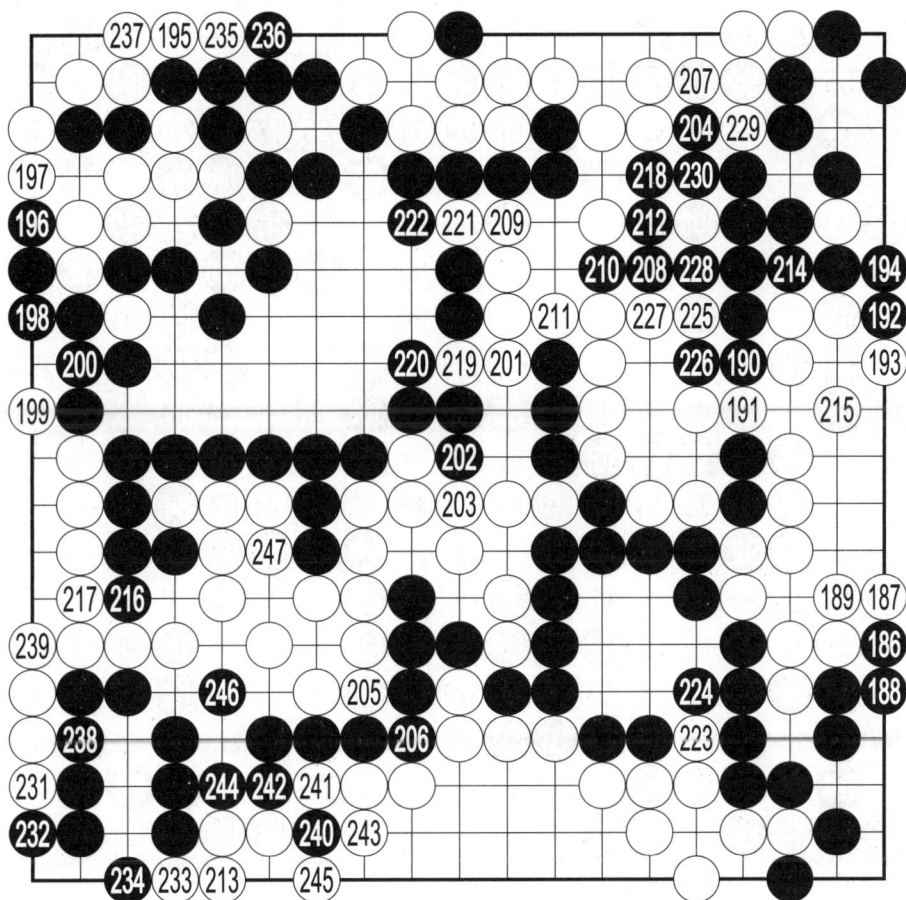

第 13 谱（186—247）

此后两人收束精准，全无失着。终局时，黑棋以 1 目优势保住体面。对于黑白双方，不啻为一局完满的对局。

本局没有大开大合的起伏转换，没有纵横捭阖的激烈缠斗，却在平平淡淡之中，蕴含着精巧的构思和准确的判断。黑方中村勇太郎深知吴清源的强大与厉害，可谓步步小心，如临深谷；白方则不得不施出相对无理的强力手段，还要不被黑棋揪住反击，这也是对巅峰时期吴清源的巨大挑战。

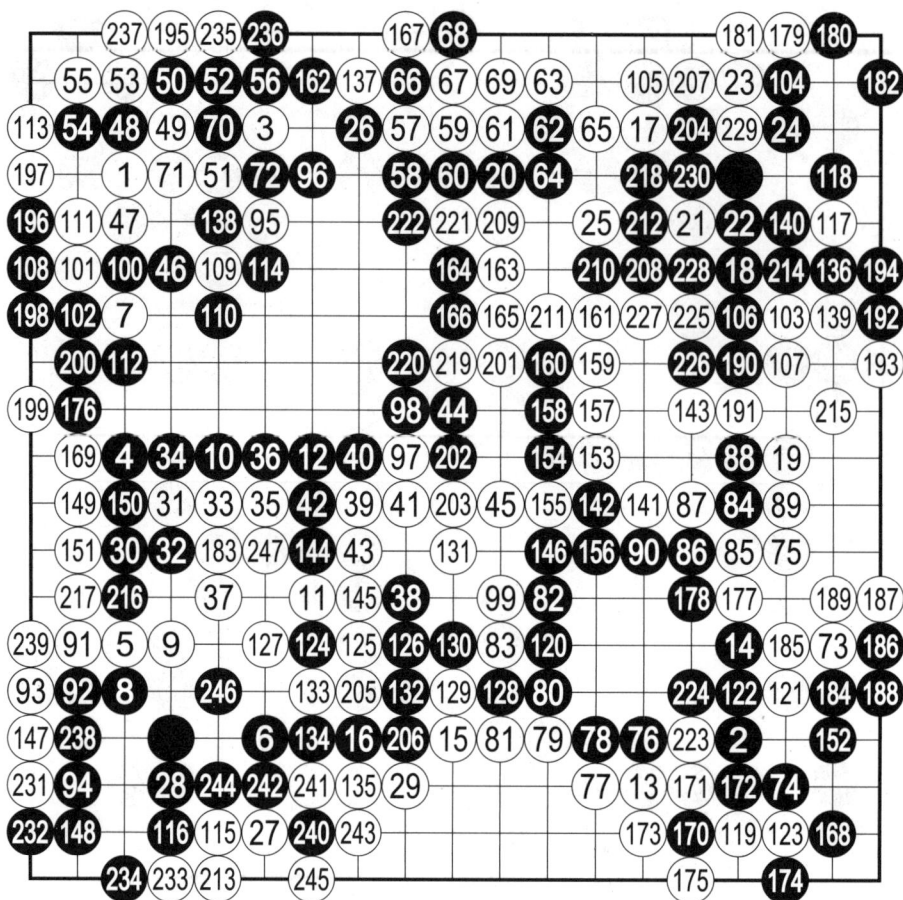

总谱（共 247 手，黑棋 1 目胜）

　　开局让二子不贴目的局面，AI 判断黑棋有 20 目的优势。白棋想要取胜，以最少 1 目胜计，如每 1 目是一级台阶，则吴清源需要跨过 21 级台阶！本局吴清源极尽心思之巧，将处处得利积攒下来，跨过了 19 级台阶，最终以 1 目不敌，亦为壮举。

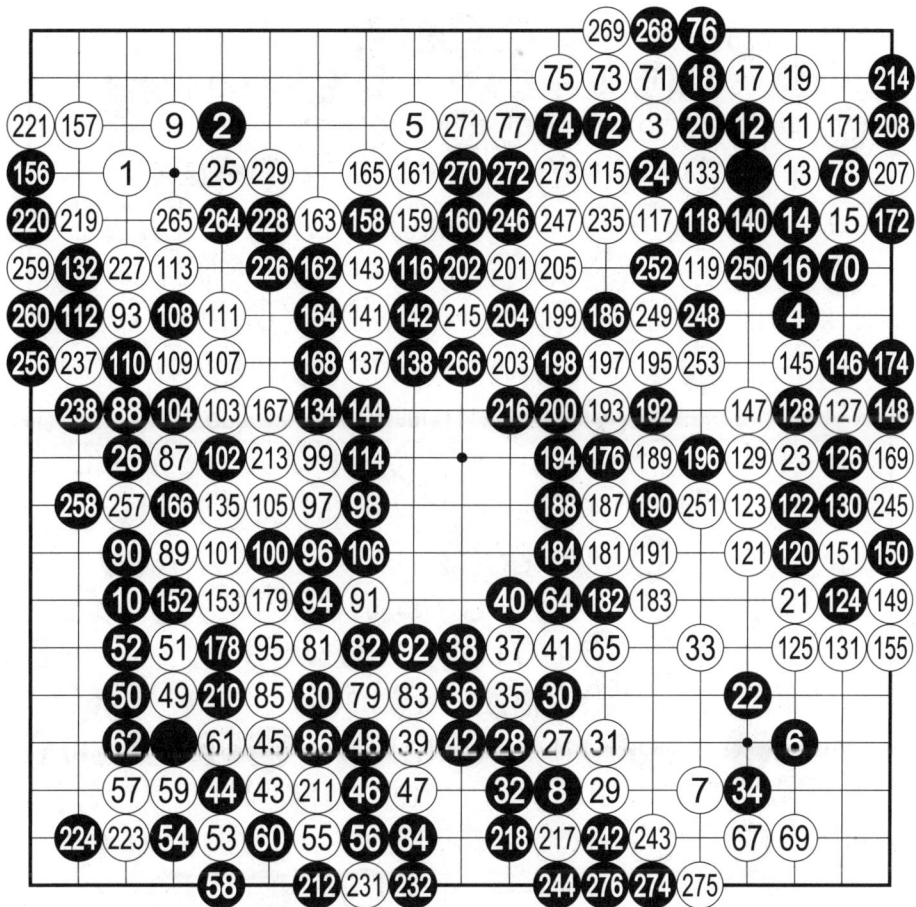

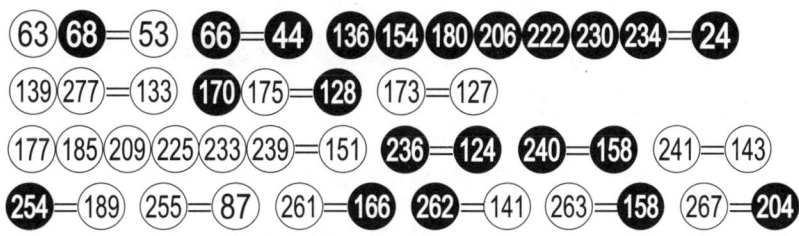

参考谱2（共277手，黑棋1目胜）

本局是本因坊道策执白让二子对安井春知。在日本棋坛，被人们尊崇的本因坊道策曾说过，自己生涯最高杰作，乃御城棋同安井春知七段所弈的这盘让二子局。

最终此局道策以1目告负，但仍引以为豪。他称安井春知的手段无一不妙，而自己也穷尽巧思以对，最终虽然小败也不存遗憾。这一局也被称为本因坊道策围棋生涯中的"不朽之作"。

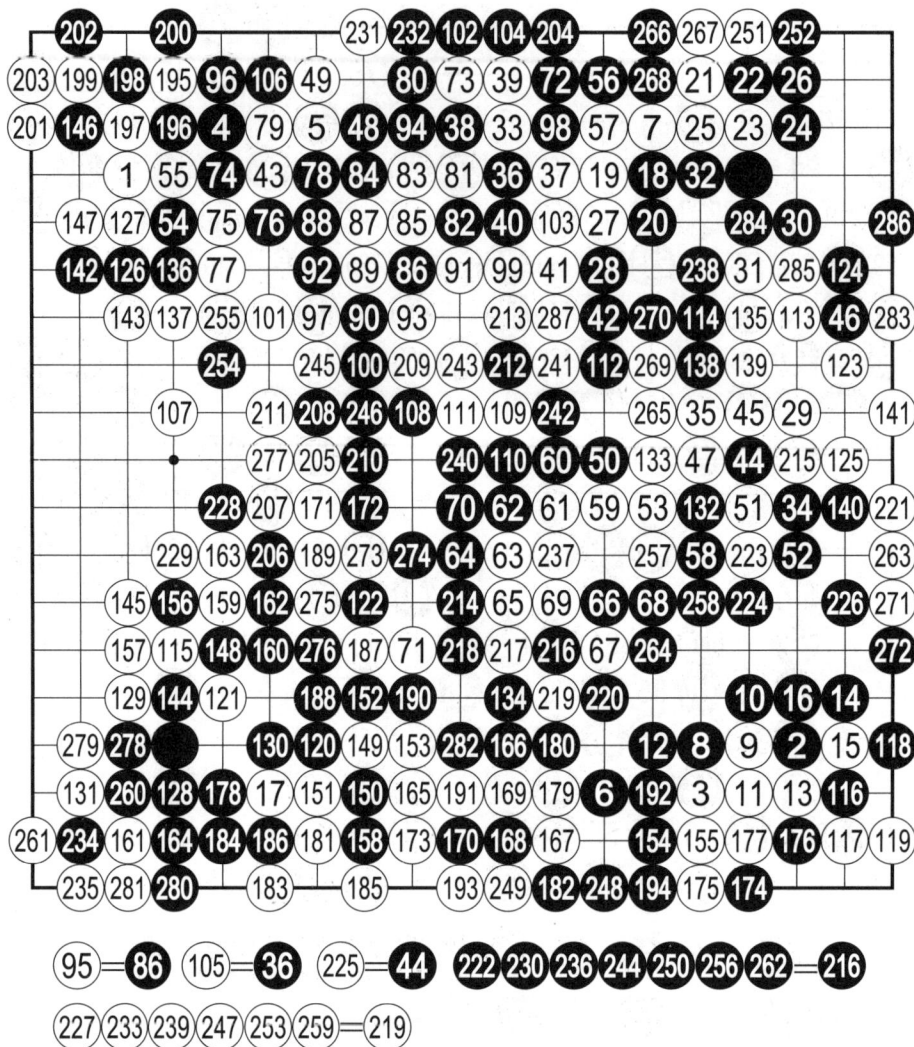

参考谱 3（共 287 手，黑棋 1 目胜）

第十一世本因坊元丈也有对井上安节（即后来的幻庵因硕）的二子局。当时井上安节虽只有五段，但足有七段棋力，元丈要让他二子，谈何容易。

中盘过后，元丈妙手迭出，弈得神出鬼没，至 115 手时便消去了井上安节二子的优势。井上安节急得几乎吐血，苦战再三，才 1 目险胜。这场恶战，元丈虽败犹荣，视作其一生华彩之作，颇感得意。

本因坊元丈此举习自本因坊道策或未可知，对于这局棋，吴清源或许也存此想法。通观吴清源让二子对中村勇太郎这局棋，双方着法丝丝入扣，也正因中村勇太郎无一恶手，故吴清源虽然憾负，亦是欣然。

第二章　雪崩落　惊玄素

对高川格首次弈出"大雪崩内拐"

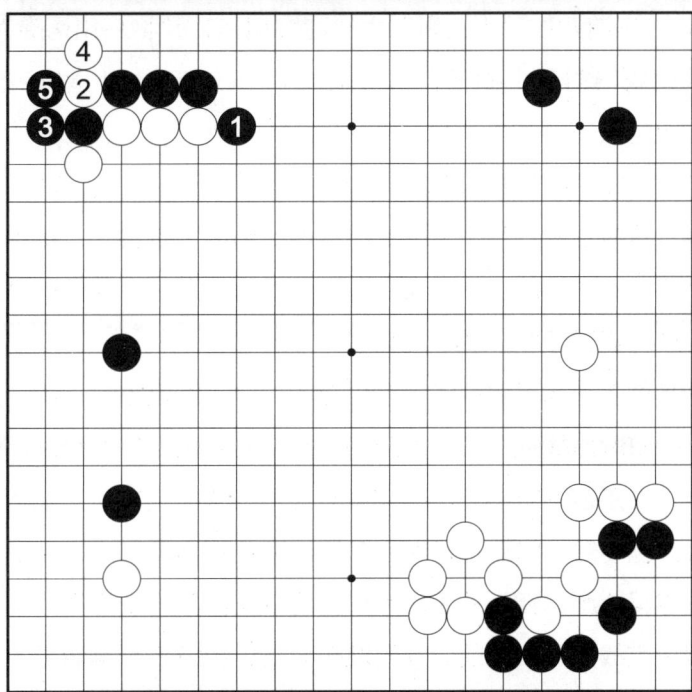

吴清源　高川格

- 定式的生成与演变，凝结了前人不舍的努力与追求
- 而吴清源，就像是在海边寻找贝壳的人
- 他的不落窠臼与匠心独运，在围棋国度里妙笔生花
- 黑白的世界里从此五彩缤纷，春暖花开

1956 年，吴清源在"十番棋"中战胜高川格，并将高川格降为"先相先"。至此，吴清源将当时日本的所有超一流棋手尽皆降级。那是吴清源最为辉煌的全盛时期，冠绝天下，无人可敌。

1957 年，新闻社主办"日本最强决定战"，顾名思义，赛事宗旨就是要决出谁是当时日本棋坛第一强者。这次比赛由吴清源、木谷实、桥本宇太郎、坂田荣男、藤泽库之助，外加已连续获得五届"本因坊"冠军头衔的高川格，六位当时最强棋手进行双循环赛，竞逐最强者。

参赛的其他五人与吴清源进行分先对决，这无疑是不公平的。因为数十载心血谱就的十番棋辉煌战绩，吴清源已将这几位对手全部打降级。那些被他降至先相先，甚至让先手合的对手凭什么在没有任何说法的情况下，突然又以分先进行对局呢？吴清源尽管一向豁达开朗，对此也难免感到困惑。

为了安慰吴清源，新闻社表示今后仍将以吴清源为中心举办围棋活动。并在"日本最强决定战"开赛之前，专门发布公告，特意表彰吴清源的风度和贡献，大意为：值得在此特书一笔的是，自本社举办"十番棋"以来，所向无敌、如入无人之境的吴清源九段，为了不使棋道就此停滞不前而顾全大局，果断放弃了以往的一切成绩而决定参加本次比赛。

在新闻社的极力劝说下，吴清源勉强同意了参加比赛。最终吴清源以 8 胜 2 负的优异成绩，斩获首期"日本最强决定战"冠军。

"日本最强决定战"所有参赛棋手之间都采用分先制，没有贴目，实际上是各持一黑一白的双循环赛。每位棋手在比赛中都各下 10 盘棋，整个比赛共有 30 局棋。

本局即首期"日本最强决定战"的对局之一。吴清源在与高川格的这盘对局中，一反传统，首次弈出"大雪崩"内拐定式，这个"革命性定式"在当时引起巨大轰动，震撼日本棋坛。

本局弈于1957年2月20日至21日，在热海伊豆山温泉美晴馆进行，木谷实与藤泽库之助都来观战，坂田荣男和桥本宇太郎的对局也在此进行。参加比赛的6位棋手齐聚一堂，名手咸集，殊为盛事。

本局不但是吴清源的名谱，在日本围棋史上也留下了光辉的一页。

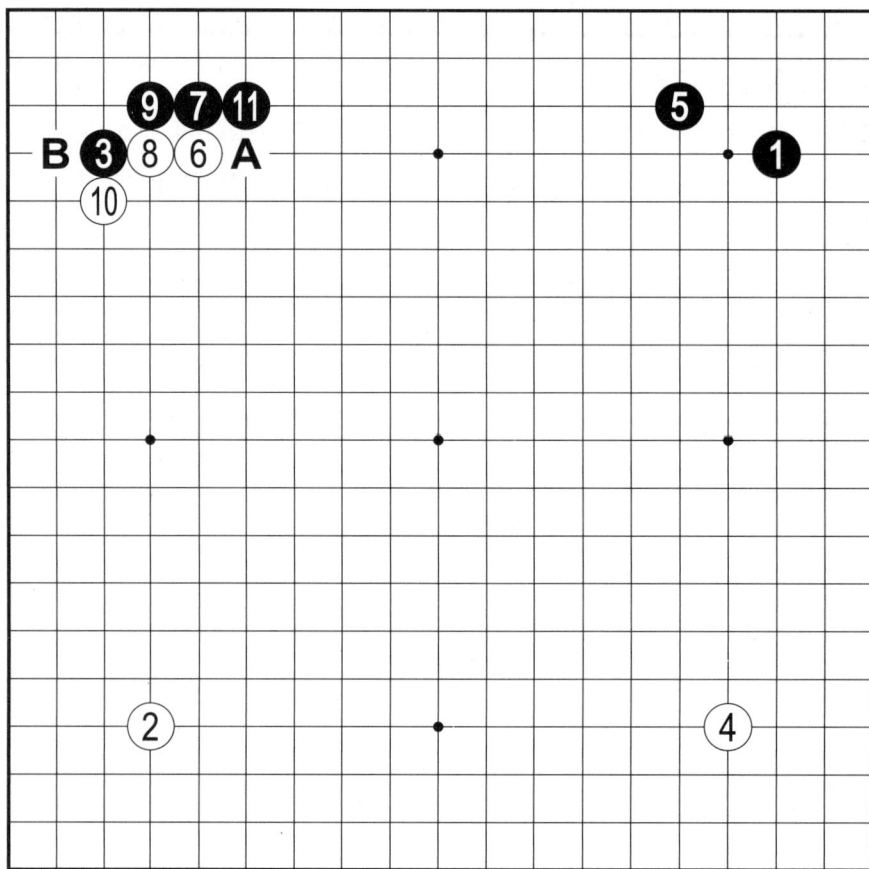

第 1 谱（1—11）

吴清源执黑起手向小目，高川格则以二连星应对。在新布局时代，吴清源与木谷实积极尝试和探索星位布局，但在数十年后，高川格也加入了起手占星的棋士行列中。

黑5小飞守角是向小目的扩展常型，白6高挂后从8位顶是基于下方二连星，注重外势的构想。白10扳必然，此后黑棋应对的选择多起来了，A位小雪崩、11位大雪崩，以及B位下立皆可考虑。黑11稳稳退回，把选择权又抛给了高川格。不同的时代赋予人们不同的思潮、心境和认知，即便我们耳熟能详的普遍着手，觉得稀松平常，信手拈来，却是前人不断革新下的精制之作。

本局吴清源走出了革命性的手段，而若干年后的今天，人工智能又一次赋予了围棋新的着手和思维。

黑1如选择"小雪崩"变化，在当前配置下完全可行。由于白棋征子有利，白6退成立，黑7如在A位爬，白不必在B位跟着应，可以在8位断，黑无法征吃白棋。值得说明的是，如征子不利，黑7在A位爬时，白只能在B位退，黑在10位虎补，黑角壮硕，白大亏。

以下至白16基本必然，呈两分型。外围黑二子瞄着从C或D位出动，是此型的后续变化。

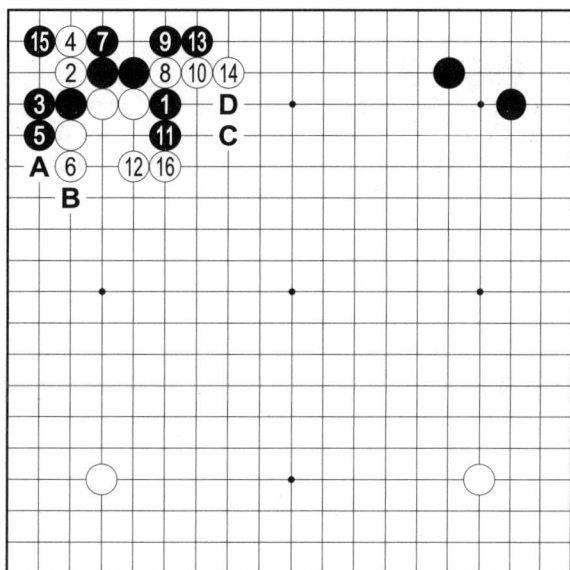

变化图1-1

对黑1跳出的后续变化试做探究。以下白2靠紧凑，黑3虎后白4扳也是松懈不得。

以下黑5若扳，白6断至白12必然，白拔三子走厚中腹，黑11提吃后再拿到先手，双方各有所得。

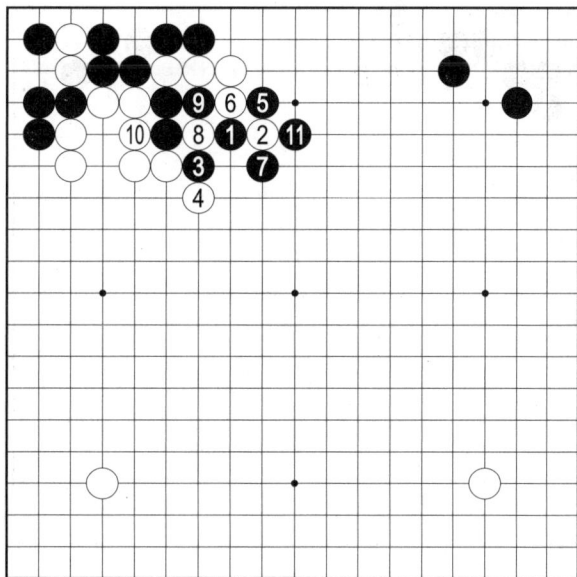

⑫＝⑧

变化图1-2

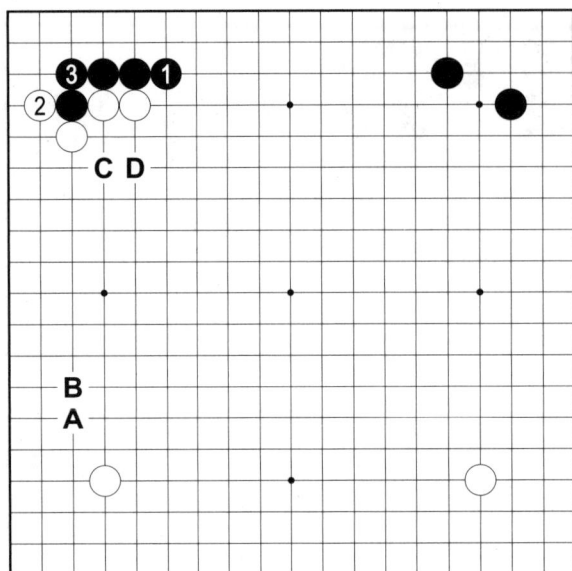

变化图 1-3

实战黑1退后，白2打是形之要点，尔后再从下方A、B位守角，或C、D位补形，皆是简明应对，也是AI所建议的明快定型。

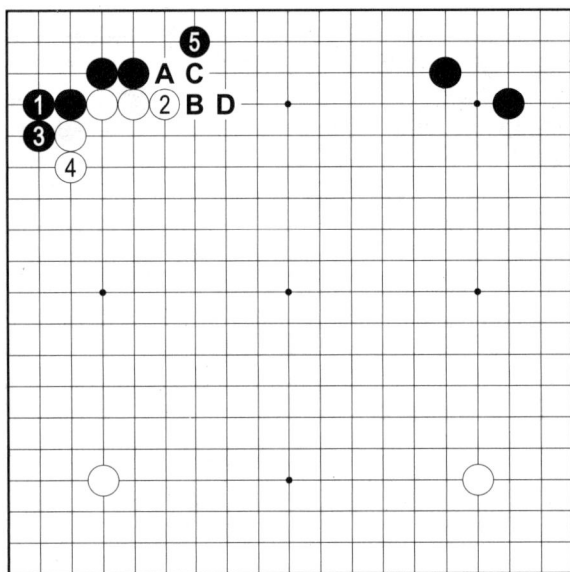

变化图 1-4

若此时黑在1位稳健下立，是AI流推荐的简明之型。白直接3位挡不好，黑2位扳起白形窘迫，白2长只此一手。接下来黑3先拐后在5位飞，黑角坚实，白棋可脱先占他投。

黑3还可以选择在A位爬，白B位长后黑再C位贴，白D位长后黑可得先手。两种下法前者得好形，后者则强调速度。

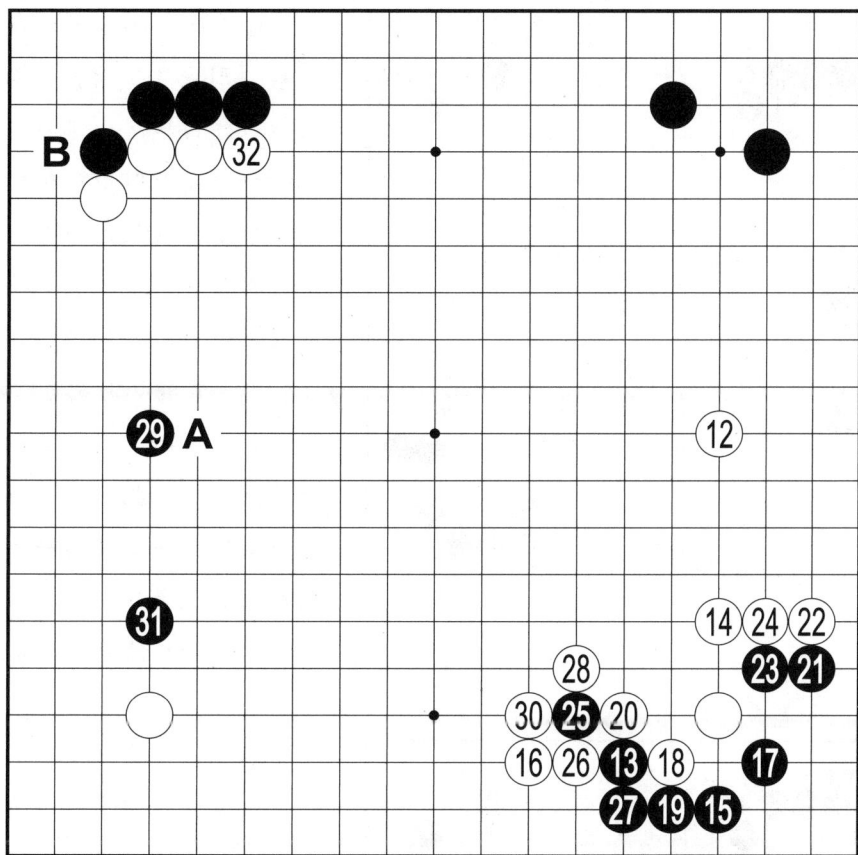

第 2 谱（12—32）

白 12 占边星，向着黑棋无忧角发展的方向，有阻止黑棋开拆的作用。黑 13 挂入下方，AI 认为此际 B 位是双方争夺的要点，白打到或黑立到，左上的厚薄将影响全局。

右下白 16 夹击，黑 17 尖角必然，如跳出被白占据此处，则黑失去根据地。以下形成黑地白势，黑 21 至白 24 四手可保留不交换，将形成以前的定式常型。AI 出现后，黑 25 改为在 26 位顶，白在 25 位挡，黑再二路扳，白棋连扳后，黑脱先，黑可快速抢占角地。

白 28 打吃后，黑 29 占边星时机正好，白 30 提吃干净，不过 AI 推荐白 30 应在 A 位靠，引征兼压迫黑子，不过此变将导入过于激烈的变化，人类棋手实难控制。黑 31 高挂，好手！体现了吴清源卓越的大局观，若普通小飞挂，白将在 31 位靠压，如此与右边白势正好完美呼应。

白 32 压，"大雪崩"定式即将出现，犹如一张质地优美的生宣长幅，任创作者肆意挥毫。吴清源的表演时刻到了！

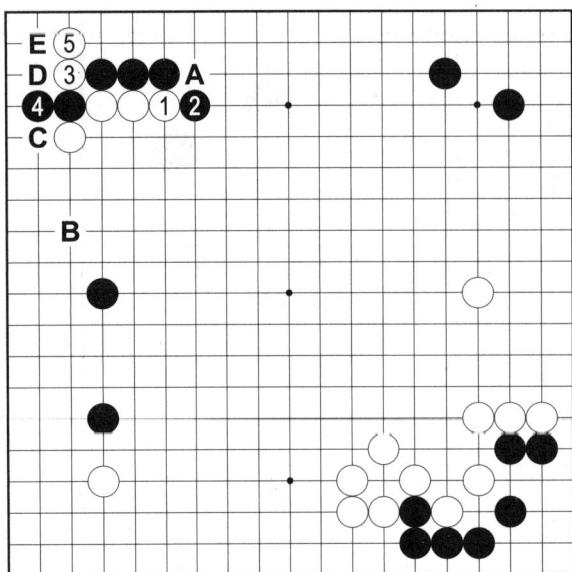

变化图 2-1

白1压，此时黑如在A退忍耐，则白4位打，之后在B位折边，白棋可以满意。故黑2扳起必然，此时白若在4位打，黑粘后则黑2扳成好形，白无法在A位断，故白3打为必然。以下至白5形成"大雪崩"型。

"大雪崩"定式与"妖刀"定式、"大斜"定式并称为三大难解定式，据说由长谷川章在正式比赛中首次弈出。此时黑棋的应手大致有C位外拐、D位内拐和E位靠三种应法。

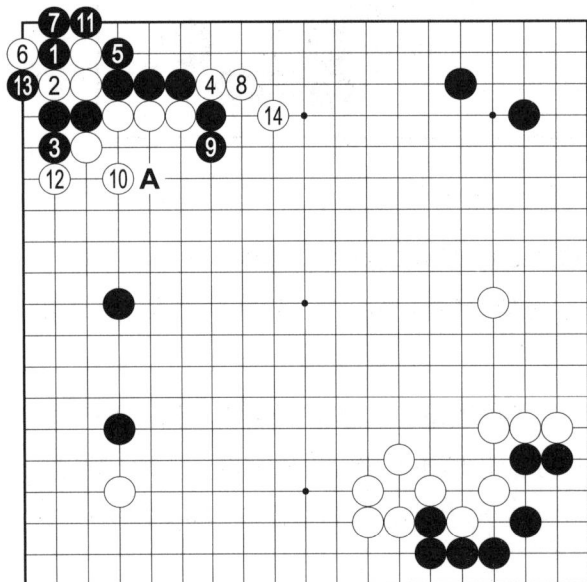

变化图 2-2

黑1靠是最早的应对方法。因变化众多，仅举例在当前局面AI视角下的应对。

白2冲，黑3拐必然，此后白4断紧要，角上白弃子后先手虎到白12，以下至白14尖，强行断开黑棋作战。此后黑在A位靠是作战要冲，这一带很可能形成激战。

再看"大雪崩外拐"之型。先举实战谱，图为吴清源执白与木谷实的实战对局。

左下形成"大雪崩"，黑21外拐，至白40成为黑得角地白取外势的结果，最终白胜。"外拐"型白棋弃子取势，黑棋虽爬二路较多，但吃到角部目数也不少。在本局之前，类似此谱的外拐定式基本是大雪崩型的"主流"变化。

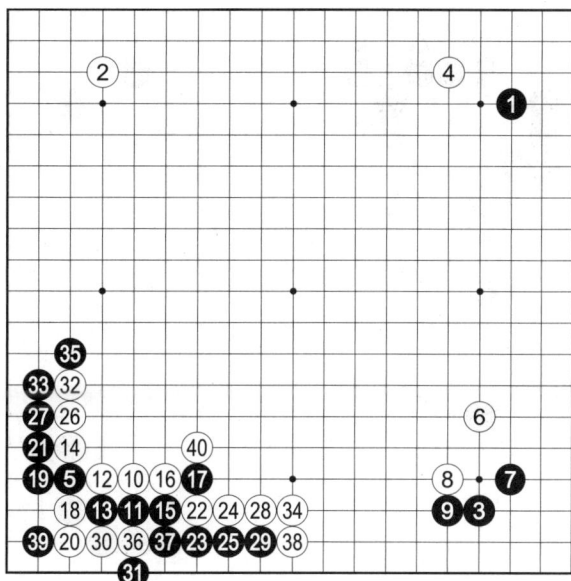

参考谱4

再看本局中AI对"外拐型"如何演绎。当下局面下如黑1外拐，白2断必然，以下依然是黑得实地白取外势的变化。值得一提的是，白20拐是先手，黑如脱先白在A位先断，黑在B位打后白再21位挡，黑棋对杀不利。黑21补角后，以下白在C位打入或在D位尖出，皆成作战之形。

本图与上图外拐变化较为接近，依然是一方得角取实地，另一方得到外势作战的结果。

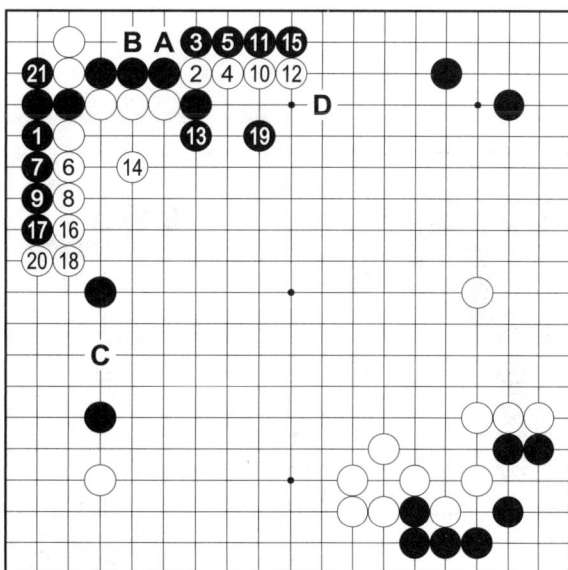

变化图2-3

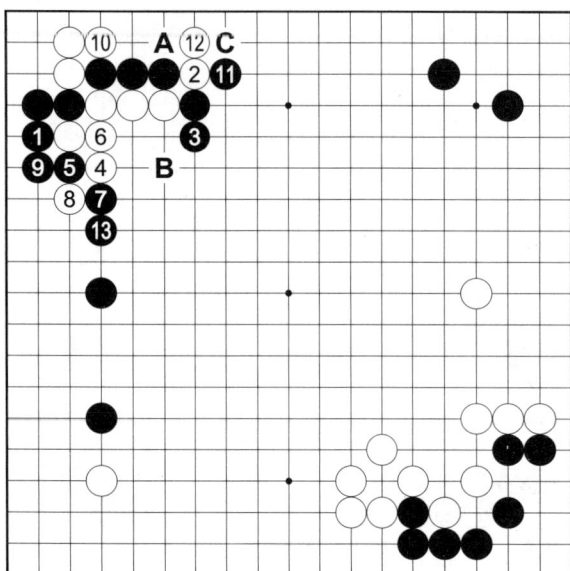

变化图 2-4

黑 1 外拐还有一种经典变化，即白 2 断后黑 3 长，白 4 虎，黑 5 打完连扳。如图黑弃去三子封锁外围，黑棋一方被认为稍稍吃亏。

现在普遍认为黑 11 与白 12 交换黑棋很亏，故而现在改为黑 11 从 12 位打，白长后黑再 A 位粘，白只能在 B 位跳，黑再于 C 位爬形成乱战，如此较上图黑棋有力许多。说起来此下法在当时不是没有，而是人们并未深入研究以至被淘汰。定式就是在不断否定的过程中推演和进步的。

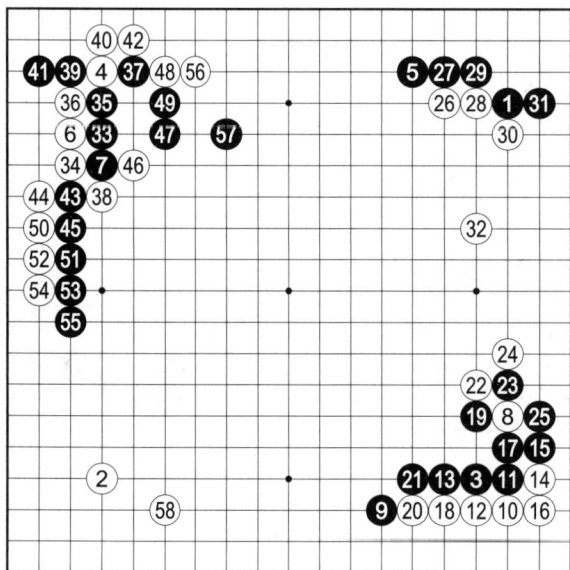

参考谱 5

本图为芈昱廷九段与 Master 的对局。左上角的肩冲意外形成了"大雪崩"的棋形。白 42 外拐后，黑 43 断必然，不过白 44 二路打后，Master 祭出白 46 反扳，这是人类之前从未见过的着法。以下白从二路爬虽稍显委屈，但角地收获不小，还得到先手在 58 位守角。此役白棋得利，这是 AI 赋能下"大雪崩"外拐的新型。

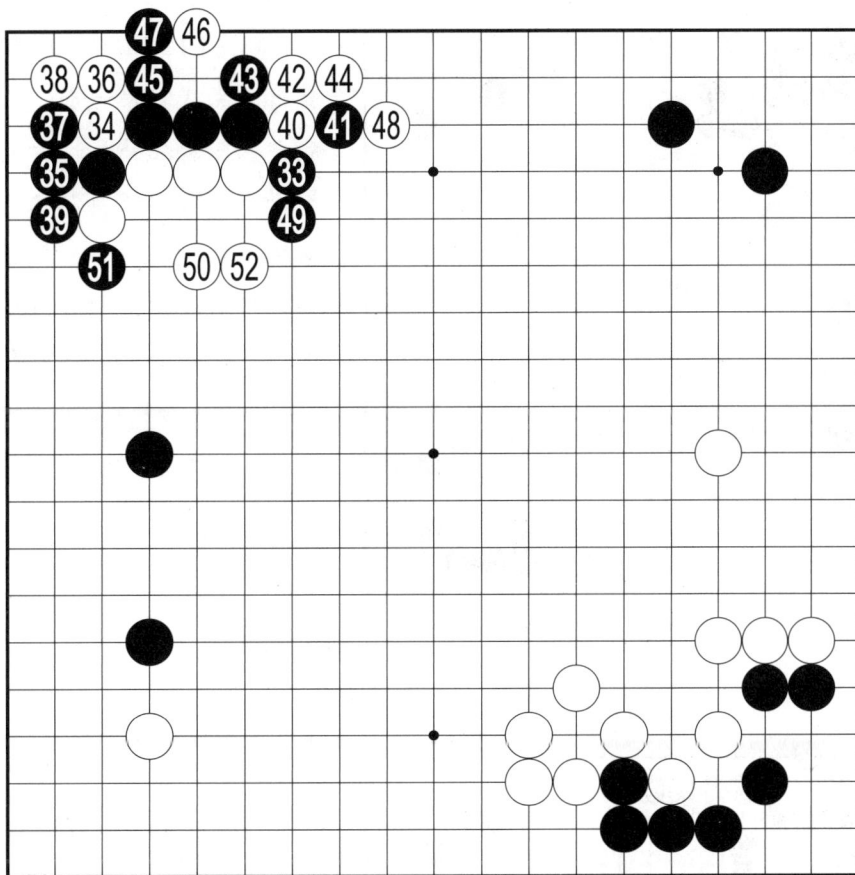

第 3 谱（33—52）

　　"大雪崩"定式为当时棋界所盛行，棋手们在实战中反复试验各种下法，乐此不疲。不过，棋手们试验的大前提是在外拐之上。本局的黑 37 内拐，是吴清源弈出"大雪崩"定式中具有划时代的新手。此手一出，据说当时在观战室内立刻引起一片骚动。

　　高川格自然未见过此等新手，应对起来难免吃亏。白 38 拐次序就有疑问，与黑 39 交换后，白 40 再断，黑 41 从 42 位二路打出更严厉。故后来"大雪崩"内拐定式都是先白 40 断，待黑 41 打后，白再从角内 38 位拐。黑 45 挡后，角上白三子被吃，和变化图 2-4 的外拐经典定型相比较，本作为弃子的黑三子，如今反将白三子吃到，目数方面自然得利。接下来黑 49 长、黑 51 打也极畅快，至白 52 双，黑棋虽不是完全占优的局面，但已打开了局面。

　　大雪崩定式在当时已流行数十年，棋手们为何一直未发现此手呢？答案只能是，他们觉得内拐是不成立的，而吴清源敢为天下先，在众人认为不可能的地方进行探索。

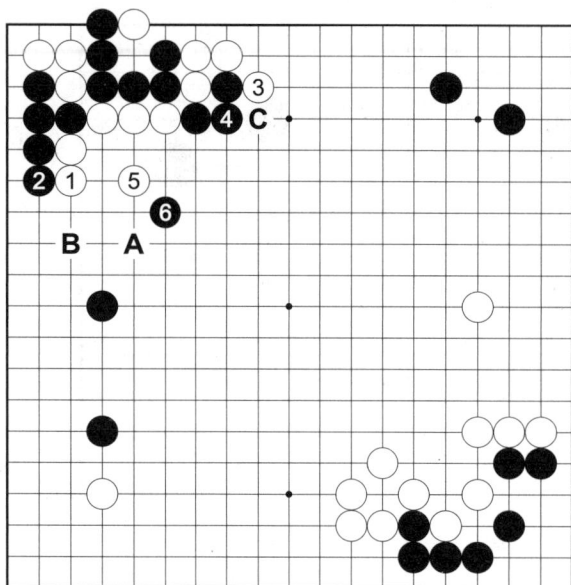

变化图 3-1

以 AI 视角，白先自 1 位长出，黑 2 需爬一手，白 3 打后再从 5 位跳补，此后黑 6 封罩好手。白以下可从 A、B 等处跳出，也可先 C 位贴起。如此将形成相互切断的格局，这一带头绪纷繁，战意浓烈。

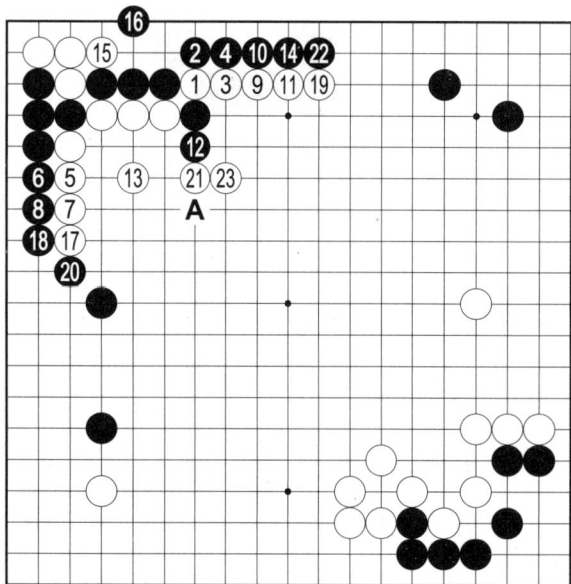

变化图 3-2

角上白棋先做拐的交换再 1 位断时，黑棋还有从二路爬的下法。以下黑角地目数不少，白吃住二子扩张外势，本图黑棋稍优。

另外值得一提的是，如白 19 从 20 位长，黑将从 A 位跳出，白两边难以自顾比较危险，故白 19 长为本手。

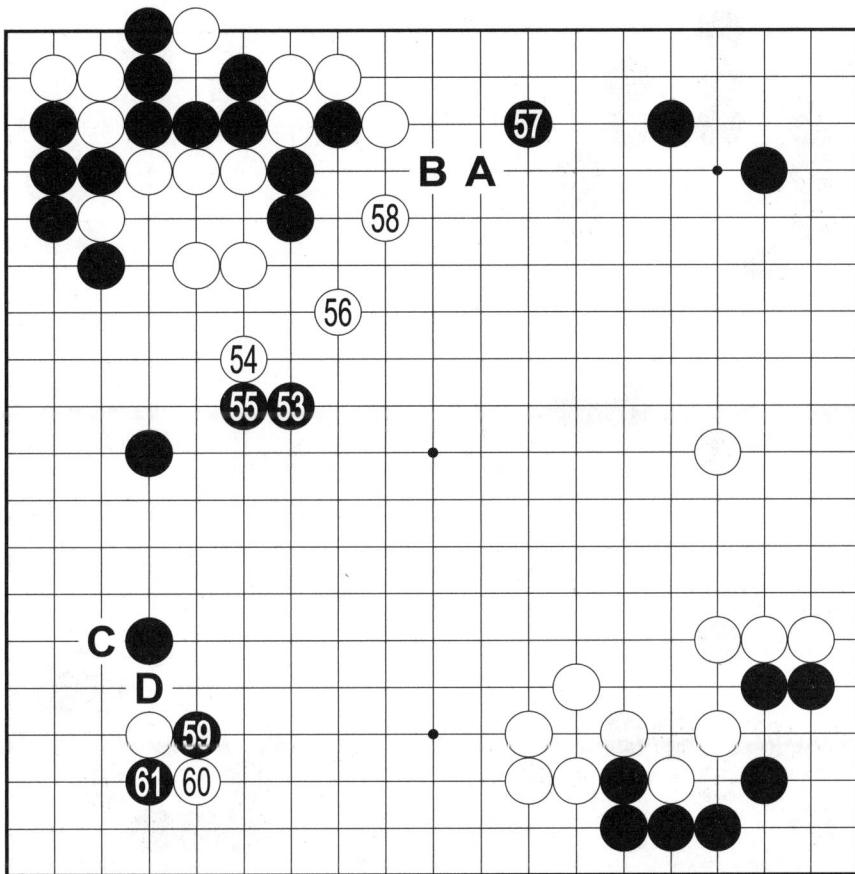

第 4 谱（53—61）

黑 53 大飞，气势非凡。白 54 与黑 55 的交换明显亏损，白为了补白 56 飞后的冲断弱点不得已而为之。

黑 57 拆边，是吴清源独特的构思。此际如直接从 58 位跳出作战，也未尝不可。不过此后白 58 补稍显沉稳，应于 A 位肩冲更为充分。白 58 跳补后，留下黑在 B 位刺的余利，此处白稍不满。

上方黑棋将残子大方弃掉，吴清源又酝酿出了新一轮作战。黑 59 外靠强悍，白 60 扳虽是气魄之手，但意气稍盛，遭黑 61 扭断后，白棋不好处理。此后白棋只得随对手而应，局势渐渐转为对黑棋有利。白 60 如在 61 位退看似委屈，实则是不予借力的好手。白在 61 位退活角，黑如 60 位挡，则白可在 C 位托腾挪；黑如在 D 位顶，则白在 60 位拐，白棋较实战轻松不少。

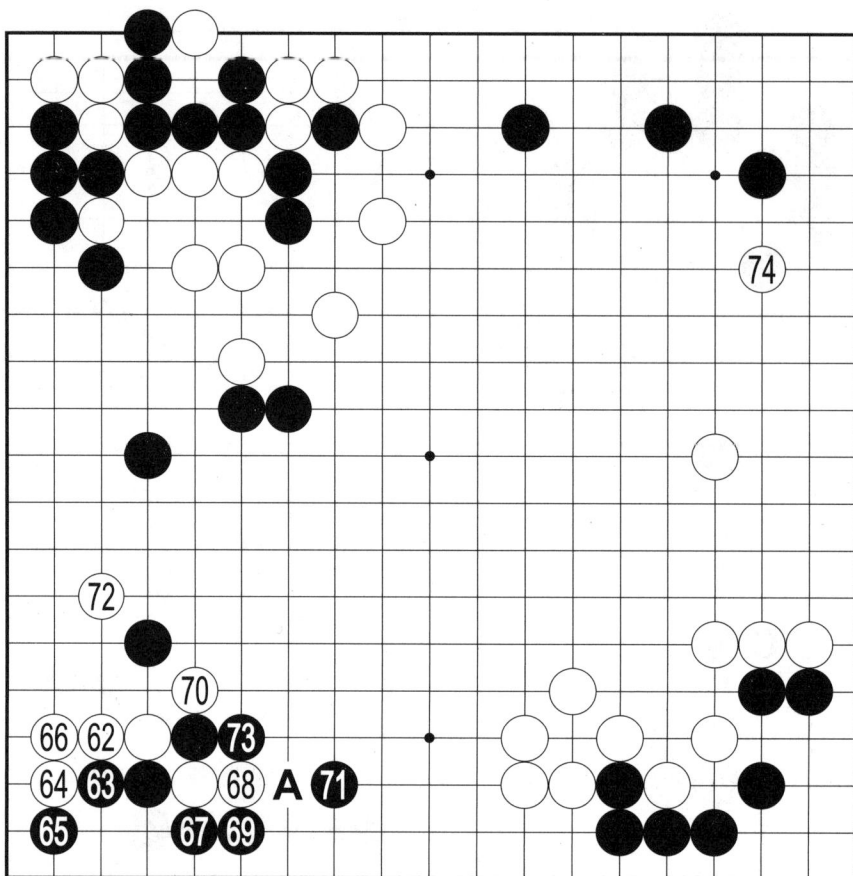

第 5 谱（62—74）

突遭黑棋强硬扭断，即便是在"本因坊"战战绩彪炳的高川格，想必也颇感棘手。白 62 退后，黑 63 贴又是极为强硬的下法，至黑 69 爬回，白如在 A 位长出，将遭到黑在 70 位分断作战，高川格未敢求险一搏。

白 70 打后，黑不可从 73 位简单长，不然白在 A 长出后，黑上下颇显滞重。此时黑如从 A 位打，白不得不提，黑再脱先他投也未尝不可。实战吴清源在 72 位轻逸跳出，将选择权交给了对方。

白 72 如直接打拔黑一子，黑二路跳下，白将受攻。黑 73 吃回，价值极大不说，左边以后还会生出更多的利用。白 74 拆边，或直接碰无忧角都是积极手段。

黑1断时，白2打后再白4、白6打粘是最简易的定型，以下黑7拐必然，白8虎是整形好手。白12再逼过来，棋路顺畅。

白棋破掉左边阵势，黑四路一子被撞伤，白无不满。

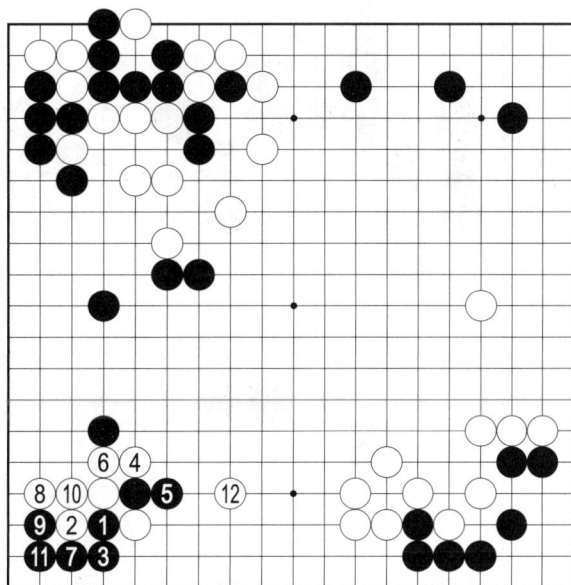

变化图 5-1

白如1位长也很强硬，黑2切断白两块后，接下来势必战况激烈。

白3跳后，黑4、黑6先冲再挖，白7虎重要，以下将形成劫争。白7如在B位粘，黑在A位粘，白渡后，白稍显滞重；白7如在A位打，黑在B位断后再征吃白3一子，白棋更委屈。

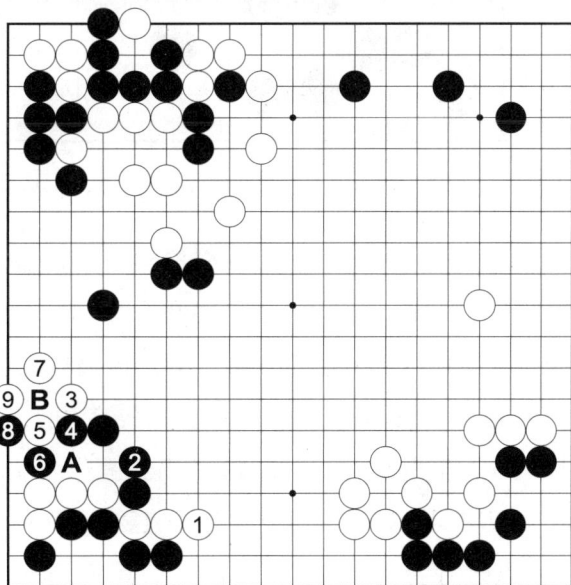

变化图 5-2

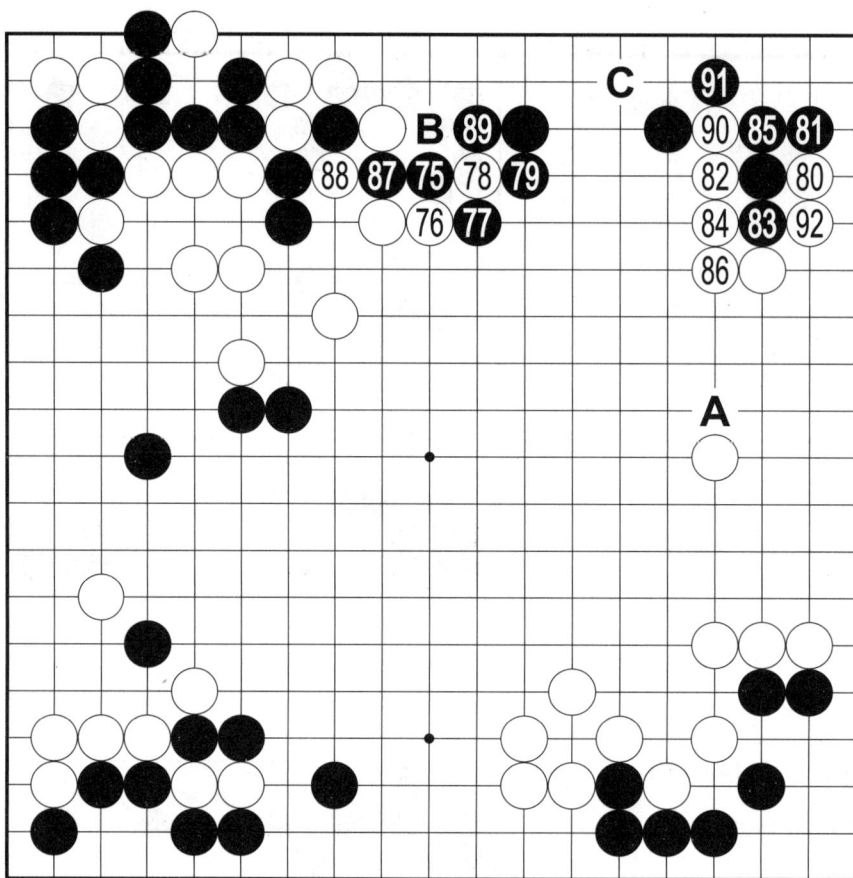

第 6 谱（75—92）

左下战斗告一段落，白棋抢到右边逼迫后，黑 75 刺正当其时，这也是白棋棋形的弱点。白会听之任之在 87 位老实接？在实战中恐怕决然不肯，否则黑做交换后再于 A 位靠求战，黑步调极畅。

白 76 果断反击。之后白棋抢先在角上定型，白 80、白 82 先托后夹，次序巧妙，至白 86 粘，右边白阵得到强化。

黑棋得到先手，87 位冲的价值委实不小。黑 87、黑 89 冲吃，上方突现战机，吴清源出手雷厉。白如在 B 位打，黑将毫不犹豫地抢占 92 位。实战白 90 冲后再于 92 位挡住，高川格胜负感强烈之至，此际角上黑棋薄味顿显，吴清源会在 C 位补棋吗？

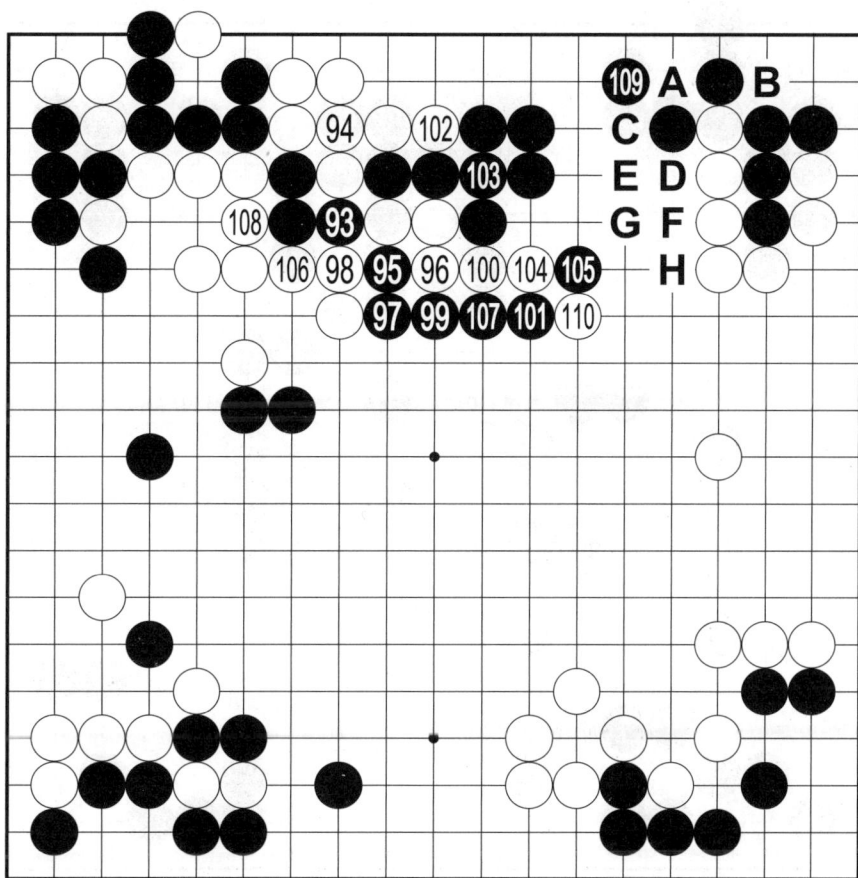

第 7 谱（93—110）

博弈之道，气势对垒，不可轻易退却。此时黑如在角上补棋，则相当于白先手抢到二路挡的绝大官子，黑棋怎能忍受？

以下吴清源在上方率先出动，从黑 93 打开始，白棋只得跟着行棋，黑 101 跳枷是整形好手，待外围砌成厚壁后，再回手在 109 位补住，机敏且强悍。

白 110 断不得不为，此处再不寻找战机，高川格如何争胜？话说回来，黑 109 补也不可或缺，如不补，则白在 A 位断，黑在 B 位补，以下白在 C 位打，黑在 D 位长，白再顺势在 E 位、G 位两打后再于 109 位粘住，与角上黑形成对杀，黑凶多吉少。

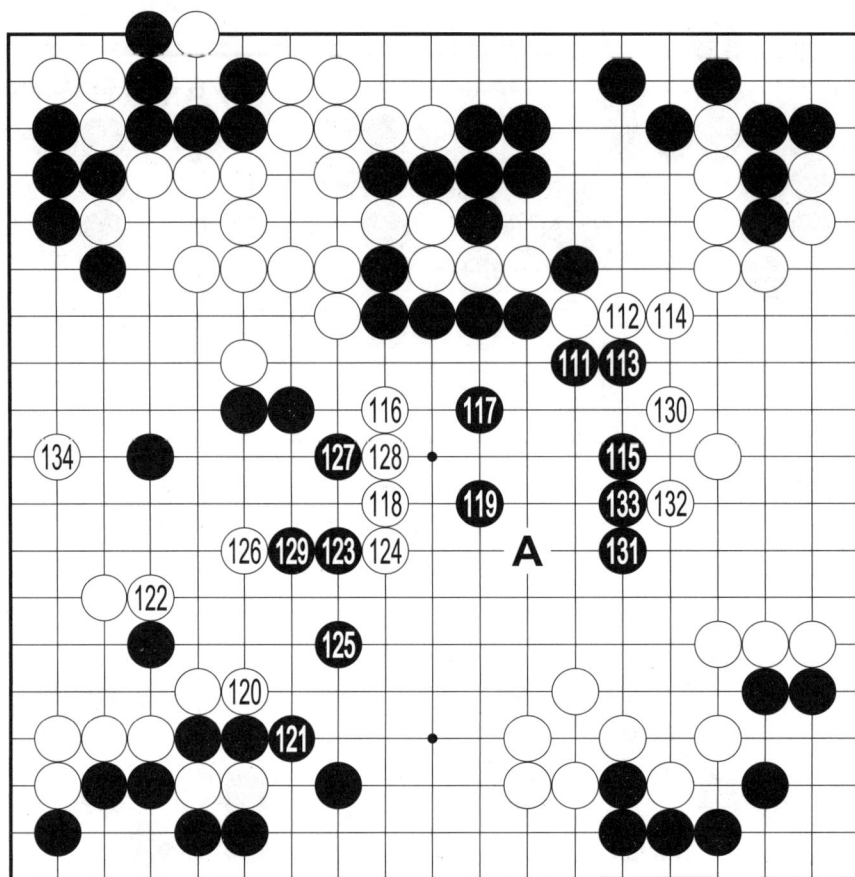

第 8 谱（111—134）

　　黑 111、黑 113 打贴后再从 115 位跳出，黑棋如平野长河般奔向中腹。放眼全局，黑棋四角全占，再穿盘心，盘面 10 目以上，优势自不必说。从开局施出新手获利开始，全局进展至此，黑棋一直主导并推进着局面。在纵横经络的网格中，黑棋一切都是那样自然而然地率性流淌，奔流不息。

　　白 116 飞与黑 117 跳补的交换，黑棋安全走畅，所以白 116 如抢占 117 位反击或许更为强烈。白 122 贴住黑子后，白 126 飞防范左边四路黑子，黑 123 至黑 127 简单连通，黑 129 顶一面连通，一面暗中接应黑四路子的动出，白棋无处发力不说，还有"心病"在此，高川格心中叫苦不迭。

　　白 130 如在 A 位或更强烈，实战与黑 131 交换，黑棋补厚，黑中腹大块做活空间充分，下方白棋打拔的厚形竟发挥不出作用。目前白棋只有右边一方空，无法与四角的黑棋抗衡。白 134 为全盘最大处，高川格死命追击，仍不放弃。

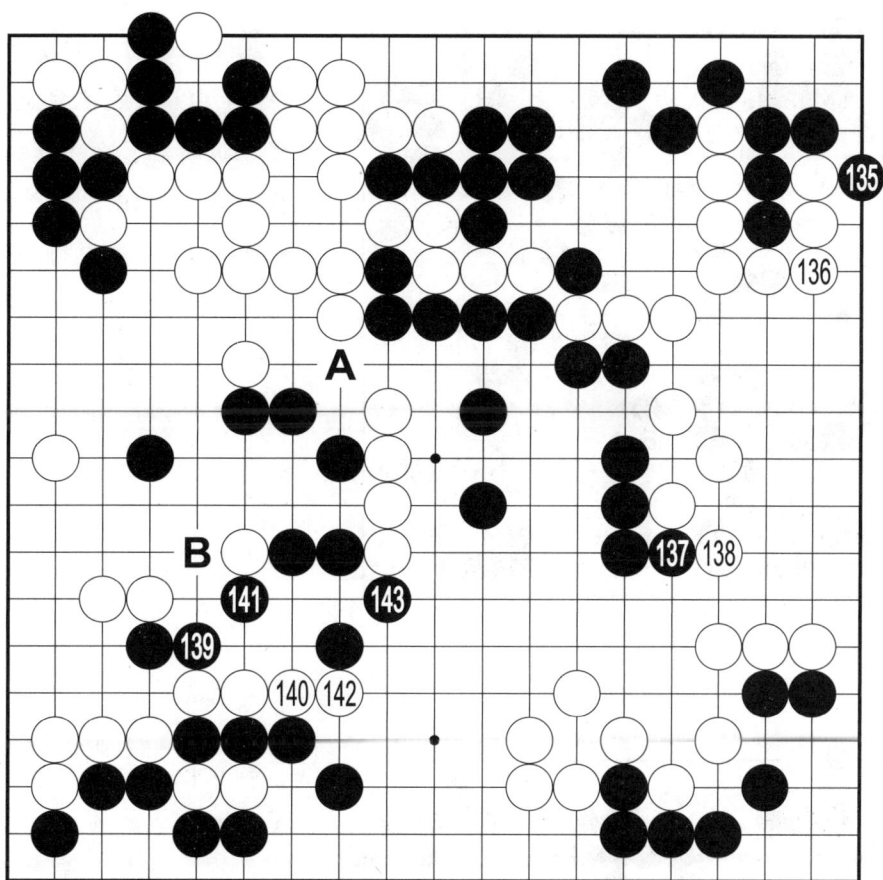

第 9 谱（135—143）

数手应对之后，黑 139 终于动出，此前一直隐忍不发的吴清源蓦地出手。此处白棋形有纰漏，高川格已然无法拿住黑棋。

白 140 冲暗隐玄机，不过吴清源看得真切，黑 141、黑 143 简单走厚，即便白 142 冲出，黑已无大碍。此际，白四子如简单在 A 位拉回，黑在 B 位抱吃一子，全盘再无忧虑，黑棋乐胜。

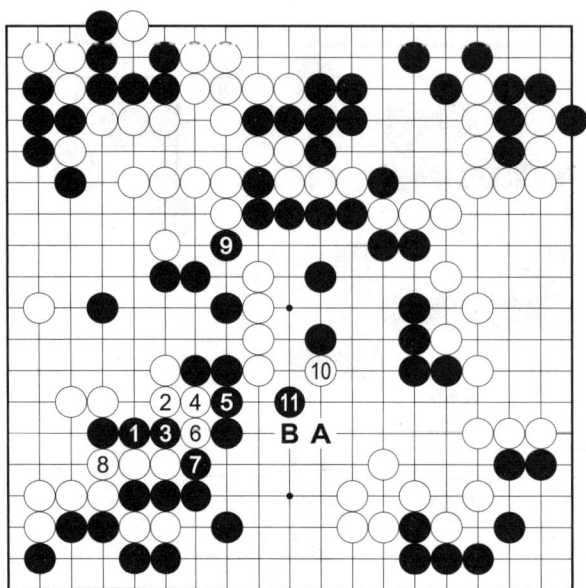

变化图 9-1

黑1出动时，白2如直接相拦，至白8虽能吃住黑三子，但黑9扳断后，白中腹四子竟难觅回路。白10靠，黑11刺，白棋即岌岌可危。白10如在11位尖，则黑在A位封；白如在B位飞，则黑在11位跨，白棋依然难以连回。

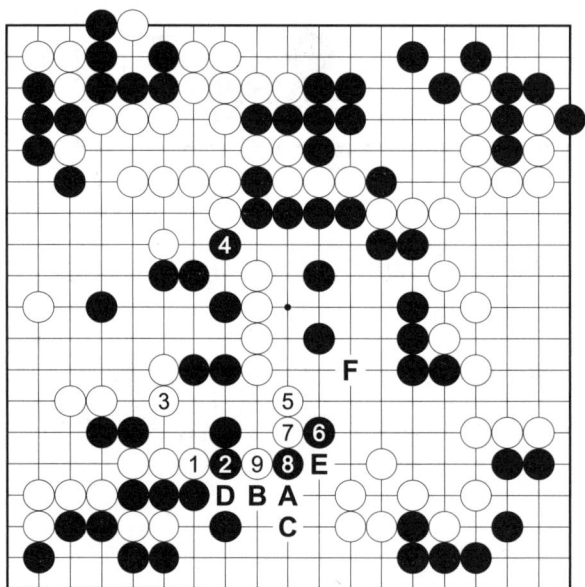

变化图 9-2

白1冲，黑2如顺手挡住，白3后黑二子简单被吃。此后黑4如断白联络，因左边黑棋不如上图厚实，白5尖后白7、白9反击意外强烈，黑如在A位退，白在B位冲，黑在C位退，白在D位先手断，形势将变得复杂。另白9后，黑如在B位打，白在E位打后再F位飞将轻松化解危机。

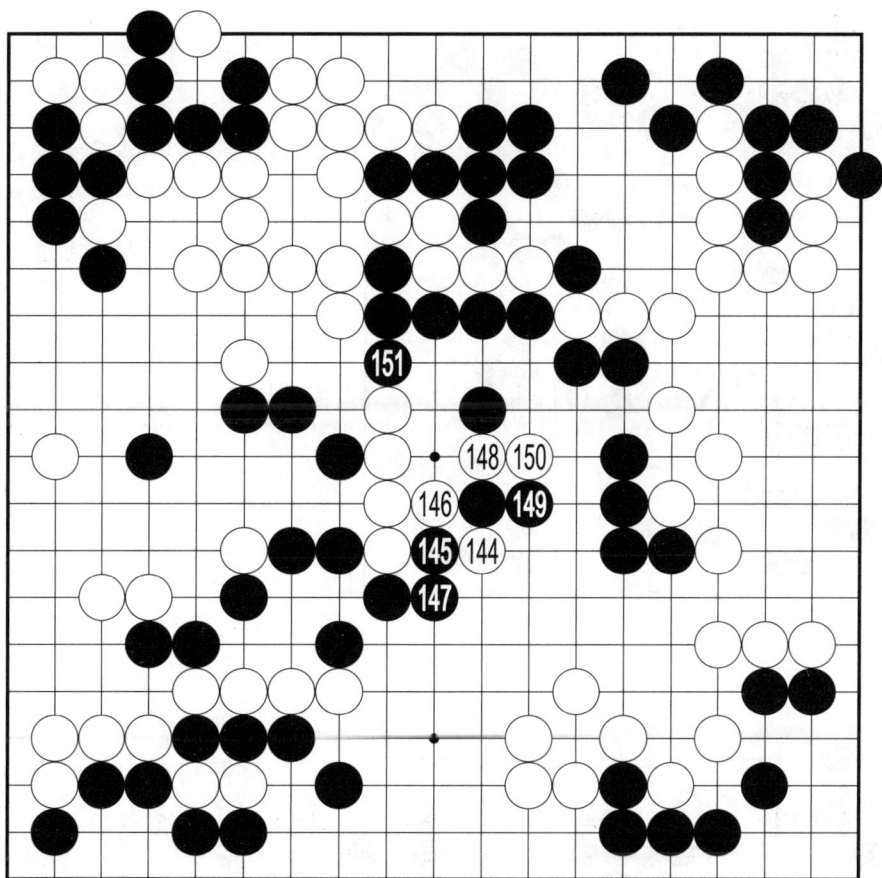

第 10 谱（144—151）

白 144 靠出反击，是绝境下高川格的生死之手，不成功，便成仁。

黑 145 挖，吴清源已算清了后续变化，白打完冲出势必如此，但黑 151 顶断白后路，一切戛然而止。

此后将形成对杀，最后高川格算到对杀不利，索性投子认输。"大雪崩"新手的革命性一局，以高川格的玉碎终局告终。

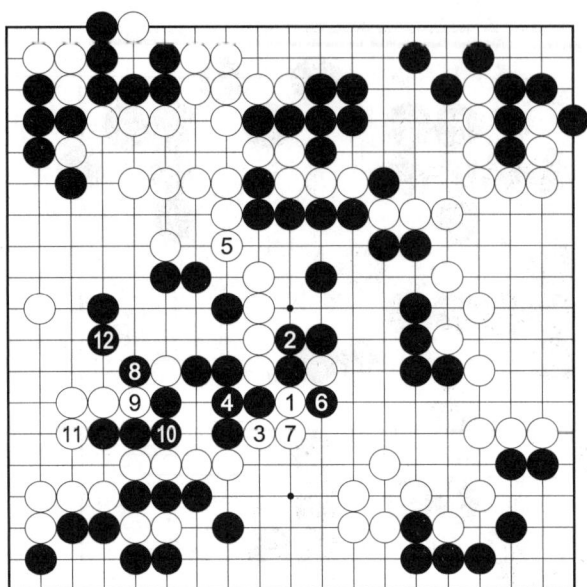

变化图 10-1

白1、白3连续外打后，再5位连回自然更妥，但黑6打后，再8位抱吃一子，左边黑棋大块安然盘活，全局再无变数，白棋实地无法追回。

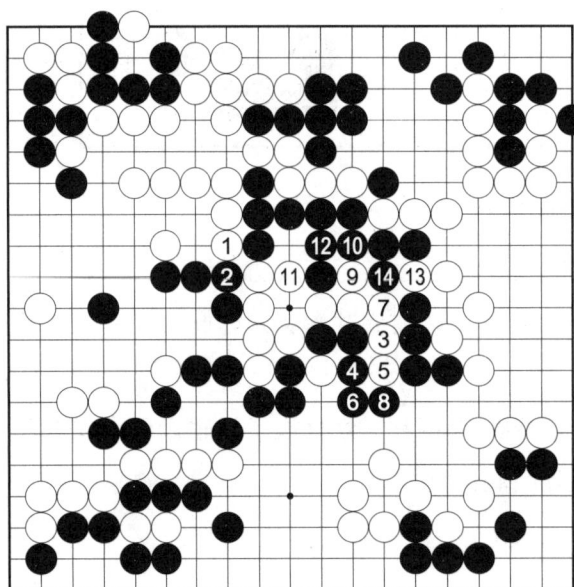

变化图 10-2

终局图的演变。白1以下将黑棋分断形成对杀，但至黑14打吃，白慢一口气被杀。

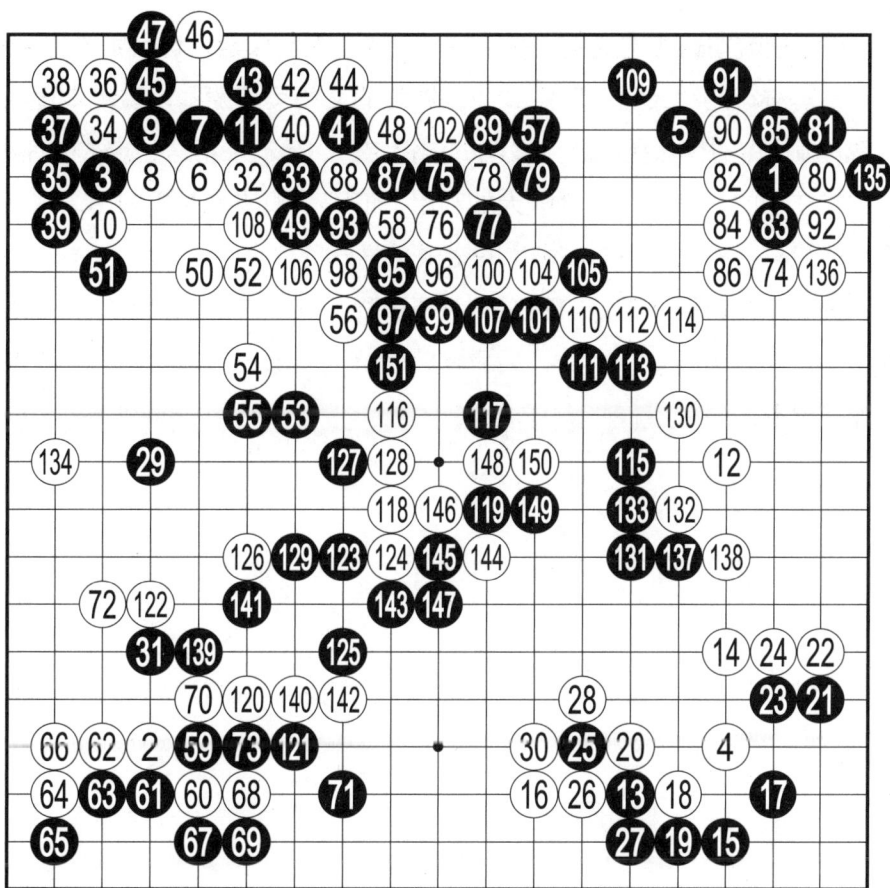

94＝41 103＝78

总谱（共 151 手，黑中盘胜）

本局双方各 10 小时用时时限，黑用了 4 小时 25 分，白用了 6 小时 45 分，吴清源对局用时总比对手要少。局后复盘，高川格望着角部"雪崩型"苦笑道："偏偏是我碰到了这个新手，真不走运呐。"

"大雪崩"内拐的定式现在早已司空见惯，但它的开创和变迁却是筚路蓝缕的故事。一个定式的生成和演变，凝结了太多前人身上不舍的努力与追求。而吴清源，就像是在海边寻找贝壳的人，他的不落窠臼，他的匠心独运，在围棋的国度里妙笔生花，黑白的世界里从此五彩缤纷，春暖花开。

由于本局内拐新型下法的成功，棋手们争相模仿，下内拐的一方变得有利起来。一个系统的平衡态一旦倾斜，势必会引发变革，直至形成新的平衡，正如一方始终有利，就不再是定式，流行多年的"大雪崩"定式因此一度从盘上消失了。一些定式逐渐消失在围棋历史的舞台，一些定式又被源源不断地开发出来。棋之道就在这些定式里充盈丰富，闪耀着人类探索未解世界的智慧光辉。

让不再流行的"大雪崩"定式予以恢复的又是吴清源本人。距本局四年以后，吴清源执白时悍然挑战自己发明的内拐定式，重新采用这一定式的理由是：认为被吃三子的一方可通过余味大加利用。证明了即使被对方内拐，也还是互不吃亏的战斗。如此一来，被淘汰的定式又复苏了。

不啬微芒，造炬成阳。与其说吴清源乐耽于盘上的创新，不如说这是他的秉性使然。面对这方智慧游戏，吴清源总能留下子子珠玑，给后人以启迪、震撼和无尽思考。

第三章　清乐忘忧缘此物

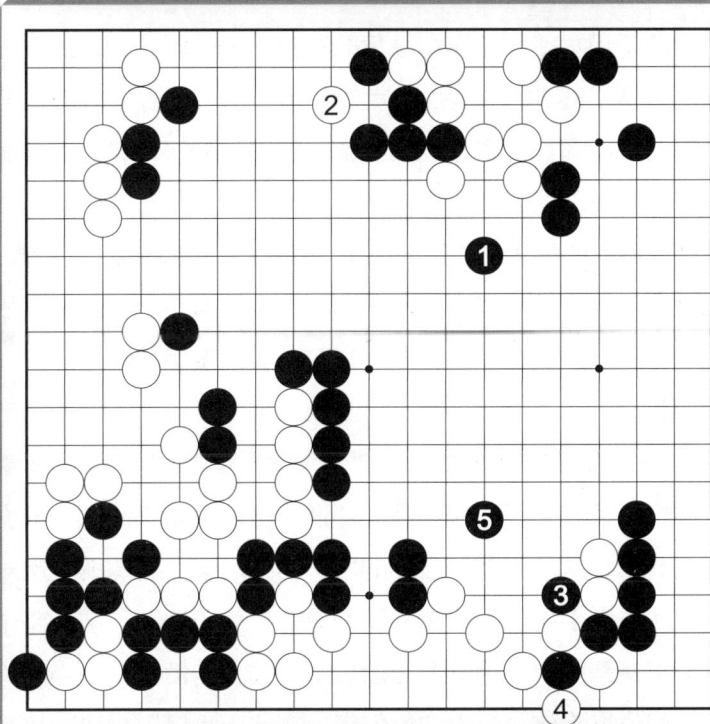

吴清源　木谷实

○ 雪崩型再现！吴清源张大模样请君入瓮

○ 木谷实无惧新手，登陆"诺曼底"纵横驰骋

○ 他们曾经在枰前殚心探讨，在盘中勠力格斗

○ 如今再一次站立在巅峰，开启一场盛大对决

又一次，吴清源和木谷实重逢在胜负的舞台——首期"日本最强决定战"。

在十番棋之后推出的"日本最强决定战"，对于舍命征战多年的吴清源来说，必然是不甚合理的。新闻社为了安慰吴清源，特意与他签订了协议并表示，今后将以吴清源为中心举办围棋活动。

本局是首期"日本最强决定战"的冠军争夺战。在此之前，吴清源7胜2败，木谷实6胜2败1和，本局意义之重不言自明，谁是真正的日本最强棋手，将在本局见分晓。在对局室的隔壁房间，同时进行着坂田荣男与藤泽库之助的对局，负者将被淘汰出局。

话说起来，日本棋界曾出现过三次"吴·木谷实"时代：1928年，吴清源来到日本，被跳格授予三段后无往不胜，"谁能击败少年吴清源"成为日本举国注目的焦点。当时素有"怪童丸"之称的木谷实四段同吴清源的初次对局轰动一时，是为首次；两位棋手在五段时代共同创造的"新布局"，波及整个棋坛，这是第二次；第三次便是两位棋手升为七段后举行的"十番棋"，当时本因坊秀哉名人已经作古，两位棋手作为棋界的佼佼者，在"十番棋"中决一雌雄，自然万众瞩目。平素交情很好的两人在"十番棋"中舍命相搏，结果吴清源6比4战胜木谷实，两人的棋份由互先降为先相先。木谷实在比赛中削发明志，昔日"怪童丸"变成和尚头。

"十番棋"落败后，木谷实身体状况不佳，成绩也一度低迷不振，但休养一段时间后，木谷实意气风发，在棋盘上释放出强大的力量。在本期"日本最强决定战"的后一阶段，木谷实执白连胜二局，战绩已经迫近所向披靡的吴清源。"日本最强决定战"是参赛棋手之间分别执黑、白各弈二局的双循环赛，本局是两人交战的第二局，吴清源此前执白已胜一局。木谷实面对执黑的吴清源，无疑是一场艰难的战斗。

吴清源与木谷实，这两位当年在日本棋坛刮起新布局风暴的伟大棋士，他们曾经在枰前共同探讨研究，在盘中厮杀战斗。如今他们已经不再盛年，却再一次站在新闻棋战的最巅峰，开启一场浩浩汤汤的盛大对决。

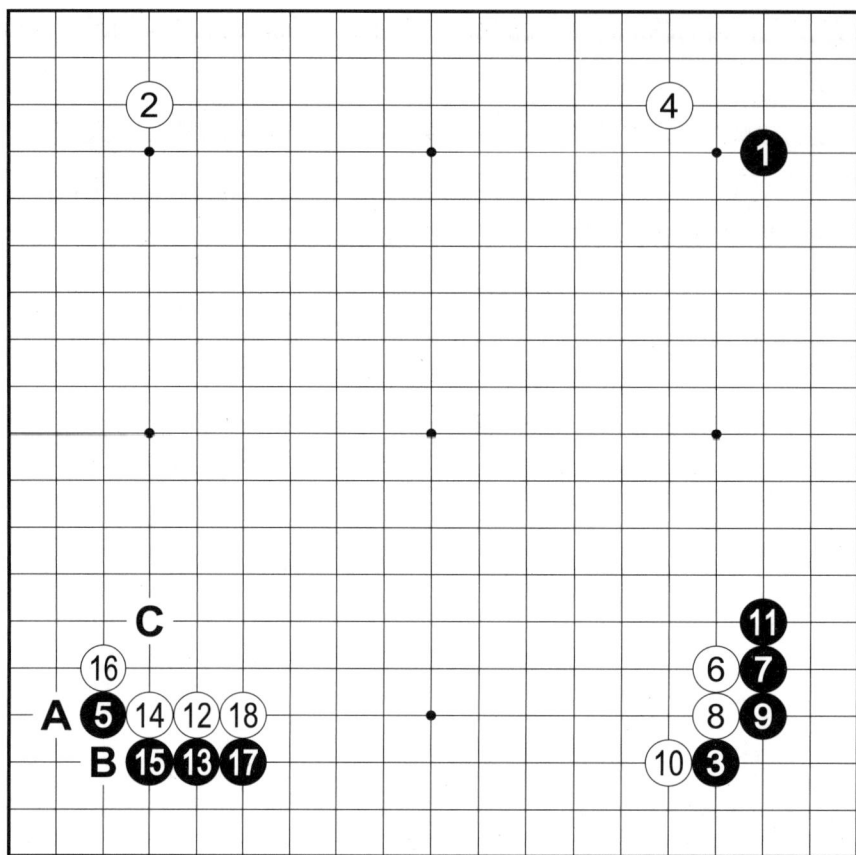

第 1 谱（1—18）

面对木谷实，执黑的吴清源以黑 1、黑 3、黑 5 的"秀策流"开局，一方面是定下扎实推进的步调，同时也是针对木谷实"惜地如金"的棋风施展的对策。

右下白棋高挂后，至黑 11 长，眼见"大雪崩"型又将现诸盘端。白 12 笔锋一转，又到左下开拓疆域，至黑 17，与右下角出现同形。

说起来，自从吴清源与高川格一局弈出"大雪崩"内拐新手后，由于内拐一方获取实利不小，大多棋手对"大雪崩"避之不及，何况内拐新手的创始人是吴清源。但木谷实偏向此中行，白 18 果敢贴住，不辞邀斗。

事实上，此时白的选择也有必然性。白 18 如在 A 位打，黑粘后，白在 C 位虎，白棋简单处理，一般来说总不亏，但此时在黑 17 的硬头威慑下，右下白三子隐隐受到影响，故白 18 如此选择。

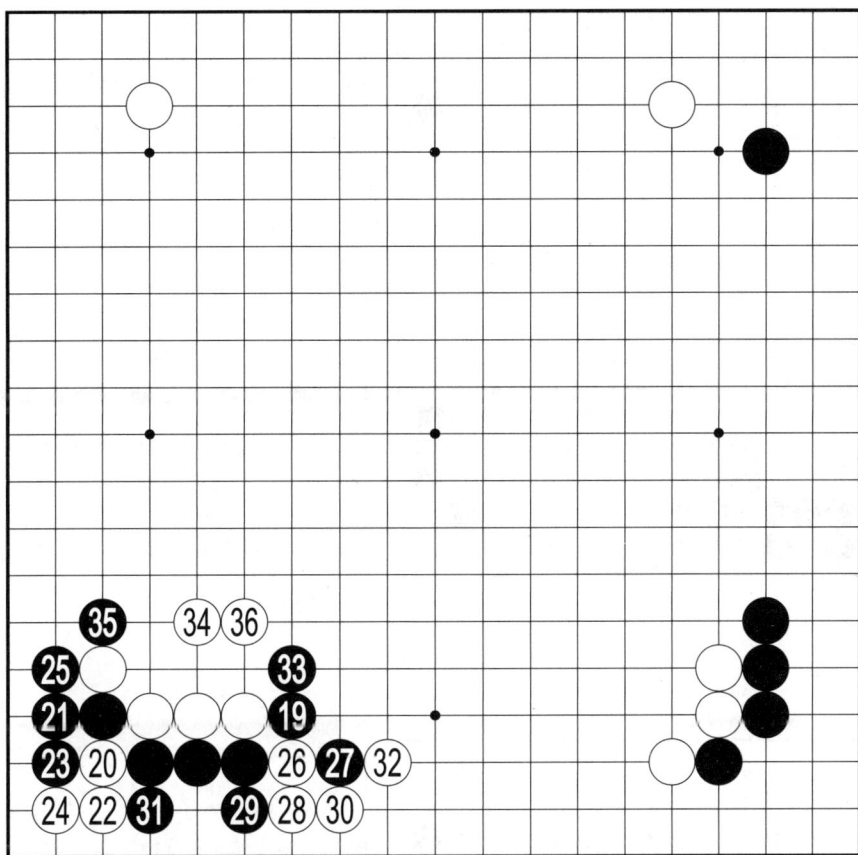

第 2 谱（19—36）

　　黑 19 扳，"大雪崩"迎面而来。黑 23 内拐再次出现在盘上，这是吴清源的得意武器，不过对面的木谷实对此似乎并不畏惧。

　　黑 23 内拐自从吴清源与高川格一局弈出，已变得举世皆知。自从这一新手问世以来，棋士们纷纷效仿，均取得了不错的效果。随着棋士们研究的逐步深入，深知内拐的威力后大家又渐渐回避此型，这一定式也变得寥若晨星。

　　白 34 跳是棋形的急所，黑 35 打吃必然，白 36 双也不可省略，不然被黑挖入白不行。至此，一切照定式进行。放眼全盘，左边的白势与右边白三子遥相呼应，形成完美的搭配。木谷实果敢挑战内拐新手，取得了不错的效果。

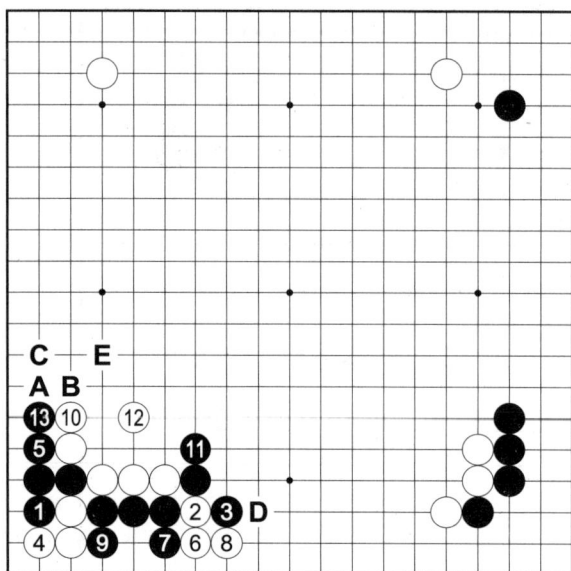

变化图 2-1

黑1内拐后，白2先断是后来研究出来的好次序，黑3下打后白4再拐，白2若先在4位拐，之后在2位断时，黑多了6位打的选择。

至黑13爬是大致的进行，接下来白在A位扳，黑在B位断，白在C位退，紧凑而激烈；或白在D位打，黑在B位扳，白在E位飞出，也将形成激斗。以上是AI视角下"大雪崩"内拐后的新下法。

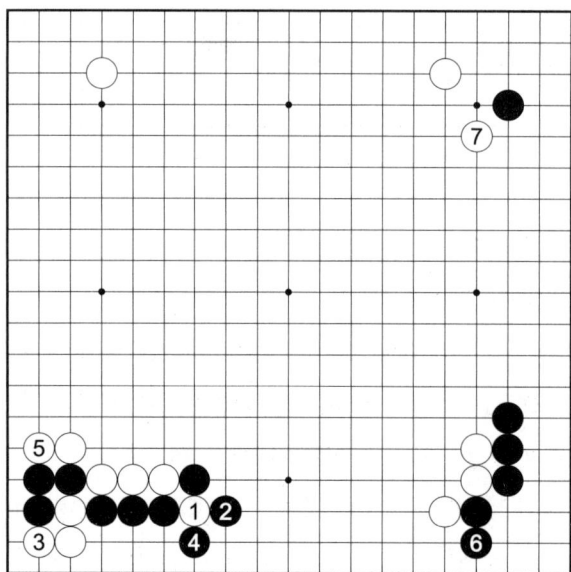

变化图 2-2

白3拐角时，黑4还可简单打拔一子，白5吃三子，黑6再抢到二路立下。如此盘上早早形成转换，未尝不是一种构思。

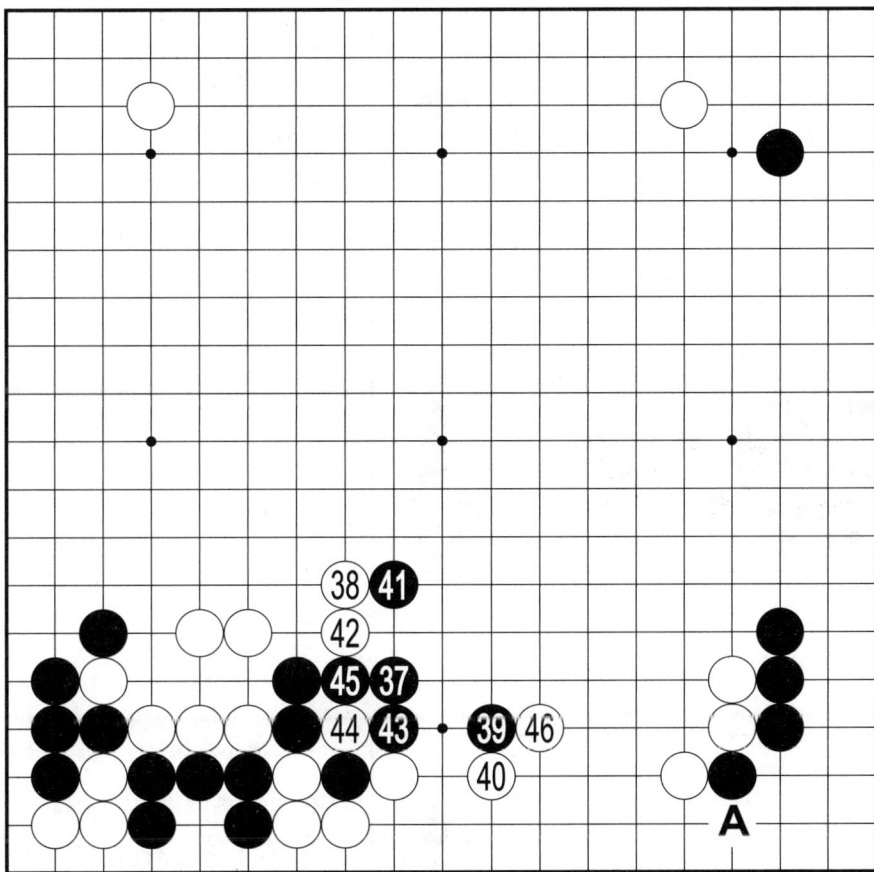

第 3 谱（37—46）

白棋左边与右边形成不错的搭配，此际黑如在 A 位立下静观白棋动向也是不错的一手，但吴清源黑 37 直接出动，盘间突然暗流涌动。

白 38 飞是好手，与右边白三子相呼应，黑棋成为受攻对象。木谷实恐怕早已瞄准了这样的严厉手段，所以选择了"大雪崩"。有趣的是，平素在别人大模样中顽强求生的木谷实，这一次翻转了角色，转为进攻的一方。

黑 39 飞下轻灵，黑 41 靠是试应手，根据白棋的应对决定下方定型。白 42 过于稳健，这一部分可视为黑稍得利的交换。黑 43 顶将二子拉回，吴清源处理这块棋的着手似稳实强，眼下左边白棋留有断点，随时会遭受反击。

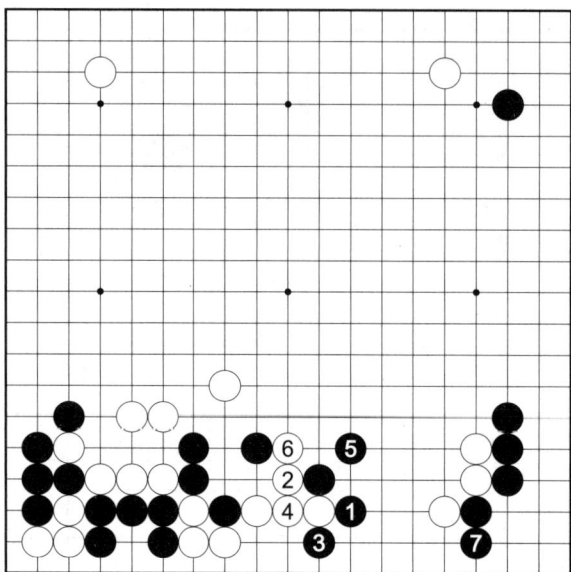

变化图 3-1

黑如想转身，黑1直接扳下也可行。以下至白6，黑棋弃掉三子再二路立下，将成为另外一种局面。

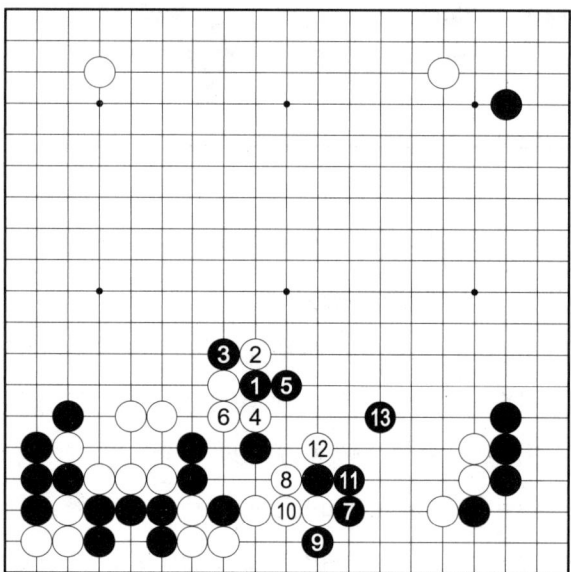

变化图 3-2

黑1靠时，白2扳更为强硬，不过黑棋准备了3位扭断的强手。白4、白6打粘，黑7再扳下，至黑13，形成转换，黑棋从容。

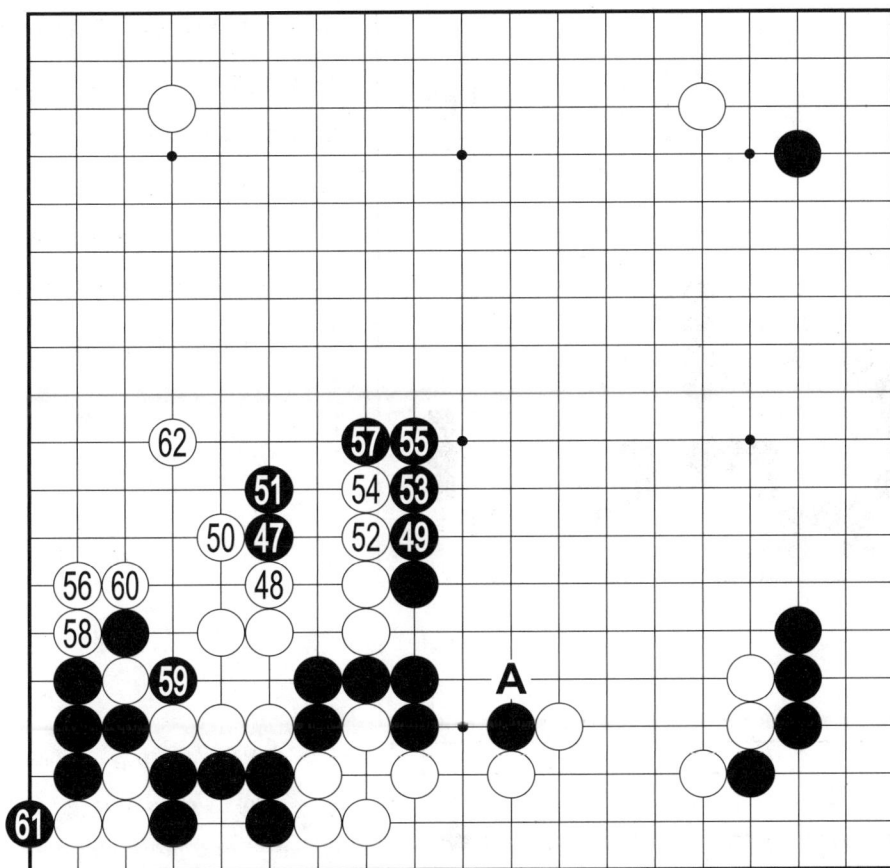

第 4 谱（47—62）

黑 47 是极为严厉的手段，这是吴清源苦心孤诣的妙手和强手，瞄着白棋眼形的同时，顺势将中腹长出。

白 50 扳时，黑 51 长可谓高瞻远瞩，以下白 52、白 54 不得不帮助黑棋长入腹地，皆为黑 47 之功。至黑 55，双方应对基本为必然。

白 56 点严厉，木谷实发现了左边棋形的急所。A 位其实是双方要点所在，决定着下方攻防的主动权。白 60 挡后，黑左边危险，黑 61 扳吃谨慎，此时角内暗藏乾坤，虽 A 位是全局的必争之点，但角内补棋也极为重要。

白 62 飞，错失良机，如在 A 位打，黑粘，白五路粘后，黑不得不补六路断点，如此厚薄差异不言而喻。可以说，白 62 在 A 位打是先手得利的最后机会。

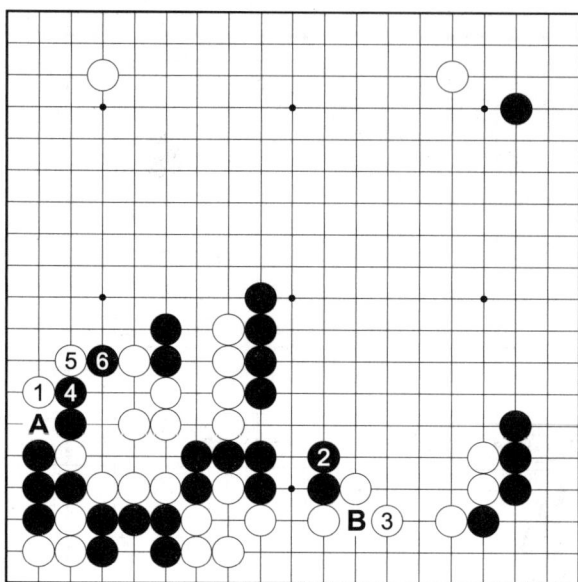

变化图 4-1

白1飞点时，黑抢到2位要点重要。白3大致须补，黑相当于先手占到要点，黑4、黑6再冲击左边，完全善战。

黑2后，白若如实战在A位断，则黑在B位断。至于角上，白虽有手段，也有风险。

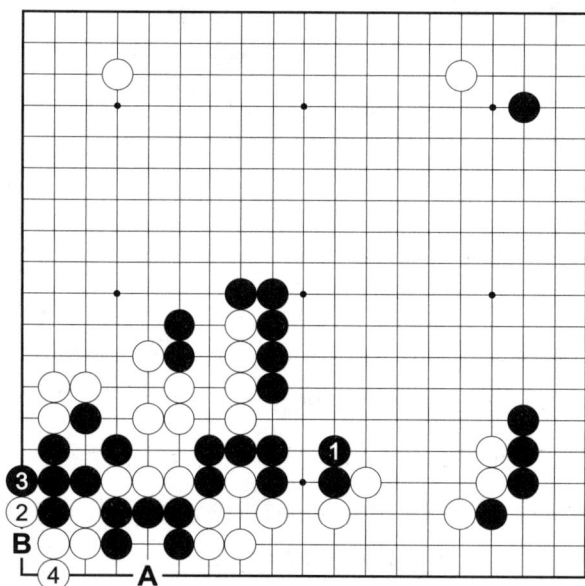

变化图 4-2

实战白60挡后，黑如不在B位补棋，强抢1位要点会如何？

白2扳是强手，黑3挡后，白4立又是角部攻杀的冷着。以下黑棋大致有A位做眼和B位提两种应对，以下分别述之。

黑1做眼是局部最好下法。以下白可2位下立直接攻杀，或回头A位补棋。

白2如坚决攻角，黑3提一子后，白再B位挤入，角部双方都留有扑劫手段，皆有压力。所以白在A位补棋为妥，以后黑在C位团可活棋，或引而不发，脱先他投，总之此处取舍头绪颇为繁杂。

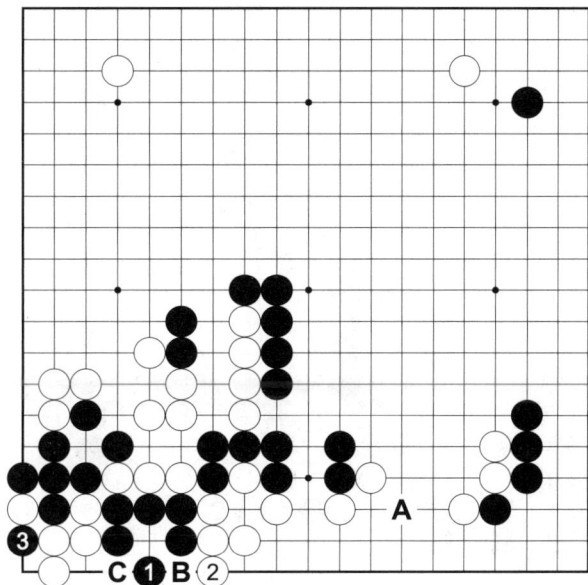

变化图 4-3

再看黑1提后的变化。此时白2点严厉，黑3粘隐忍，白4、白6拉回强烈，黑7提后，角内将形成劫争。

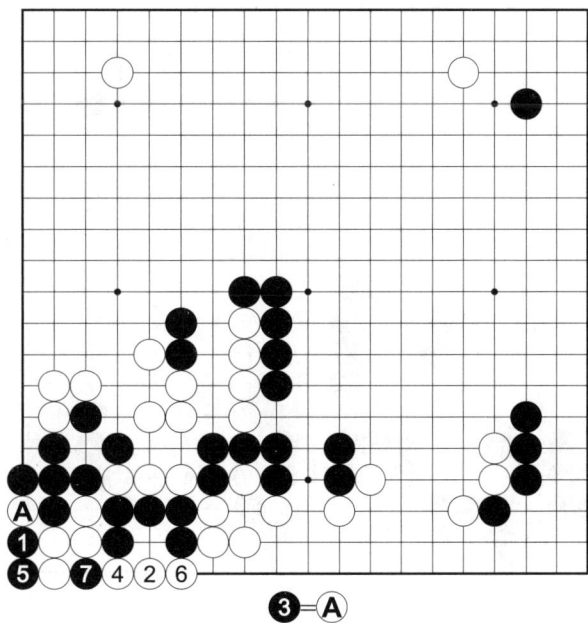

变化图 4-4

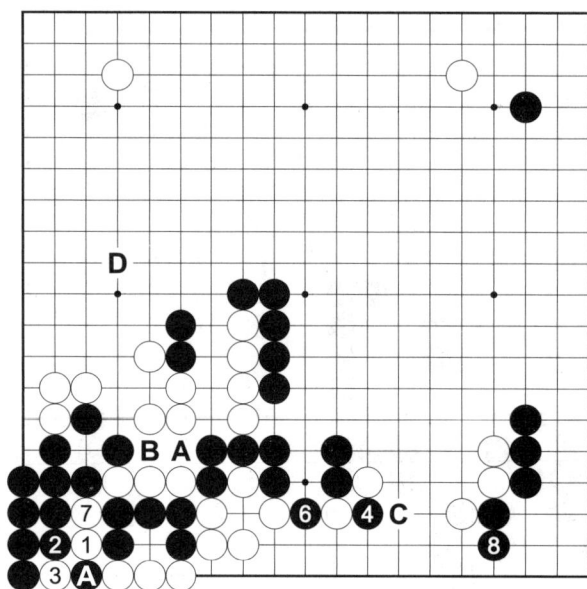

变化图 4-5

接上图。白 1 如启动劫争，以下黑将下方白棋打穿，白吃得角部形成转换。黑 8 立下经营右边模样对抗，白在左下反吃黑棋，目数收获巨大。

另外，黑 4 从 A 位寻劫，白在 B 位粘，黑提劫时白就在 C 位补，黑消劫白再抢到 D 位，黑棋难言满意。

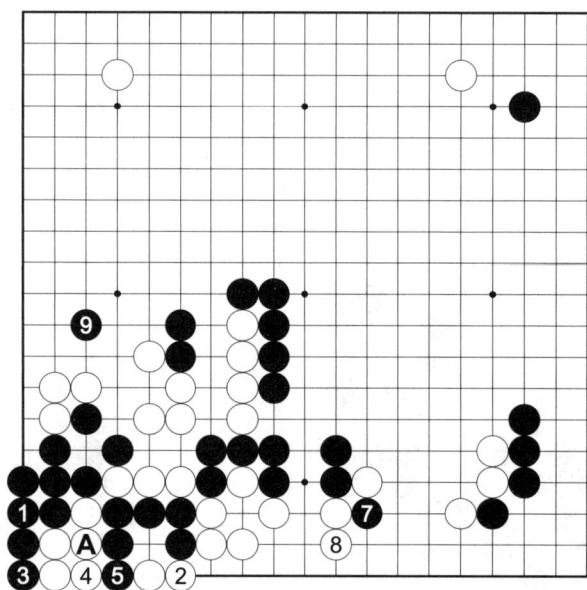

变化图 4-6

黑 1 粘时，白 2、白 4 在角内做成"刀把五"，看起来更为强烈，不过也有风险。以下黑 5 提五子后，白点入，黑 7、黑 9 强烈反击，黑棋虽局部已死，但气数够长，黑封锁后有一系列强力手段，白须防范深虑，非远算不可轻为。

综上可见，白棋角上藏有强烈的反击手段，黑棋不得不加以防范。

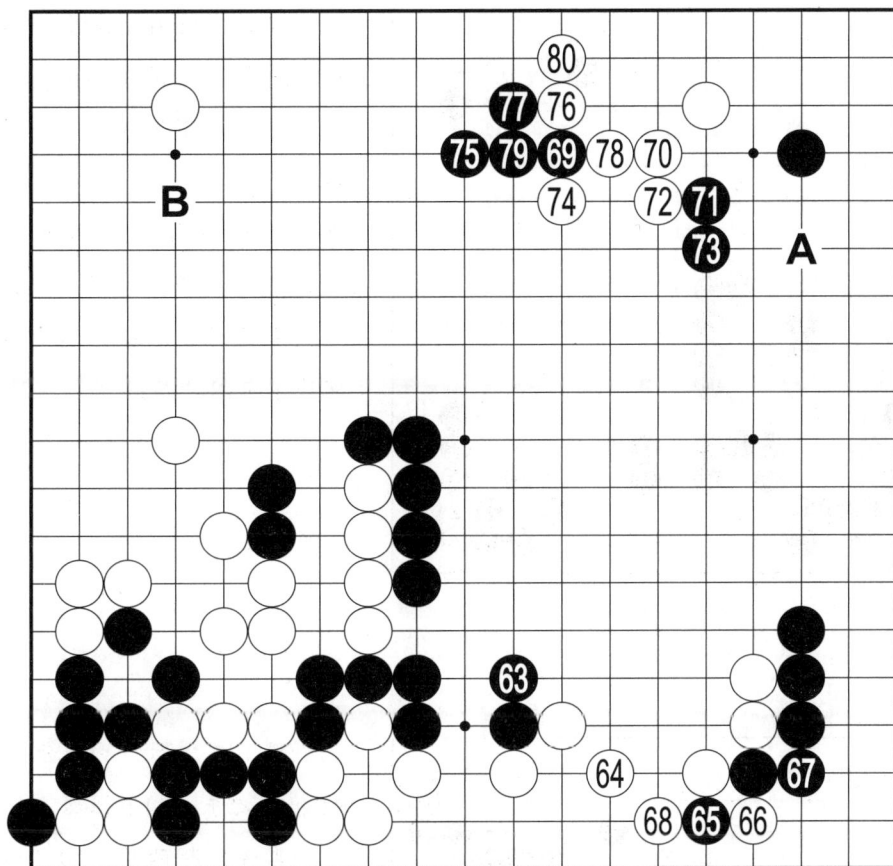

第 5 谱（63—80）

黑 63 长出，好点终被黑棋抢到。白 64 虎补，黑 65 连扳又是整形的绝佳手段，这也是 AI 推荐的首要选点，黑棋成功先手走厚。

因有白 64 的存在，下方白棋变厚实，黑此时在 66 位立下已失去意义，故黑 65 扳是紧凑好手。另外，黑 65 如脱先，白将在 67 位毫不客气地断吃，黑棋难免受到欺凌。

黑 69 转攻右上，蔓延半个棋盘的战役终于告一段落。白 70 尖是首日封盘之手，这一着显然过于持重，如在 A 位夹攻或 B 位守角也许更佳。黑 71 以下在五路高举高打，映衬着黑棋下方的厚实棋形，右边黑空骤然变大起来。

白 74、白 76 靠夹就地做活，如简单向中腹跳出，势必会被黑棋在追击过程中将右边模样围成实空。只有白棋安定下来，将来打入右边黑空才无忧恼。

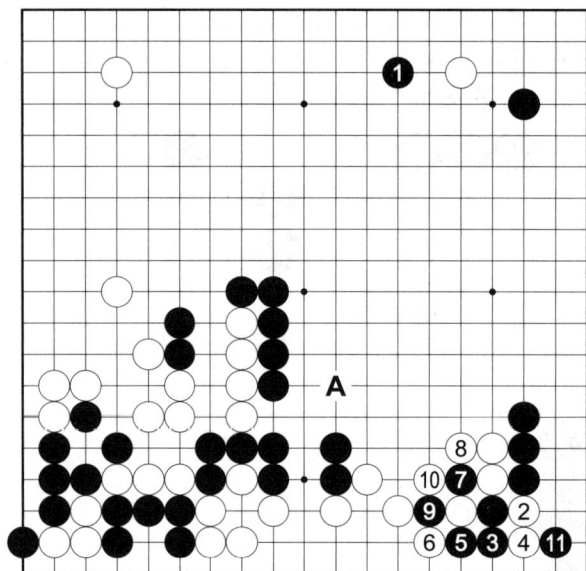

变化图 5-1

黑如省略右下定型直接在 1 位夹击，白将毫不犹豫在 2 位断吃，以下黑 3 多长一子必然，进行至黑 11 为"一本道"，黑虽能吃住白 2、白 4 两子，但白先手提子，外围已厚，再从 A 位点方，黑棋右边厚薄与实战不可同日而语。

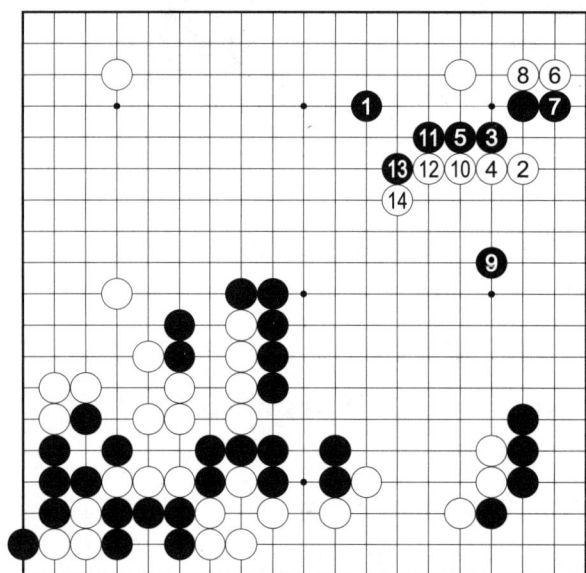

变化图 5-2

黑 1 夹攻时，白 2 反夹是 AI 推荐之手，相当强烈。

黑 3 分断两块，白 4 贴与黑 5 交换后，在二路飞点严厉。以下白棋分而治之，上下两块白棋都得到了成功治理。

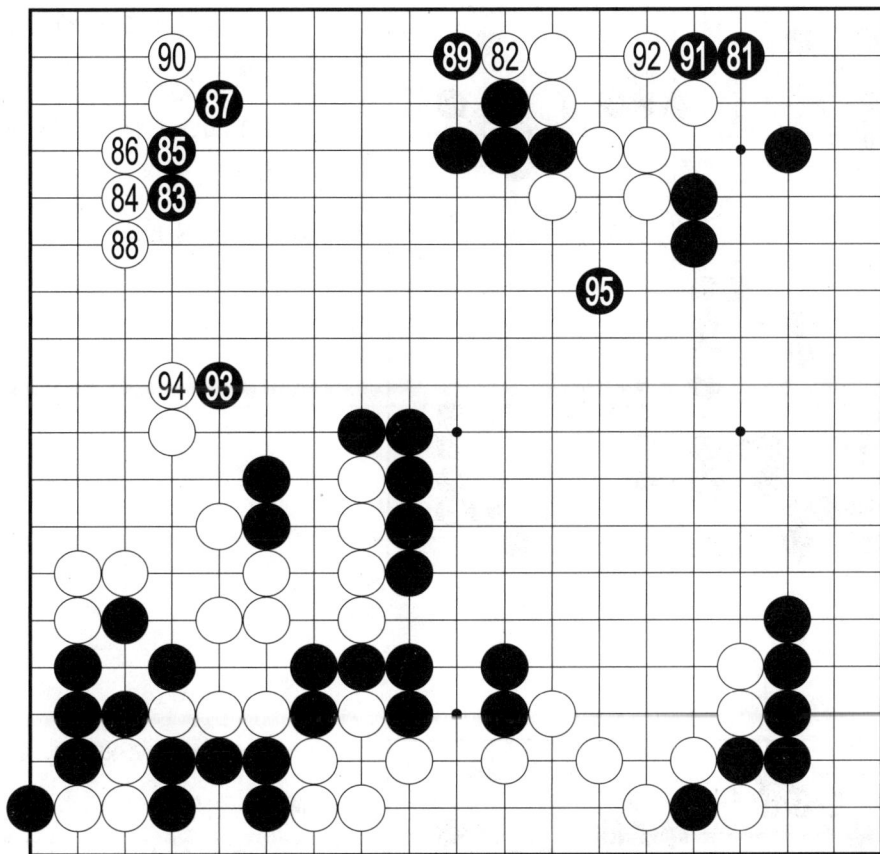

第 6 谱（81—95）

黑 81 飞巨大，通过搜根掣肘白棋来扩充右边。白 82 不得不拐，此处再被黑棋挡住，白棋将困苦不堪。黑 83 抢先挂角，价值不言自明。

白 84 至白 88 攥紧实地符合木谷实的棋风，如此一来，全局极为有趣地出现了第三处"大雪崩"形。经左边数子应对，黑 89 没有选择在角上行棋，而是从上方挡住，如此白 90 立下价值变大，左上黑空中生出薄味。

黑 91 是先手利，接下来黑 93、黑 95 两手飞颇具气势，局面一下子生动起来。此时白上方一块棋未完全成活，黑在这一带可通过攻击使右边势力变成实空。可以说，吴清源以非凡的手段，为经营中腹而展开规模庞大的作战计划。

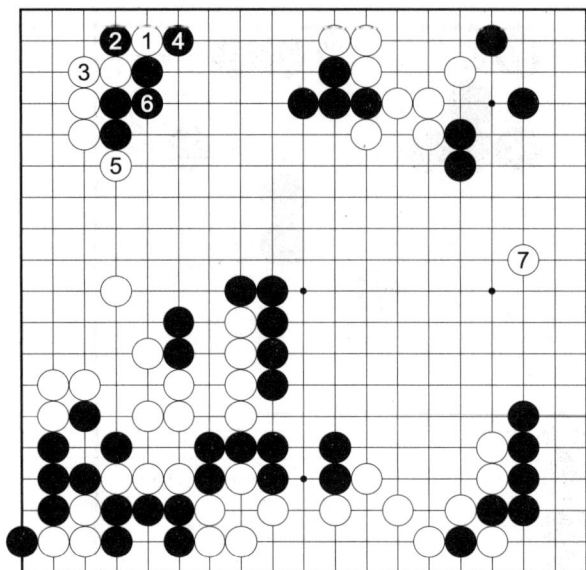

变化图 6-1

白 1 效仿右下角的定型于二路连扳。

以下白通过弃子得到 5 位扳的先手，再抢到右边 7 位一带分投，步调上佳。

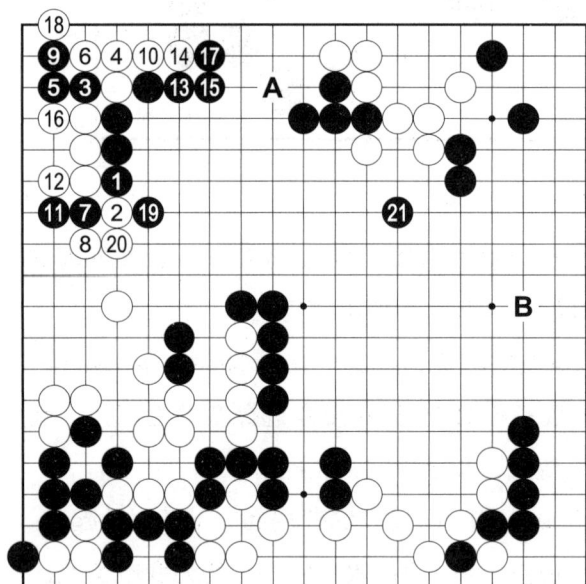

变化图 6-2

黑 1 如继续紧贴，再来"大雪崩"如何？

以下白配合演绎，之后黑只能得到黑 15、黑 17，黑 19 打后再黑 21 飞起，白左上得利丰厚不说，黑上方和右边都没有完全封锁，无论白在 A 位飞或在 B 位打入，黑都无良策应对。所以此时左上黑棋走成"大雪崩"型并不合适。

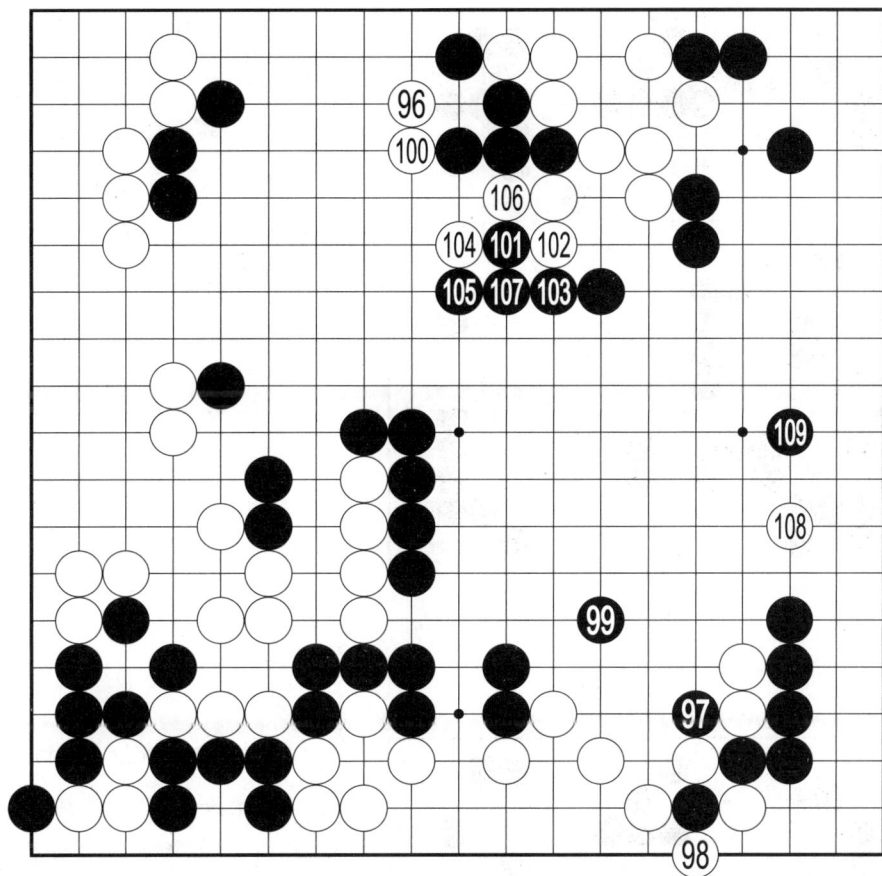

第 7 谱（96—109）

白 96 刺是左上角白二路立下后就生出的严厉手段，此际施出，也是在拷问黑棋的态度。孰料，吴清源转身右下，黑 97、黑 99 打后飞起，右上一带立成模样，这恐怕是木谷实所没有想到的。这样，局面的重点又变了，右边黑模样中的打入后的攻防变成镁光灯聚焦的舞台。

面对黑棋右边撑起的模样，木谷实不予理会。白 100 径自贴起，让黑棋外围再补一手后再打入也不迟！遥记当年木谷实面对关山利一，后者是初代"本因坊战"冠军，木谷实自信消劫之后打入对方空中，最后将其大空洗得干干净净。

黑 101 跳只此一手，黑弃白取，双方必然如此进行。白 104 夹是手筋，黑 105 以下一挥衣袖，将上方数子尽皆舍弃，下方摇身一变变成实空，果断坚决，气势磅礴。白 108 三路一间逼住黑棋开始登陆"诺曼底"，如此靠近右下黑棋硬头，木谷实的葫芦里到底卖的是什么药呢？

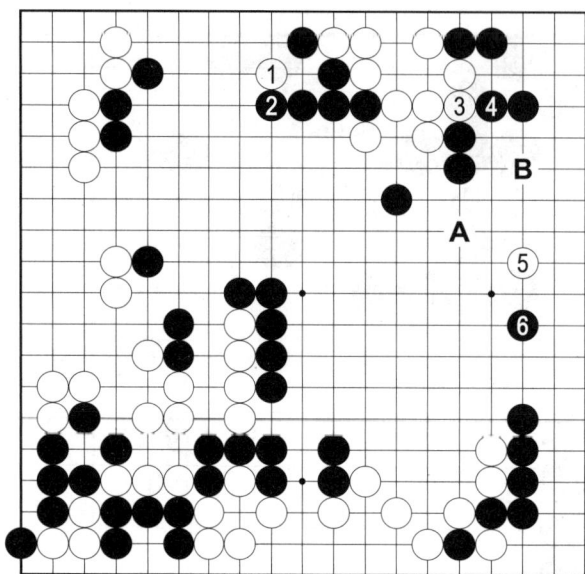

变化图 7-1

白1点时，一般黑会2位压住，做此交换后，白3是眼形要点，黑4补后，白再抢先于右边打入，黑6逼后，白无论在A位飞或B位拆，都不难盘活右边白子。

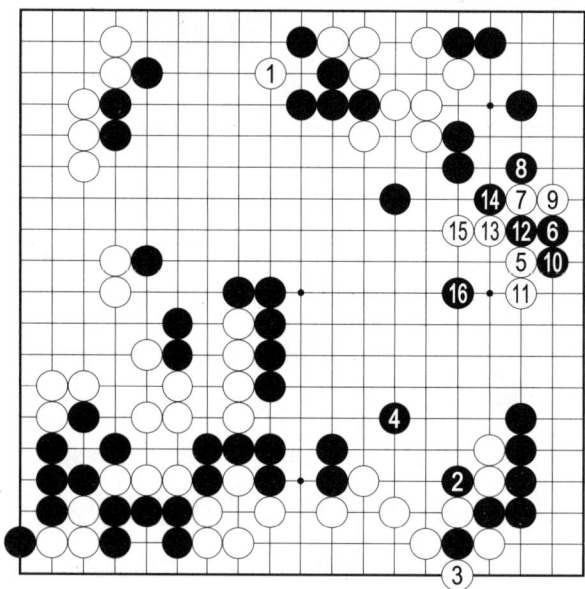

变化图 7-2

白1刺时，黑2打，白3提，黑4封住抢先做大模样，也是此际AI的推荐手段，与吴清源在此处的手法不谋而合！

白5再来打入，右下多了黑棋援兵，白棋相对来说就不易做活了。黑6搜根极为严酷，之后黑8靠与白9挡交换后，再从10位爬，黑右下硬头位置绝佳。至黑16，周遭黑子众多，白处境艰难。

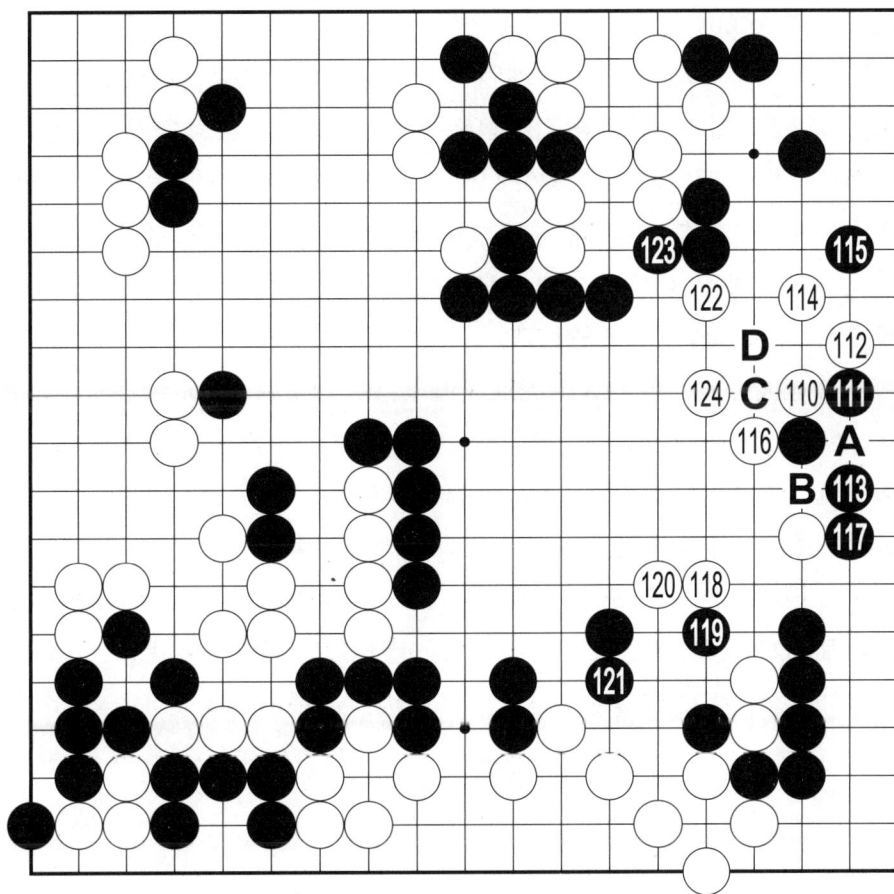

第 8 谱（110—124）

明知上方黑棋加厚后，右边打入治孤的难度系数大幅增长，木谷实也无所畏惧。

这就好比古龙小说里那句经典台词：闻君有白玉美人，妙手雕成，极尽妍态，不胜心向往之。今夜子正，当踏月来取，君素雅达，必不致令我徒劳往返也。在大模样的局面，木谷实就是飞天遁地的楚留香，明知你会严加防范，还是会告诉你："快补棋吧，我马上就要打入了。"

白迎着右下黑棋硬头投下空降兵，黑逼后，白 110 靠入，这一着凝结着木谷实毕生的绝学——治孤，带着满满自信隆重登场。

白 110 是刁钻无比的一手棋。在右边黑势的汪洋之中，木谷实喜欢这样的局面，就像是乐于冒险的冲浪选手。

吴清源和木谷实的对局，木谷实走低位占取实利，吴清源展开大模样是两人的激斗常态。时机一到，木谷实便在对方模样中打入，"镰仓十番棋"之首局便是最经典的战例。距离那一战，一晃快二十年，绝代双雄早已不是当年风华正茂的样子，但两人鲜明的棋风如胸中的初心一样，从来未曾改变半点。

白110靠后，黑的首要任务自然是将白棋两边隔断，C位、116位、B位、A位、111位都在黑棋的考虑范围。黑在116位上长，白在A位扳后再112位虎，棋形颇具弹性；黑如在C位扳，白在116位扭断，正好腾挪。故这两点首先排除。黑在A位下立或B位顶，白也有腾挪手段。思忖良久，吴清源黑111从二路扳应对，这也是此际AI的首选。

白112连扳强烈，黑113倒虎是好防守。白114后，白形弹性十足，黑在C位打，白将立即在D位做劫。黑115飞强硬过度，不愿白棋靠角腾挪，但遭白116扳起，白渗入中原腹地，黑形势骤然紧张起来。黑115如在D位点刺，右上黑地稍做缩减也可接受。

白116扳时，黑117无奈，如在C位打，白将在D位撑劫，白棋自然希望局面越乱越好。紧接着白118、白122妙手迭发，至白124虎，白棋已初具眼形，黑如硬杀（譬如在D位点入），风险极大，杀棋不成很可能面临实地不足的后果。

白 1 靠时，黑如 2 位上长则太过老实，白 3、白 5 扳虎，黑 6 稳健粘住，白 7 淡淡一跳即呈活形。

以下白瞄着上方二路托，黑 8 如尖顶，白 9 挤是腾挪好手。接下来，黑若在 A 位粘，委屈之至，而如在 B 位打，白在 C 位顺势打后简单做眼，轻巧成活，如此白不难治孤。

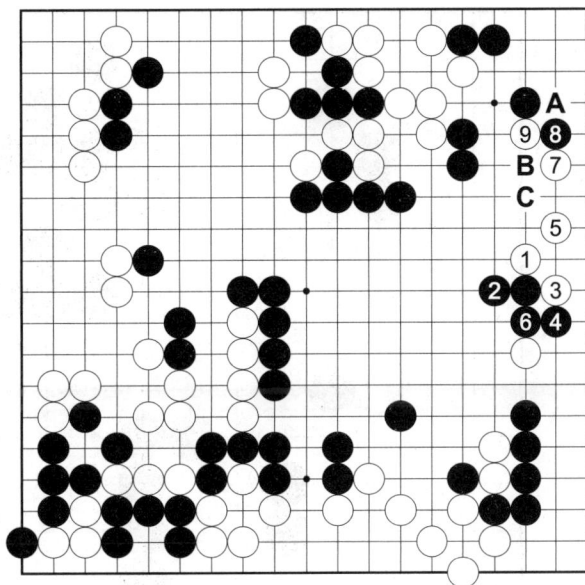

变化图 8-1

白 1 靠，黑如 2 位下立，白 3 扳必然，以下白 5 长后黑为了不给白棋借力，只得 6 位托过，至白 15，白棋已初具眼位，黑要净杀白龙绝非易事。

总之，此处白棋腾挪手段良多，皆为白 1 犀利一靠之功。

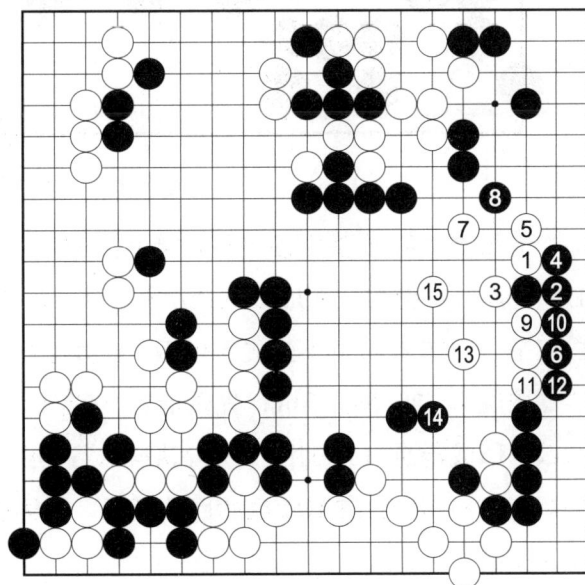

变化图 8-2

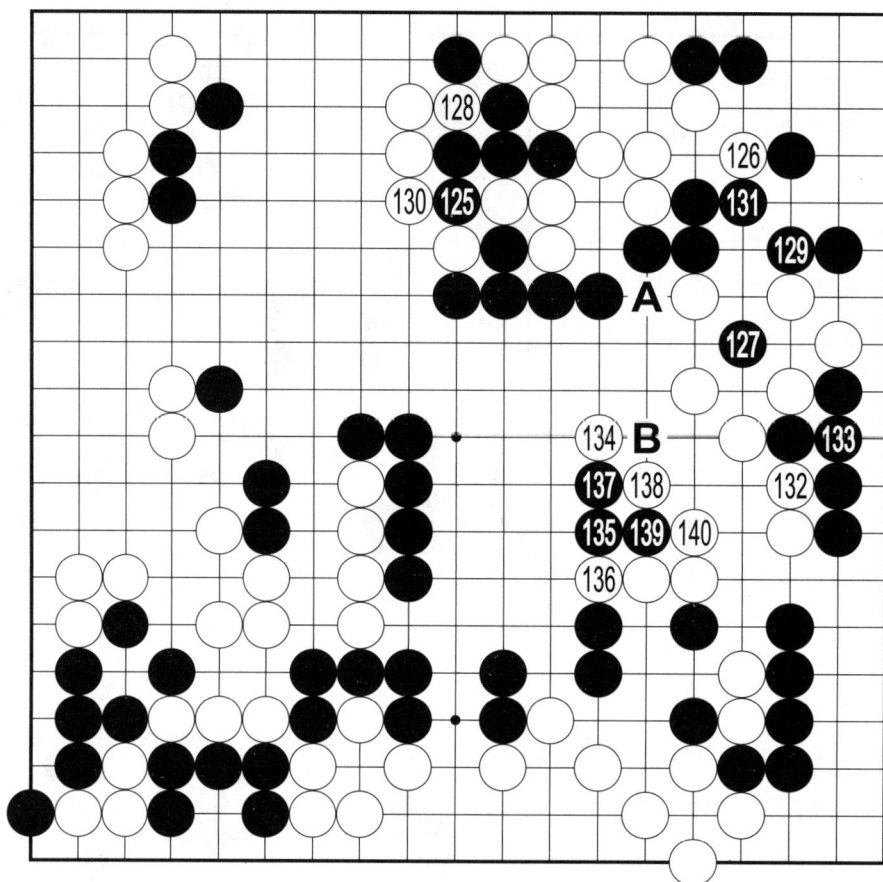

第 9 谱（125—140）

黑棋在中腹攻杀中没有好的手段，转头在 125 位寻找头绪，此时黑如在 127 位点，中腹将立即形成殊死决斗。黑 125 还藏有微妙的作用，因为黑瞄着白三子，白在 A 位得不到先手借用，白龙生机会更少一些。

按说黑 125 杀棋不成，先做借用，若白 132、白 134 立即盘活，黑救出上方数子形成转换，白棋明显得利。孰料木谷实白 126 尖不依不饶，在此寻求便宜，如黑应，白 132、白 134 盘活自然满意，但吴清源怎会言听计从，黑 127 当即点入反击，当此局面，只此一手！

白 128、白 130 宁肯右边大块生死飘摇，也要先将黑五子纳入囊中，黑 131 也是强硬之极，此一手，黑补净缺陷又保全了角部，吴清源或已算尽中腹攻杀变化而不予丝毫退让，也是针对木谷实的棋风特意为之。

白 132 以下再次试探，黑棋虽说周遭通厚，但面对木谷实的治孤手段，吴清源当需如临深谷步步小心。至白 140，黑方依然不可掉以轻心。

黑如直接动手杀棋，大致有 1、8 和 2 位点的手法，现以 1 位点举例。

以下白 10 挤成为先手，至白 24，白棋巧妙两眼做活，所以实战吴清源在 11 位打进行出手前的试探，如此白 10 位的先手将不复存在。

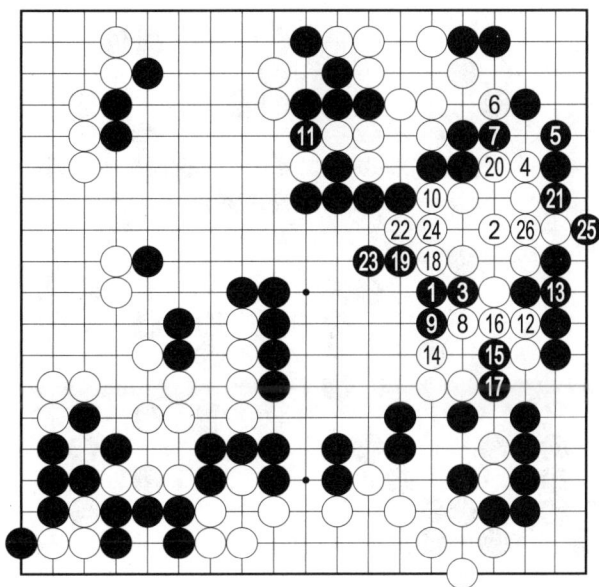

变化图 9-1

实战黑在 1 位打吃试探白棋应对，白在 2 位反试探，接下来黑棋直接动手。

黑 3 点机敏，也是当下 AI 的首荐选点。周遭黑厚，局部白棋显得单薄羸弱。至白 24，白棋竭力盘活，黑 25 粘后，上方白棋被黑棋一通搜刮，黑 35 抢到左上挡，局面黑大大领先。

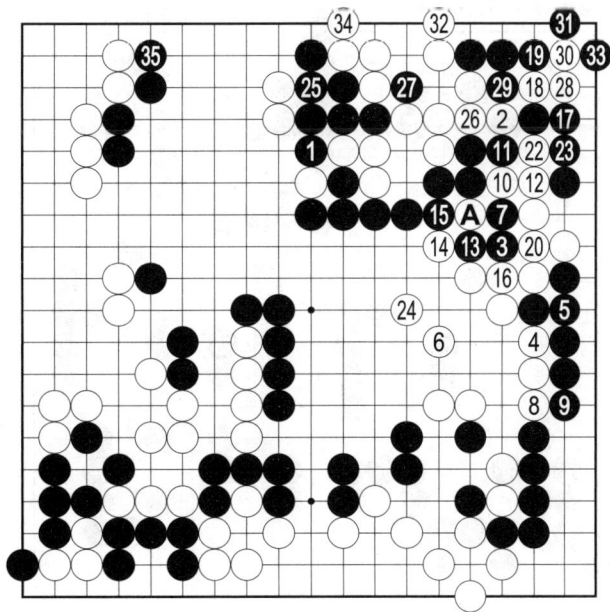

㉑=Ⓐ

变化图 9-2

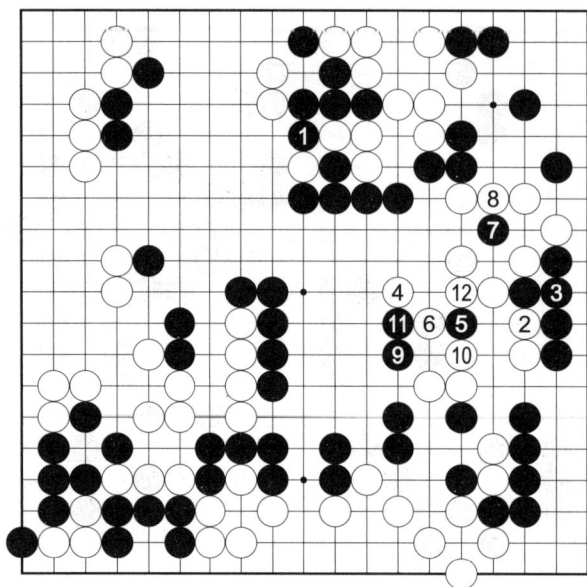

变化图 9-3

黑1打时，白棋抓紧做活，是木谷实反转局势的良机。

白2打后虽有黑5、黑7的考验，至白18，白棋谨慎盘活，黑腹地实地化为泡影。不过，黑棋这样就毫无收获吗？

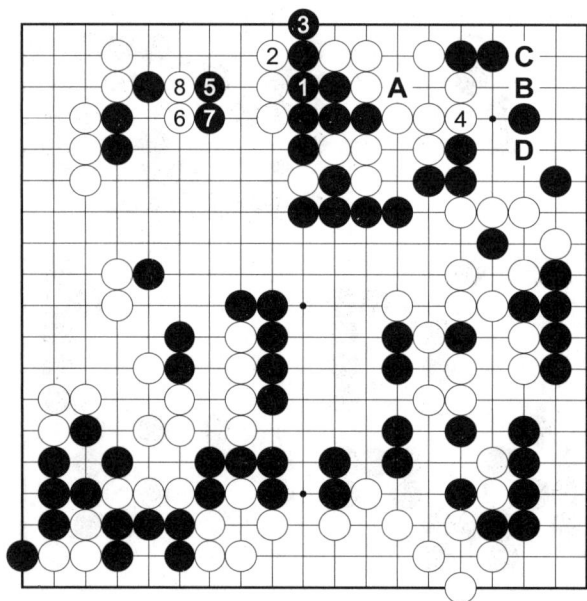

变化图 9-4

接上图。黑1粘，白2立后再4位团是好手顺。黑5跳时，白6刺敏锐，至白8冲，黑还需二路扳粘。再看右边白大块，看似危险，但黑棋形薄弱，黑棋如在A位点杀，则白有B位靠的手段，黑最强应对是在C位夹，白再于D位反夹，白可安全脱困。

至此全局沧海桑田，黑盘面稍占优势，但全局未定型处也不少，鹿死谁手尚未可知。所以实战黑125打时，相当于给了白棋妥协的机会，而后者拒绝谈和。据说当时木谷实时间告急，可能也是在读秒中无暇仔细盘算所致。

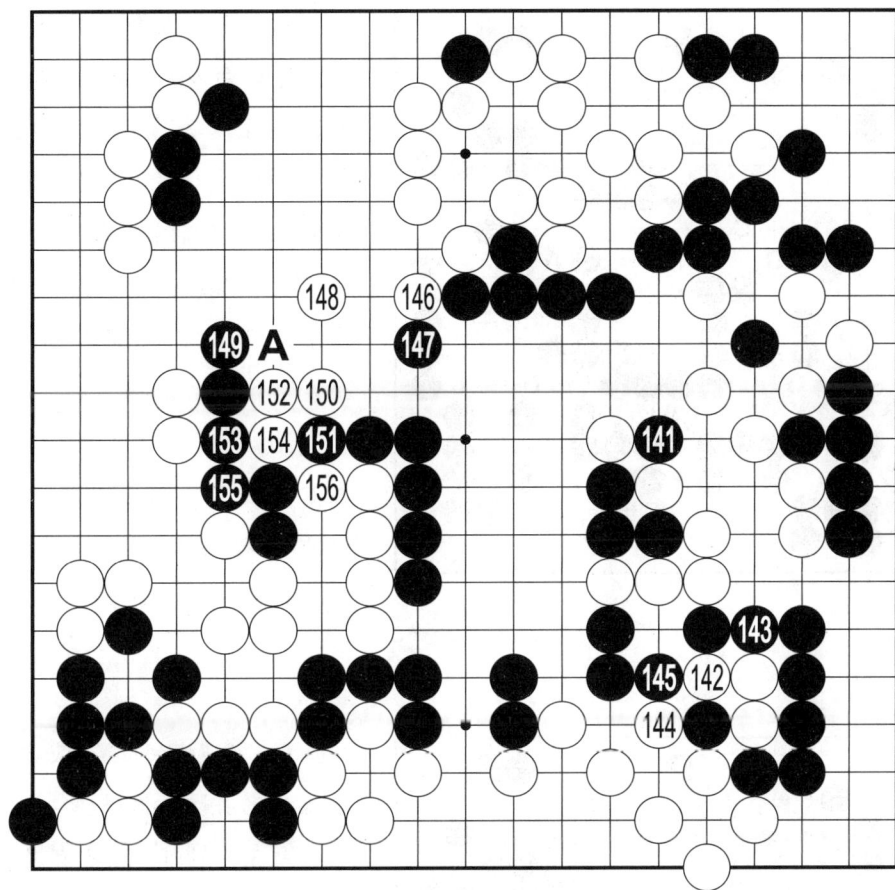

第 10 谱（141—156）

黑 141 断打，白棋已经无法做活，此处吴清源计算无遗漏。

木谷实自然也计算出白棋无法出棋，白 142、白 144 打拔一子，这一带疑关重重，黑 145 打可确保吃净白龙。

眼见生不起波澜，木谷实遂在上方扎口。白 148 跳好手，上方眼见全部封锁。黑 149 长充满自信，尽管有白 150 切断的严厉手段，黑也毫不畏惧。以下至白 156，木谷实"咔嚓"一断，黑棋被拦腰切断。话说回来，黑 149 如在 A 位尖，就生不出如此事端出来。

一波未平，一波又起！现在到了吴清源施展腾挪绝技的时候。

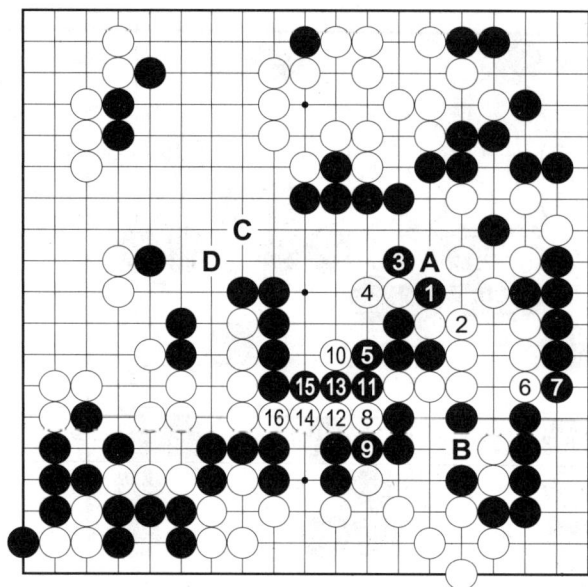

变化图 10-1

周遭黑壁似铁，实战黑在1位打后白龙已无法盘活。白2如反抗，之后白4长，黑5曲，以下白8、白10竭力反抗，至白16，黑借势连通上方后，接下来黑棋无论在A位粘还是在B位打，都将轻松制服白龙。

AI建议，白4只能考虑在C位浅消，黑在4位提子，白在D位围住左上。饶是如此，白空也已不足。

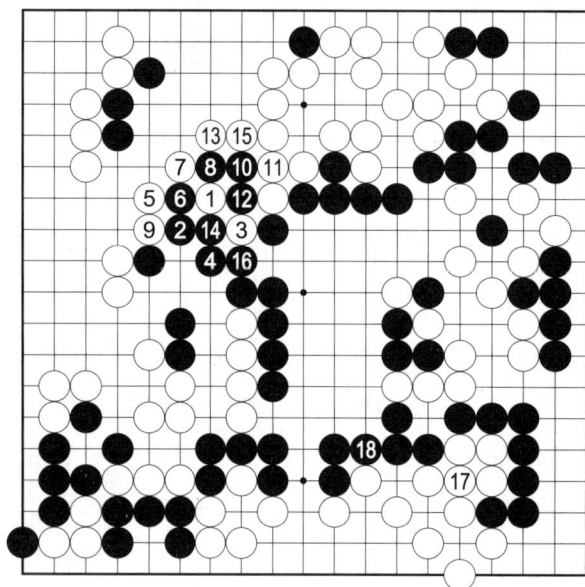

变化图 10-2

白1跳是好手，黑2尖持重，如此白无法切断黑棋。

白5飞封时，黑还有黑6、黑8的冲断手段，以下黑12提即可满意，至黑18，黑棋依然胜势。

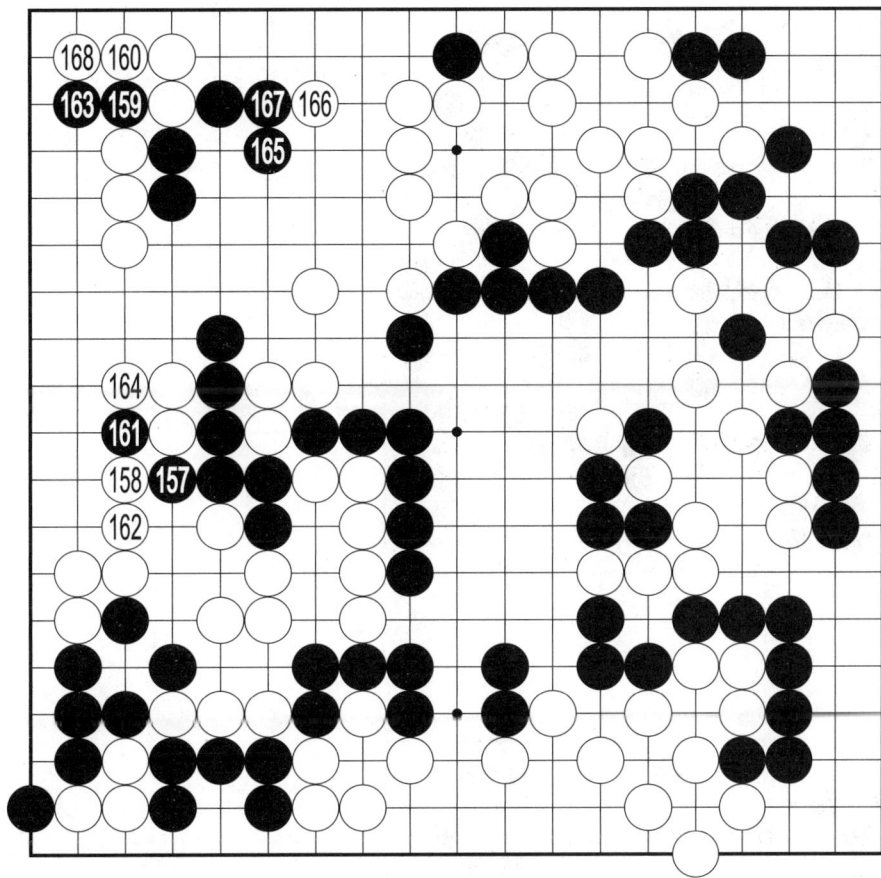

第 11 谱（157—168）

　　木谷实自觉形势已非，不顾一切地切断黑棋拼命，而吴清源恐怕早已算清其中的深远变化。不管怎样，局面几经波澜，又到了最后的决胜关头，对于大转换过后局面已非的白棋来说，自是求之不得的事情，总之这一池水搅得愈发浑浊，没准就有了翻盘的可能。

　　此处局面，又是一道神工天巧的实战死活。黑先如何做活呢？

　　黑 157、黑 159、黑 161 极尽精巧，周遭的白棋倒像是早已设计好的棋形一般，处处都有手段。白 160、白 164 尽力不给黑棋借用，吴清源弈得毫不退让。请尽情感受惊涛骇浪般的激情表演时刻。

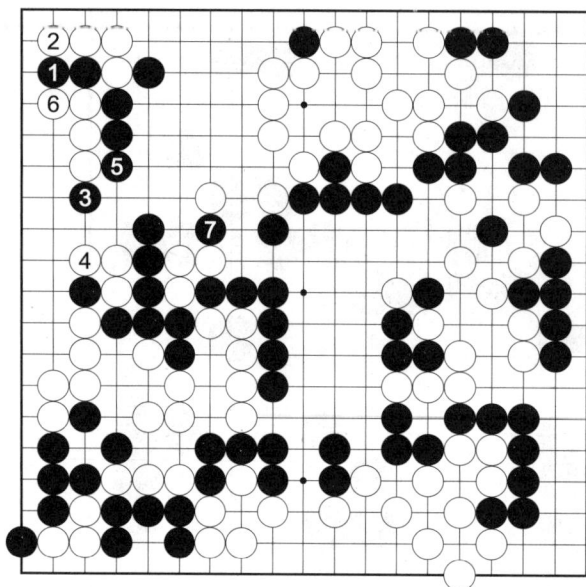

変化图 11-1

黑1长时,白2如在角上挡,黑也自有腾挪良方。

黑3靠是巧手,白不得不在4位拐吃,以下黑5挡是先手,再从7位挖入,是黑棋活棋的巧妙手顺。

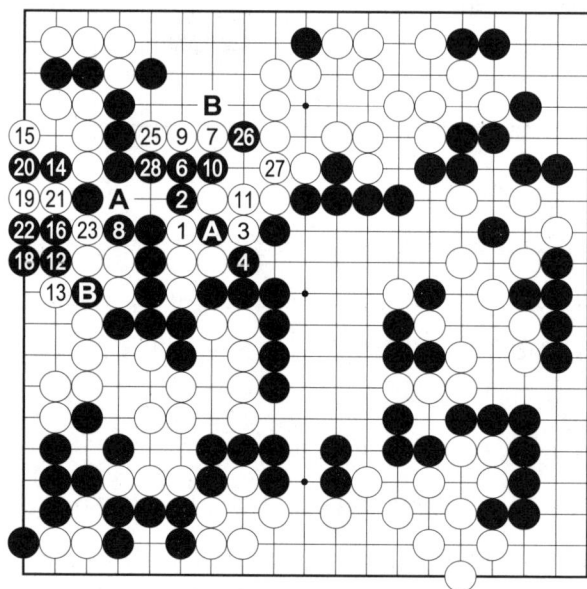

変化图 11-2

⑤—Ⓐ ⑰—Ⓑ ㉔—㉑

接上图。黑滚打后在6位长出,白7、白9在上方封锁,黑从左边寻求眼位。以下双方攻防皆尽能事,至黑28,黑棋成功做活(白如在A位扑,黑可在B位吃住)。

本图攻杀手筋频出,值得细品。

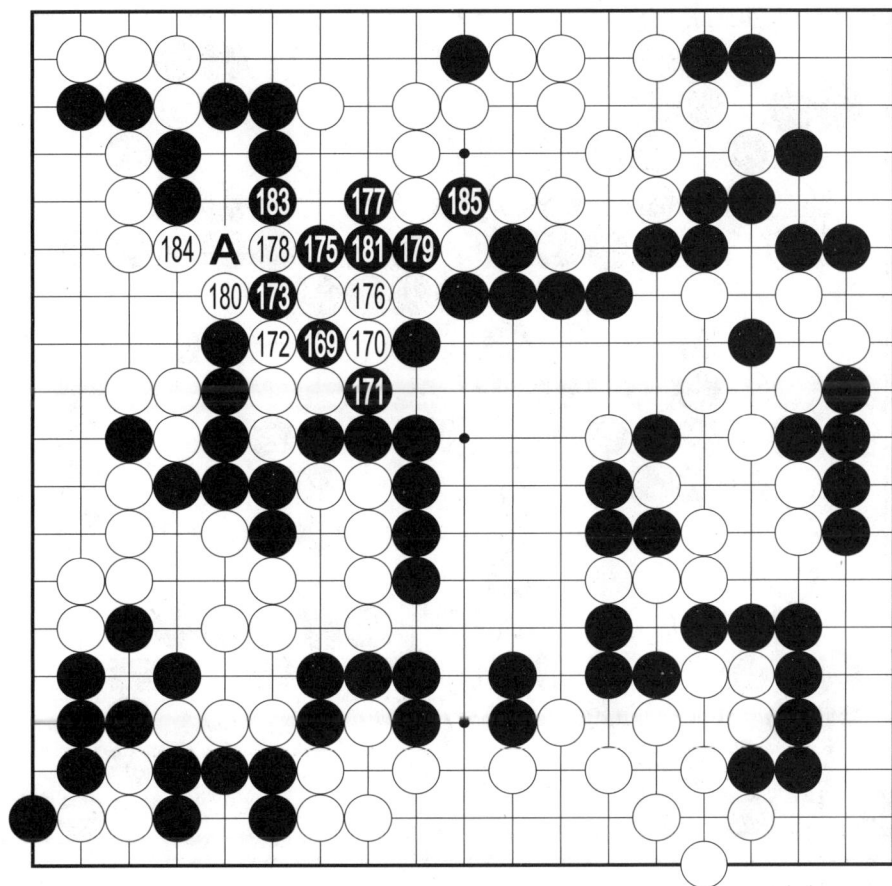

174 = 169　182 = 173

第 12 谱（169—185）

　　黑 169 挖入，这一带潜藏着黑棋通过滚打包收盘出眼位的手段。以下至黑
177，黑一气呵成，白只有听之任之。

　　白 178 如在 179 位粘，黑在 A 位做眼后全部活净。所以白 178 只能打吃，
黑 179 扑后，局部巧妙出棋。

　　此巧妙处在于，黑 181 打，白粘后，黑 183 虎刚好是先手，至黑 185 连通后，
虽然黑下方七子被吃，但上方死灰复燃。此时黑棋盘面领先 15 目左右，自然
是大获成功。

　　面对惜"地"如命的木谷实，在其面前大秀腾挪功夫，将上方实地全部洗去，
想必木谷实心中五味杂陈。论起治孤的手段，吴清源可谓不遑多让。可以想到
的是，这一局复盘时，平素津津乐道的哥俩，不知会有怎样一番有趣的说法了。

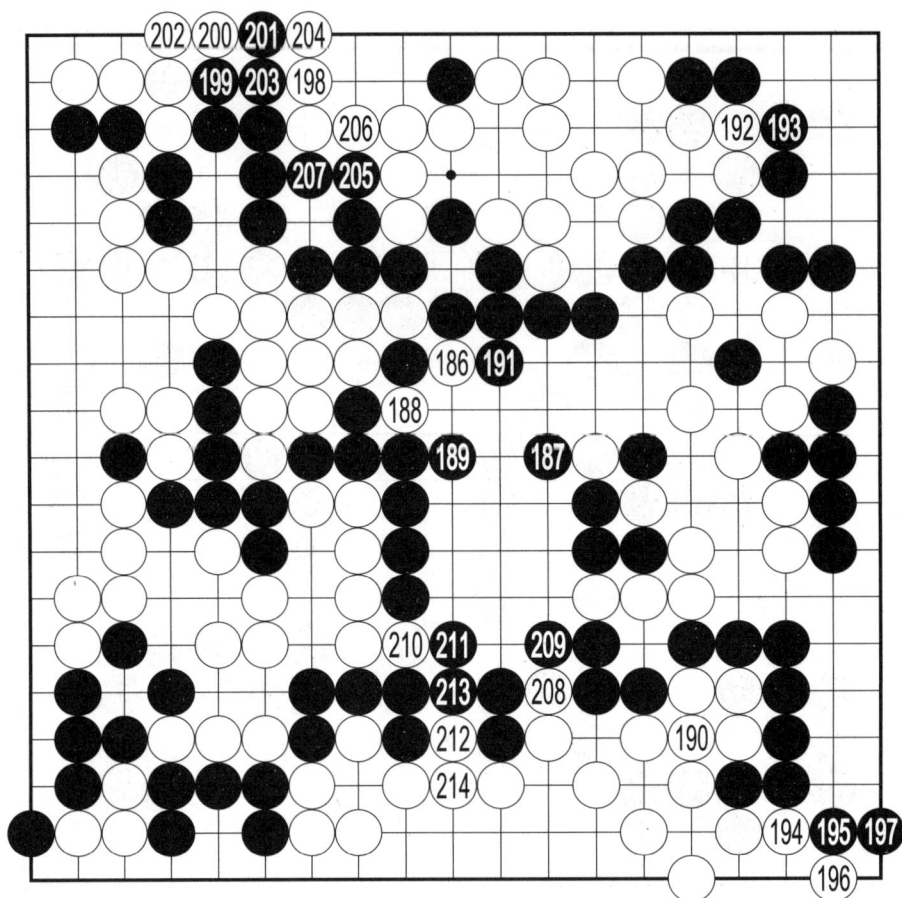

第 13 谱（186—214）

白 186 打时，黑 187 将弱点补干净，吴清源已看清了局面，即便此处退让，也是黑棋大优。事实上，黑 187 如在 188 位粘，白棋也没有有效手段。

回顾局面，黑棋在右边作战时稍有不慎，使白棋一度获得生机，但白又因一着之失而全被擒获。之后，左边黑棋的治孤之路充满艰险，吴清源费尽心神，所幸巧手成活。黑棋选择黑 187 至黑 191 的稳健应对，是简化局面的选择。

此时黑棋盘面 12 目左右，但终局前，局面依然有变数，黑棋万不可掉以轻心。

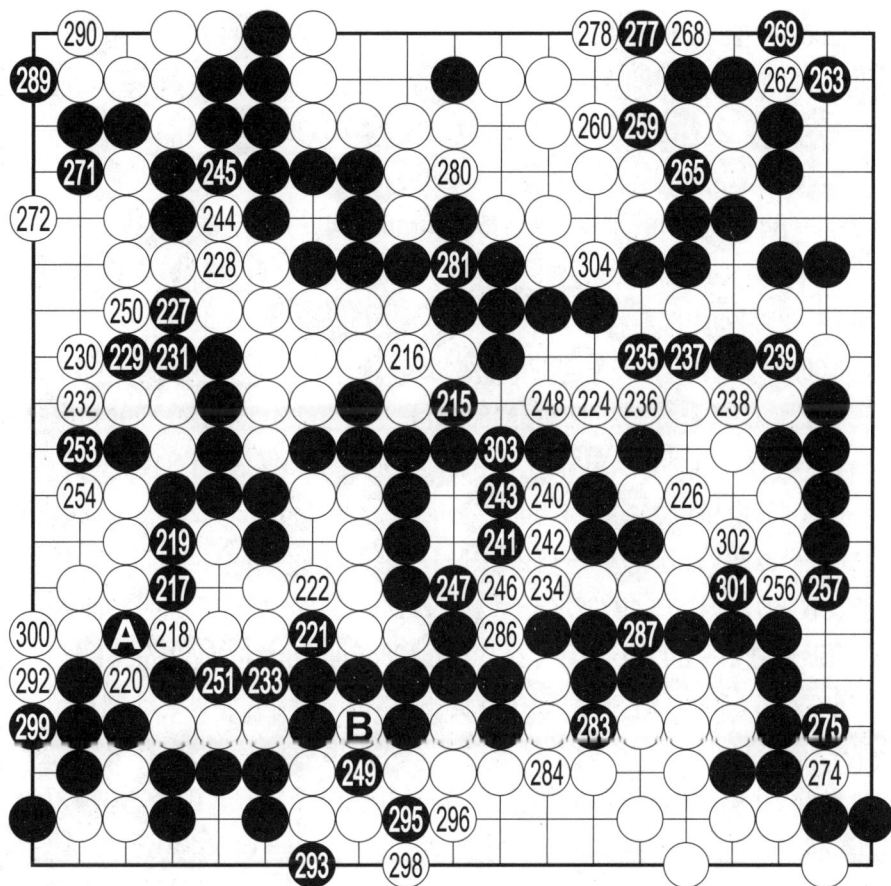

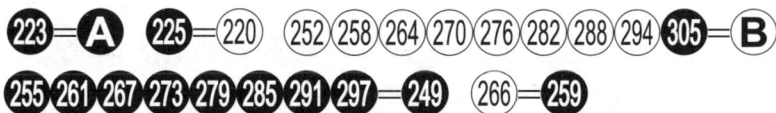

第 14 谱（215—305）

黑 217、黑 219 后，局面骤现劫争。这里的劫争对黑棋来说无关痛痒，但黑棋还是决然进行争劫。

局后吴清源自陈："黑扳出（黑 217）的手段可以成立，所以这样走了一手"。白 224 时，黑放任白大块死灰复燃也要赢得劫争。事实上，黑如在 226位吃净中腹黑棋放弃劫争，黑棋 15 目的优势不可撼动。可能黑 227 至黑 231的先手官子着实诱人，不管怎样，即使已经胜定也绝不草率收兵，这就是吴清源的棋风。

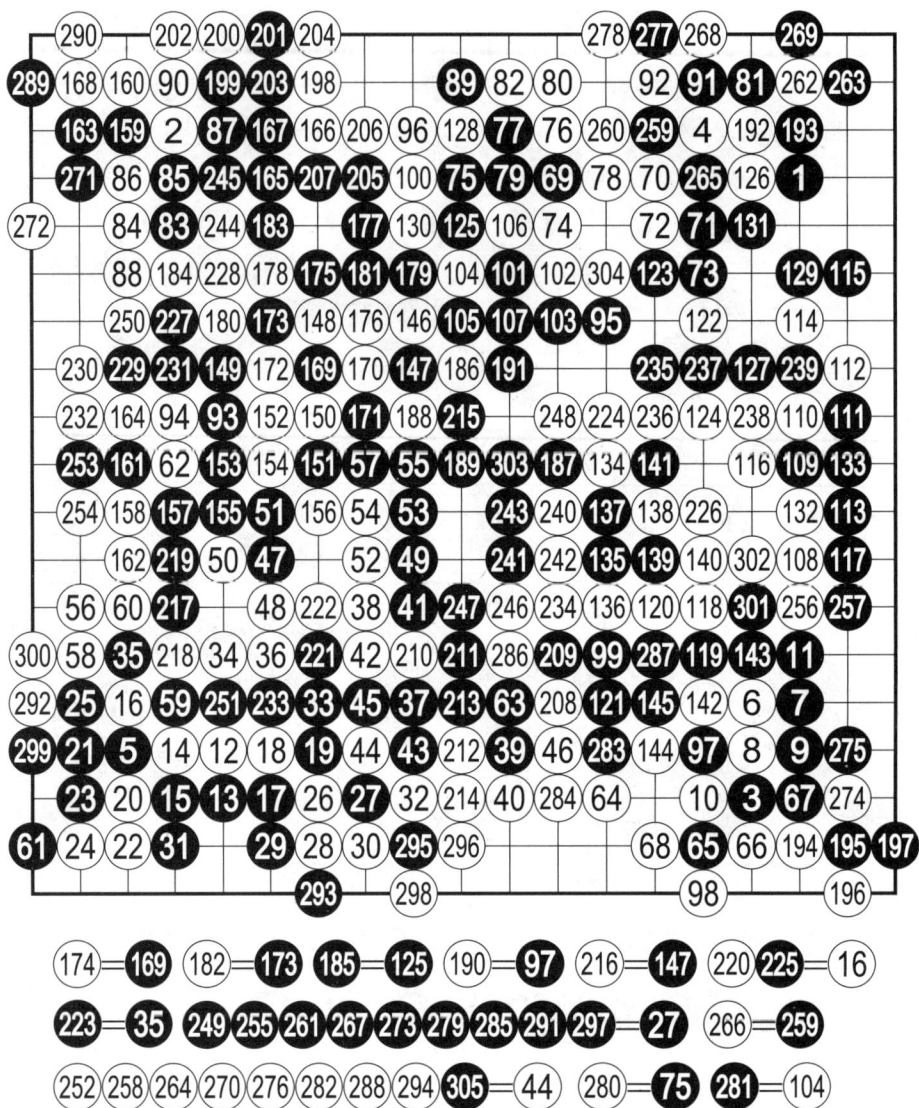

总谱（共 305 手，黑胜 10 目）

几经打劫转换，木谷实终于被击垮了，最后吴清源大胜。

本局先后在三个角上出现了"雪崩型"的定式变化，是少见的布局。行至中盘，黑棋的大模样作战已接近成功，但白孤注一掷派遣"敢死队"打入黑棋模样，曾一度大告成功，可惜白棋最终走了白 126 的失着，失去良机而前功尽弃。

本局结束之后，吴清源以 8 胜 2 败的成绩获得了首期"日本最强决定战"冠军。木谷实获得第二，坂田荣男第三，桥本宇太郎与高川格并列第四，藤泽库之助排名垫底。十番棋之后，即便在棋份上做出退让，吴清源依然能在群雄之中脱颖而出摘得桂冠。当时的吴清源就是那样强大而无敌的存在。

第四章 一枰之垒 周天之数

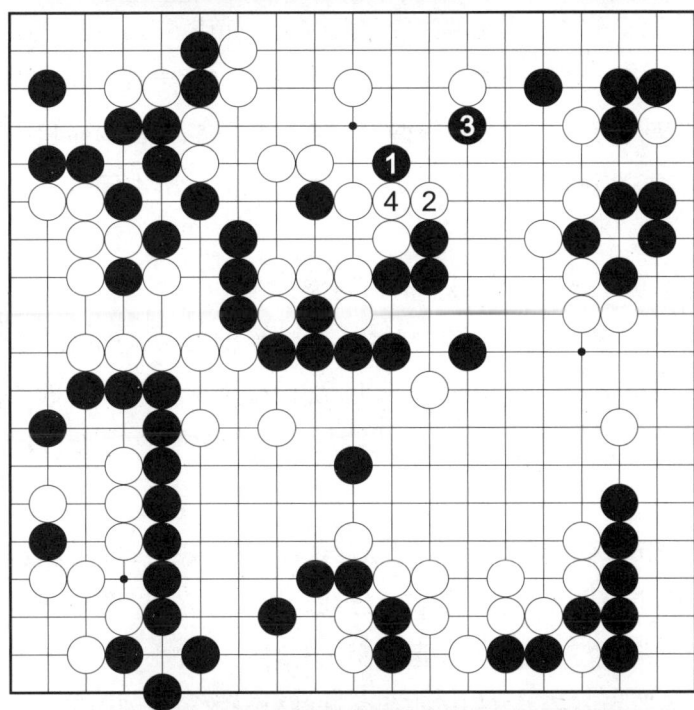

坂田荣男　吴清源

○ 杀伐果断的"剃刀"，对上变幻无穷的吴清源

○ 天矛地盾、虎啸龙吟，好一番壮烈激斗之战局

○ 在接连不断的劫争中一次次重新洗牌

○ 盘上胜负师上演绝地反击，逆势翻盘

　　1959 年，第三期"日本最强决定战"举办。首期"日本最强决定战"吴清源以 8 胜 2 负的成绩摘得桂冠，第二期"日本最强决定战"坂田荣男以 8 胜 1 负 1 和的战绩获得冠军，吴清源获得第三名，第三期"日本最强决定战"的参赛棋手是吴清源、坂田荣男、木谷实、桥本宇太郎、桥本昌二与岩田达明六位棋手。

　　坂田荣男棋风犀利狠辣，极擅治孤腾挪，攻击力的强度和精确度在当时都达到登峰造极的程度。坂田荣男下的棋，棋形看似很薄，但抗冲击能力极强，棋界形容他的棋风像"剃刀"一样锋利。坂田荣男下棋也讲究效率，用最少的子力达到最好效果，且妙手、鬼手层出不穷，令对手防不胜防，被誉为"手筋教科书"。

　　吴清源和坂田荣男的棋风恰恰相反，吴清源的棋轻灵逸妙，收放自如，不和对手硬碰硬。弃子争先是吴清源的拿手好戏，有"神之使者"的美誉。吴清源平和的棋风与坂田荣男好斗的棋风相遇，两人的对局观赏性非常高。

　　"无敌鬼才"坂田荣男九段的棋手生涯载誉无数，曾创造了"本因坊挑战"决赛 17 连胜的惊人纪录。1983 年，六十三岁的坂田荣男已斩获 64 个冠军头衔，这个纪录直到几十年后才被赵治勋打破。

　　本局是第三期"日本最强决定战"的第一局。

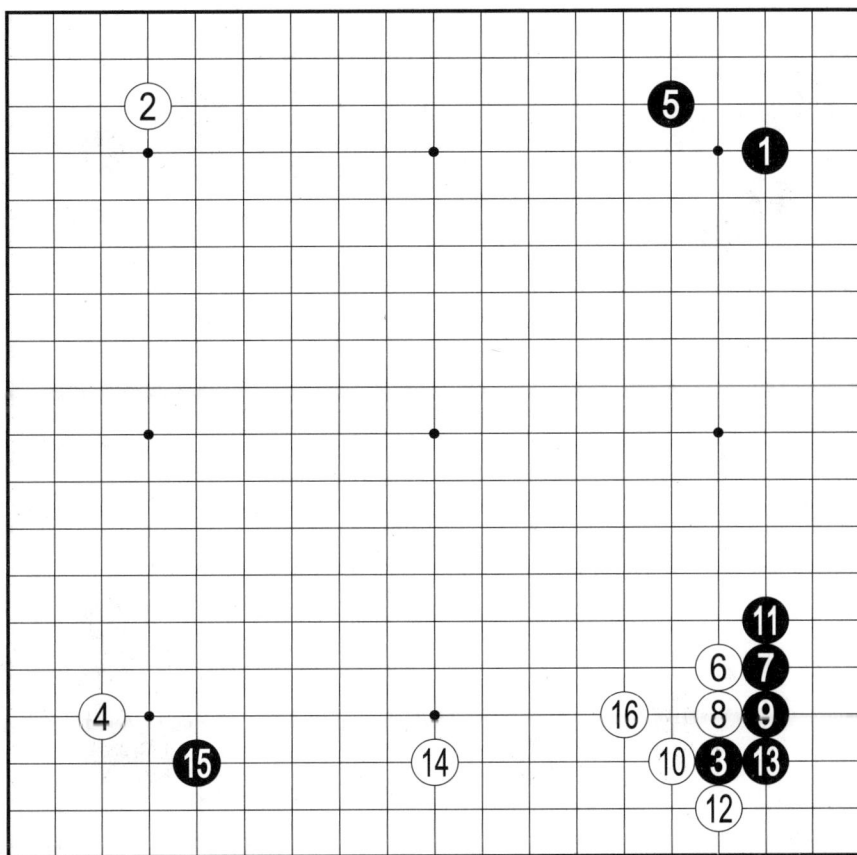

第 1 谱（1—16）

坂田荣男执黑以错小目开局，黑 5 小飞守角构筑阵势。虽是寥寥三手棋，却基本定下了开局的基调——稳固坚守，打散局面。也许这种将局面细分成无数个局部，而每一个局部作战起来又自有精巧的手段，最后将这些局部串联起来的风格，就是"剃刀流"的真髓吧。

白 6 高挂，黑 7 托后，一般将形成托退定式，而从白 8 顶开始，至白 16，形成白棋取势的定型。白 12 没有继续压走成"雪崩型"，而是简单打后再白 14 拆，黑 15 挂角，此时白 16 稳稳虎补，静待黑棋出手。白 14、白 16 这两手别出心裁，颇有趣味，白 16 加补一手，以后才有力量对付挂角的黑子。

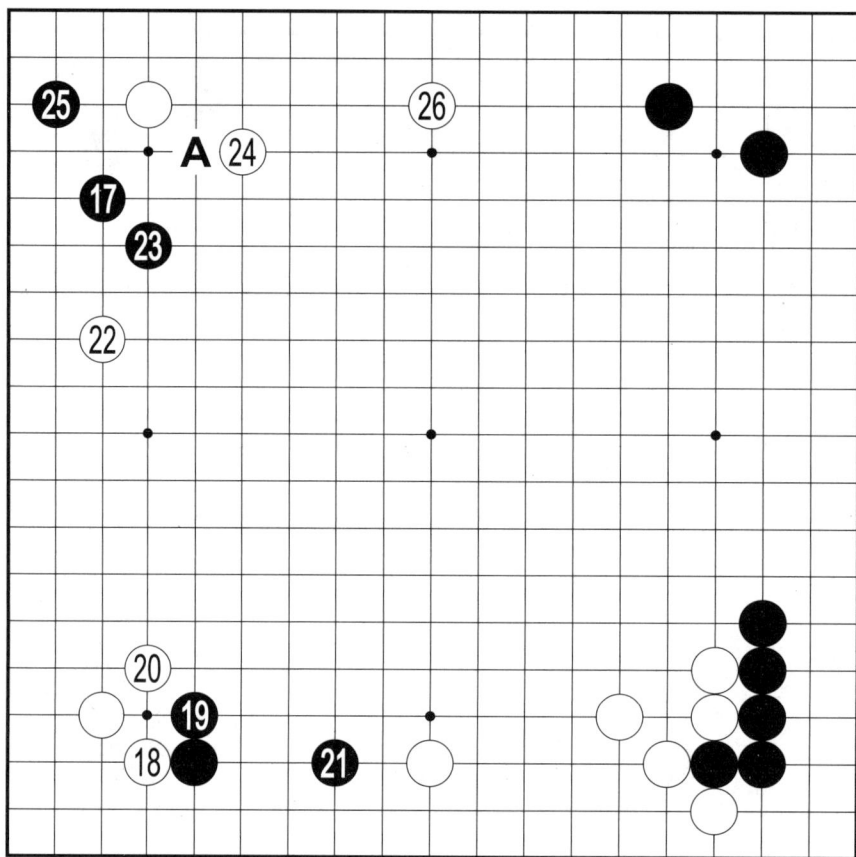

第 2 谱（17—26）

黑 17 挂角是大场，白 18 尖顶对左下黑棋施展攻击。黑 21 立二拆二是最朴素的应对，黑 19 如于 20 位飞也是轻盈的下法，不过，这种下法非坂田荣男的棋风。

白 22 夹击，对黑棋一子发动攻击。黑 23 尖是具有时代印记的手段，吴清源与木谷实也走过相似的局面（见本书第三章第 5 谱）。黑 23 的下法大多是在白棋二间高夹或二间低夹时采用，其意图简单明确：不希望被白棋封锁。黑 25 飞后，黑棋既出头又有根据地，自然满意。但以现在的眼光看，尤其是在 AI 的视角下来看，黑棋行棋过于缓慢，白在两边夹击，显然步调更为快速。所以黑 23 在 A 位飞压更显积极。

白 26 拆边，以现在的眼光来看拆边间隔稍大，自然是小一路更为稳妥，但在当时白棋得不到黑棋贴目补偿的情况下，稳妥行棋可不是执白一方的态度。

白1尖时，黑2飞，白3围，黑若挡，白必然断。黑棋保留变化，先从4位碰。白局部可选A~D四种应对，变化极为复杂，现就其中一种下法进行说明。

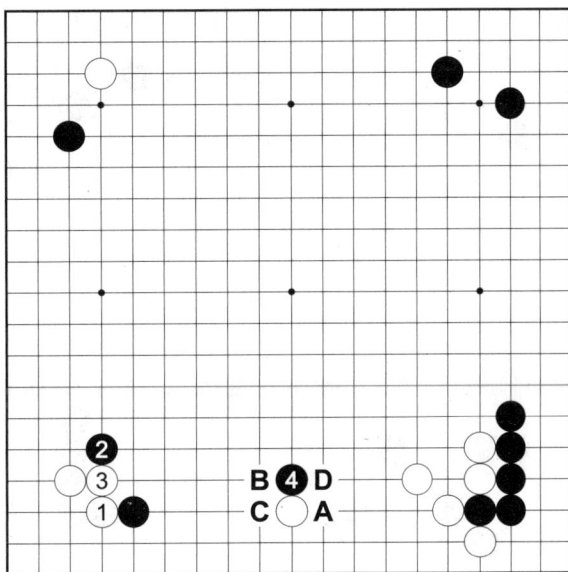

变化图 2-1

黑1碰，白如2位退不予借力，则黑3挡，白虽可断，黑5贴后再从右边扳下。左边双方互相断开，此时黑反而不惧白从A位断，白8、白10为本手应对。

此时黑棋再下出巧手，黑11象步飞出。白若B位曲，黑正好在C位跳补是好形。之后白大致需补左边，黑再脱先抢攻左上，以后白在A位断时黑三路退即可。本图黑棋步调迅捷，为腾挪佳构。

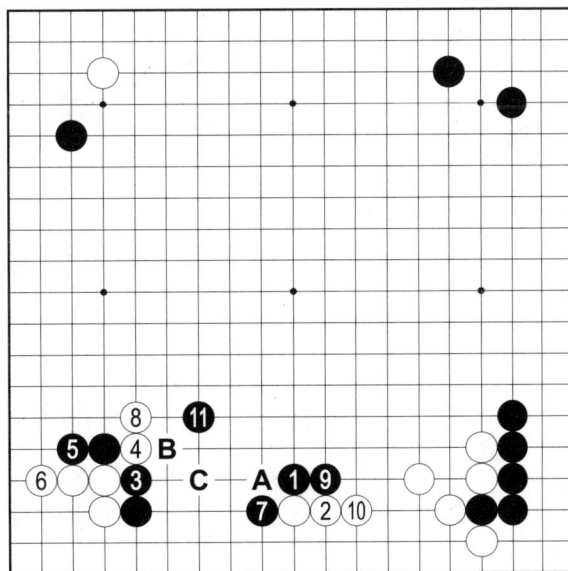

变化图 2-2

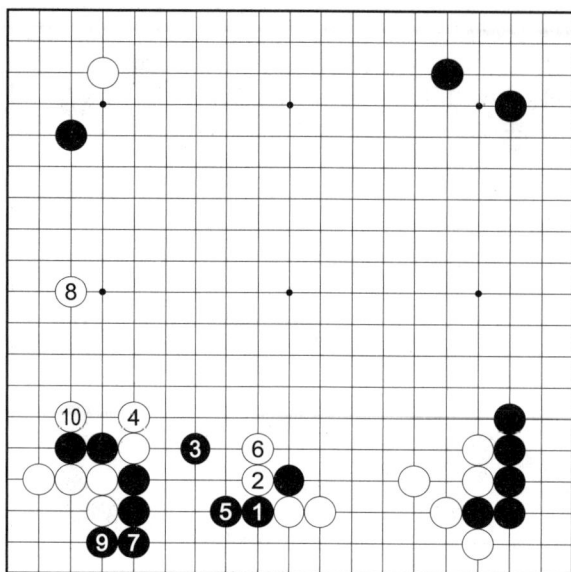

变化图 2-3

黑1扳时，白如在2位断，黑依然不惧。黑3飞是巧手，白4只能长出，黑5再退，至黑9，局部黑棋已补厚（黑9亦可脱先抢大场），右边黑一子尚存活力。

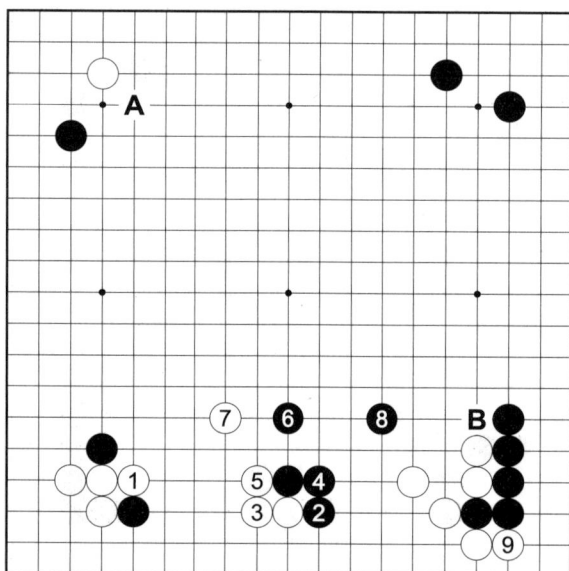

变化图 2-4

黑棋碰时，白1直接冲出是有气势的一手，黑2扳下攻击白棋。

至黑8基本为"一本道"，白9爬有必要，接下来黑脱先在A位飞或B位封锁均可。

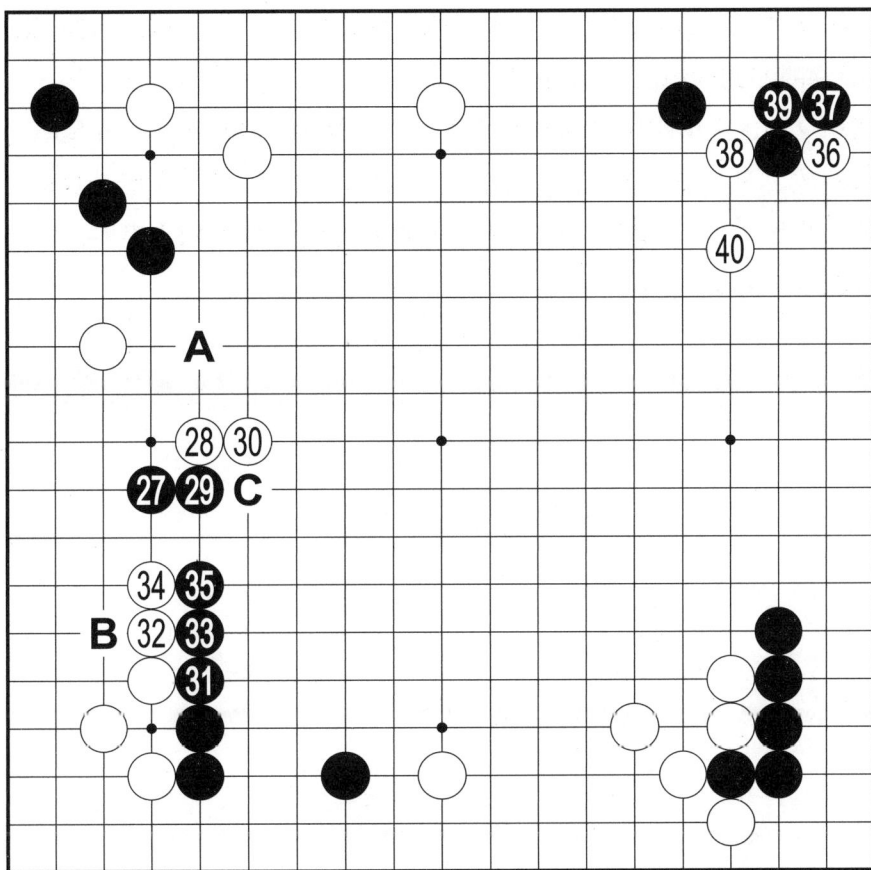

第 3 谱（27—40）

坂田荣男素为治孤高手，自然惜空如金，现在白棋左边城门大开，黑棋无论如何都要打入进来。不过这里的选点十分考究，坂田荣男长考许久，选择黑27位打入，意在 A 位封锁与 B 位拆相见合。

白 28 象步飞是吴清源独特的下法，姿态优美，步调灵动。黑 29 挺头不愿被白压头，这里如向边星位冲的话，白在 A 位跳成好形。以下黑 31 至 35 直压过去，固然十分厚实，但一方面也让白棋走厚，另外黑棋左下拆二间隔，效率不高。黑 35 如走 C 位贴对白二子施加压力应更为积极。黑 35 后，白以后能先手拐到 C 位，心情畅快。

白 36 二路托，试问黑棋应手。在中日围棋擂台赛上，聂卫平对阵日方主将藤泽秀行时，秀行先生下出了这手二路托，一时成为人们赞不绝口的好手。而藤泽秀行并不是第一位下出此二路托的棋手，在这之前，吴清源已经下出来了。擅于腾挪的坂田荣男对这种手段最是敏感，他权衡再三选择黑 37、黑 39

隐忍，如此白38、白40夹后跳出，步调轻盈。白40跳后，以后再在三路虎，黑棋三路冲断的弱点就显露出来了。

通观全局，黑棋四块棋固然都无薄味，但发展前景并不大。究其原因，黑棋左边的数手连压看似坚实，实际上却让白棋走成好形。在极富速度感的吴清源面前，饶是"剃刀"坂田荣男，布局也难免吃亏。寥寥四十手棋，吴清源已经让局面变得生动活泼起来。

右上白棋二路托角，黑棋内扳或许是坂田荣男不肯牺牲实地而做出的退让举动。此时黑若1位外扳，白将毫不犹豫地切断。

以前这里的定式大致是黑3打后再从二路连续爬，白8长后黑9再退，此后角里白10爬、白12断后黑13打吃是本手（黑13如在A位打吃，白在B位拐是先手），白14补为一变。

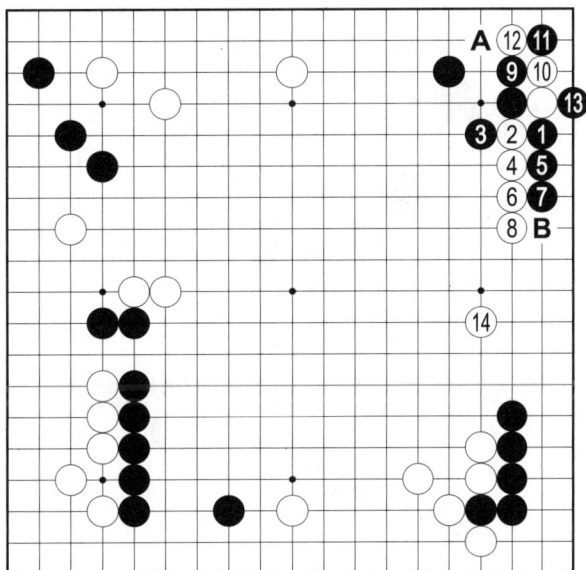

变化图 3-1

事实上，上图白2扭断后，黑如3位退更为有力。看起来白从4位打下能将无忧角打穿，但黑9拆一，谁是原告谁是被告双方还需要进一步交涉。本图为AI所荐的积极策应。

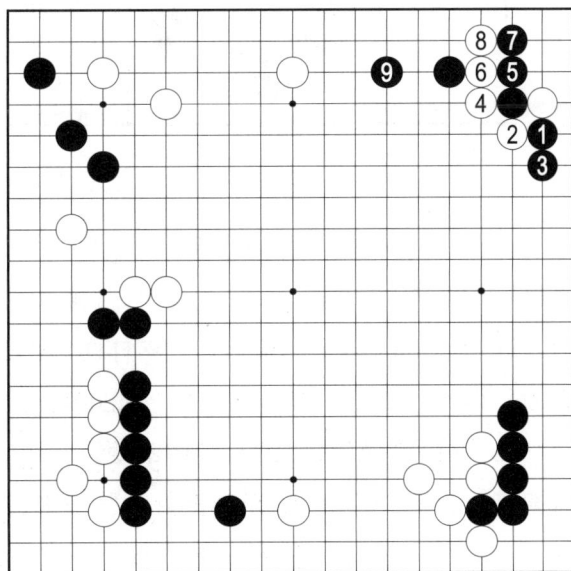

变化图 3-2

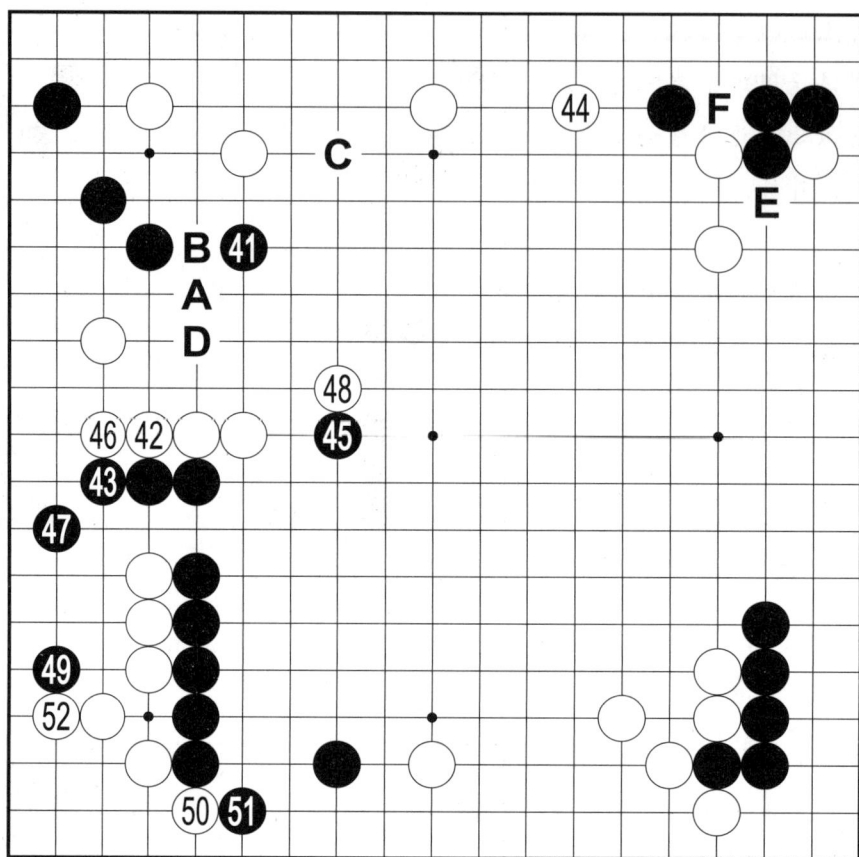

第 4 谱（41—52）

黑 41 简单跳出，瞄着左边白棋三子和上方白阵打入，是平实却严厉的手段。黑跳后留有 42 位冲的手段，但此时白有 A 位刺的先手，黑如在 B 位粘，白已补住断点，可抢先在 C 位拆补，这样两边都能得到处理。黑 41 如在 D 位飞，白就不得不在 42 位与黑 43 交换，如此黑更为积极。

白 42 贴与黑 43 立的交换白不便宜，黑 45 镇头时，白 46 与黑 47 交换同样是黑棋得利。白 48 靠是腾挪好形，但黑得到 43、47 位走厚之后，黑 49 跳严厉，白 50、白 52 补角后，以后黑可搜刮白角得官子便宜。值得一提的是，白 50 先扳是好次序，如直接在 52 位挡，黑二路扳，白挡后，黑再星位打，白难两全。

另外白 44 拆二如在 E 位虎价值更大一些，这样黑棋 F 位的弱点显露无遗。本谱坂田荣男弈得十分积极，渐得攻势。

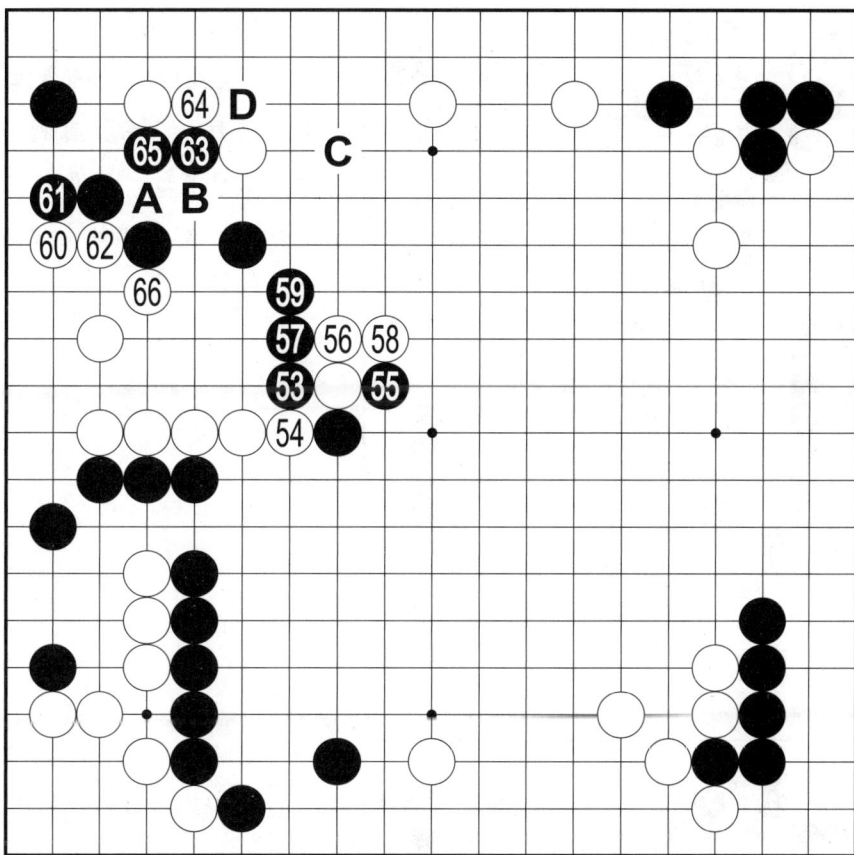

第 5 谱（53—66）

黑 53 扳，坂田荣男仗着下方黑壁坚实，切断白棋两边作战。以治孤见长的坂田荣男跃跃欲试，一展其攻击本领。

白 54 断后，黑一般是在 57 位单长，实战黑 55 打后再贴，意将白棋走重，不过外围黑棋自身也变薄了。白 58 拐是先手，白再抢到 60 位飞，展开局部腾挪。

白 60、白 62 后，局部白已呈活形，此时黑棋如在 A 位粘或 B 位虎，白将毫不犹豫在 C 位补棋，黑棋两边毫无收获，这样的寻常手法当然不会出自坂田荣男之手。黑 63 靠是"剃刀"坂田荣男的得意着法，紧凑而积极，将子力效率发挥到极致，这样白棋留有 D 位断的余味，此着也是 AI 当下的推荐选点。

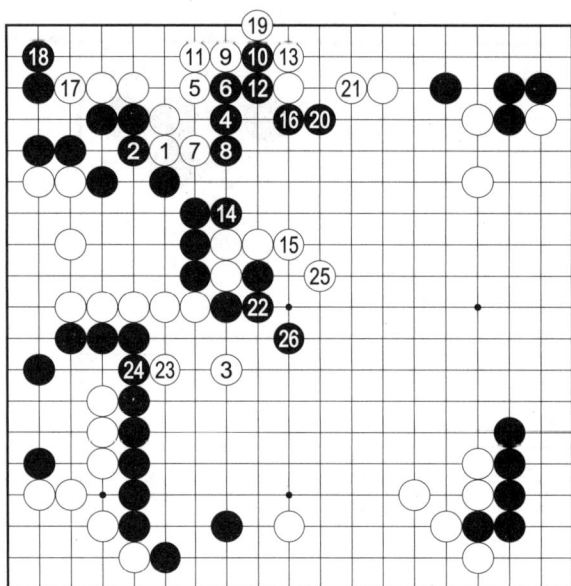

变化图 5-1

实战白 66 还可从 1 位顶，与黑 2 交换后，白再从 3 位飞出，黑 4 若打入，白棋可利用黑形缺陷巧妙渡过。至黑 26 尖出，形成双方都出逃的变化，白当然可以满意。

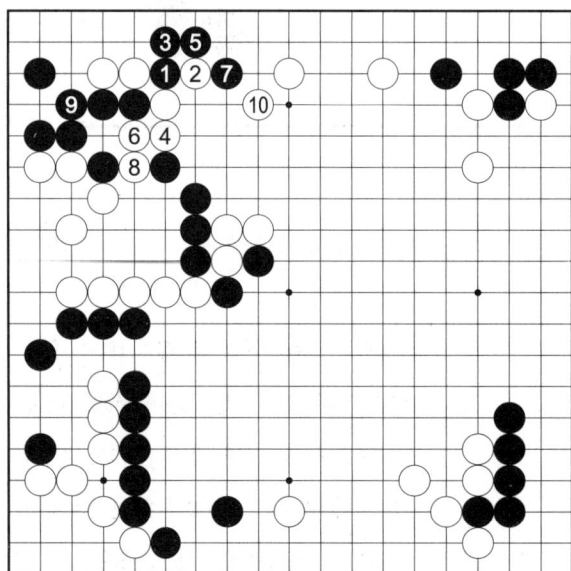

变化图 5-2

实战白 66 虎后，黑若 1 位直接断开，白当如何善后？

白 2 打后再 4 位顶，以下将形成转换，白 10 尖后，双方各取一边，双方都可接受。

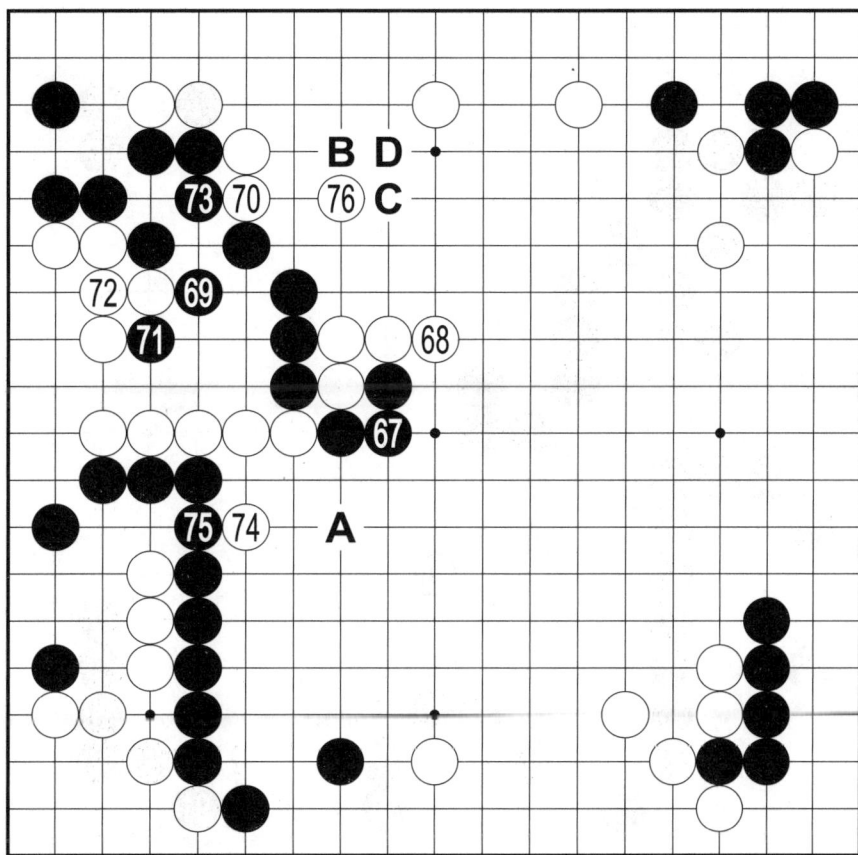

第 6 谱（67—76）

　　黑 67、白 68 各自整形，黑 69 虎后白 70 须补，黑 73 挡前先 71 位打机敏，白 74 后在 A 位跳是好形，吴清源却脱先选择 76 位补强。

　　AI 经过大量分析模拟，此时局面的最佳选点从 A 位转移到了 B 位，有何深意呢？此处白棋如不补，黑在 B 位打入很严厉，白在 76 位压后，黑无论在 C 位扳或在 D 位退，都令白棋十分麻烦。所以实战白 76 跳补消除余味，同时呼应中腹四子，上方隐隐成势，一举数得。此处吴清源的着法能与 AI 的选点如此契合，真真令人感受到他的深虑远观。

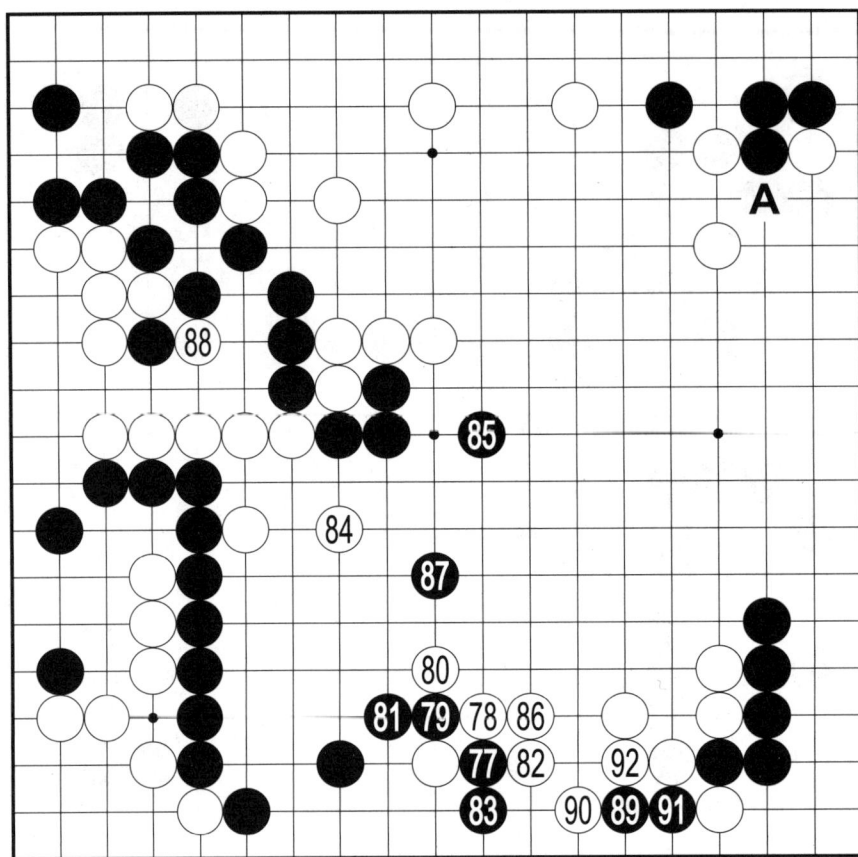

第 7 谱（77—92）

黑 77 靠入，是坂田荣男刁钻的一流手段！瞄着左上白龙未完全成活，坂田荣男靠入寻衅。白若稍有不慎，黑棋将外围走厚，可当即对白左上一块棋展开攻击，白棋很可能危在旦夕。

看看吴清源如何防御强敌：白 80、白 82 两打后再从 84 位跳出，确保下方不大亏的同时，兼顾左边大龙的安危。黑 87 大飞后，白 88 打吃一子补活必然，不然白龙危矣。

下方黑 89 潜入，是局部白形要点。白 90 如在 91 位粘，黑从二路渡回，白棋多少有点不情愿。至白 92，黑棋局部已得便宜。需要注意的是，此时黑不可马上花一手棋吃白一子，不然白将抢到 A 位。

与实战黑77靠入相近，AI推荐黑从1位肩冲，白2爬，黑3、黑5紧凑，白6、白8先扳后粘是好次序。面对黑9以下的攻袭，白10至白14次序严谨，至黑17飞，战斗的硝烟逐渐蔓延至中腹。黑棋全局更加厚实，且目数领先，稍占主动。

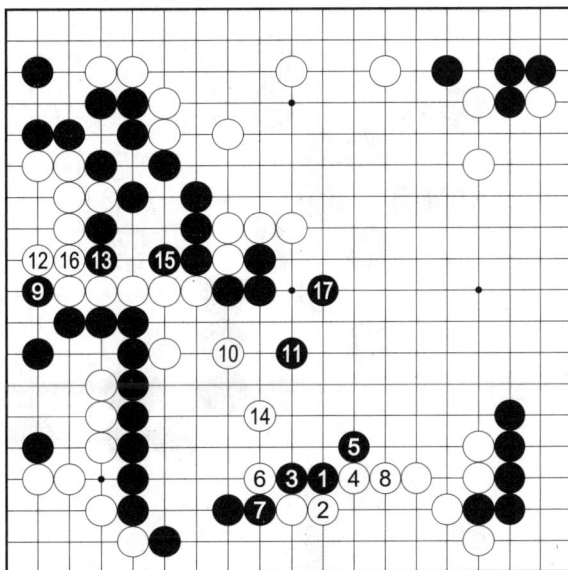

变化图7-1

下方黑1靠时，白如2位单退，以下黑先在3位跳，白4非补不可，这样白棋中腹被封，接下来黑在7位贴或10位尖，白二子与右边数子被分隔，势必会作战不利。黑如在5位先刺再7位贴也很积极，以下至黑11虎补，白生出不少断点，局部白棋已不好再行棋。

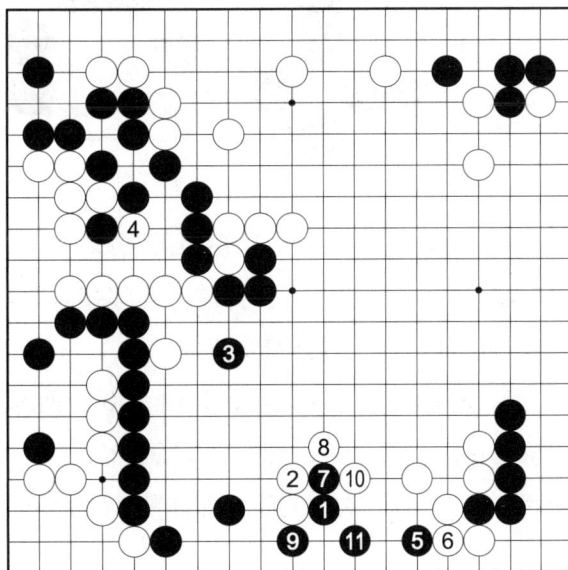

变化图7-2

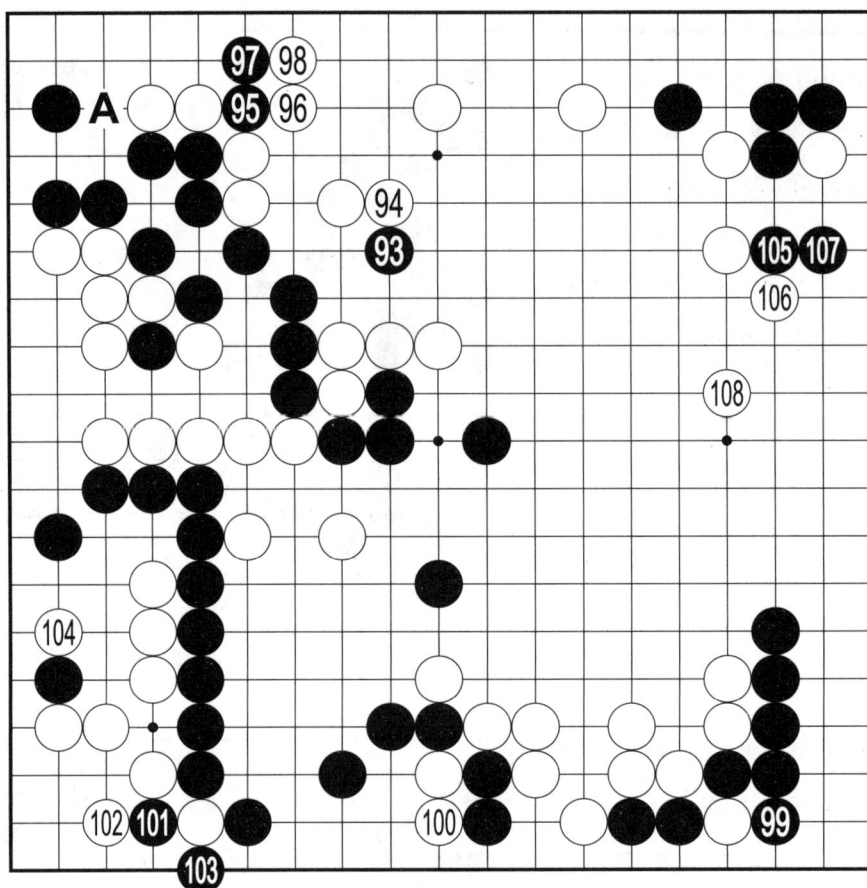

第 8 谱（93—108）

　　黑 93 飞出，从上方突破白棋的防线，白 94 挡，黑 95、白 97 又是机敏的好手，以后黑可在 A 位顶得官子利益。局部细微之处的处理是坂田荣男的强项，吴清源要对付这样一位对手着实不易。

　　黑 99 在右下贪吃见小，与白 100 交换本身也不便宜，105、107 位等处明显价值更大。黑 101、黑 103 是黑的先手权利，此时兑现也正当其时。黑 105 靠紧凑，白 108 飞出好形，此时黑棋盘面大约有 4 目至 5 目的优势。

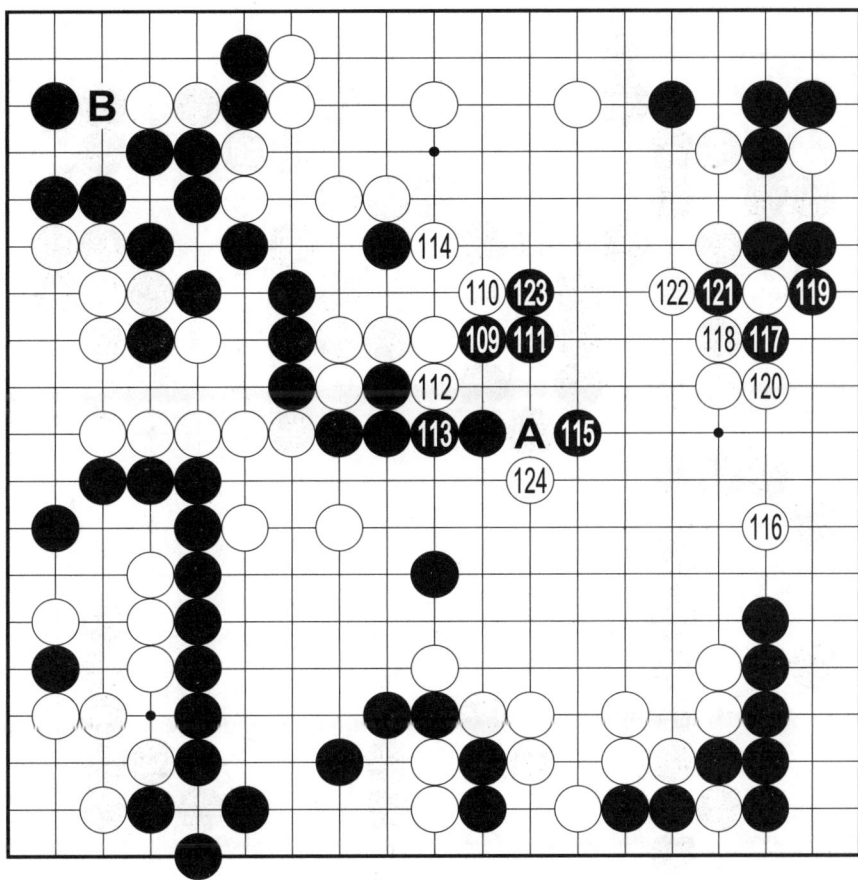

第 9 谱（109—124）

黑 109 靠，显出咄咄逼人的气势。白 114 补回前先白 112 冲是细腻的下法，黑 115 跳补后，右边白棋被映衬得愈发薄弱了。

黑 117 如在 121 位断更为严厉，黑 119 打时，白 120 粘更显厚实，实战黑 121 提劫后拐到 123 位，暗暗窥伺着左边白棋。

白 124 刺问应手，瞄着中腹一带黑棋，可以说是吴清源施出的胜负手。这一带看似是白棋顺其自然的率性而为，实则是吴清源见招拆招、后发制人之举，静待着反击机会的到来。

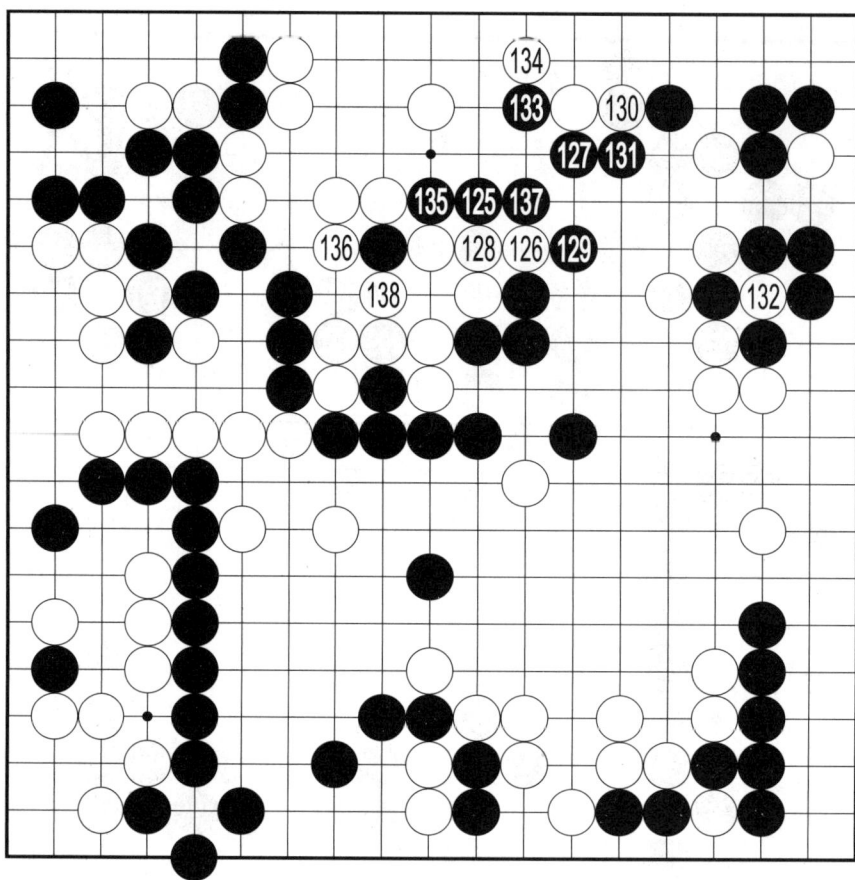

第 10 谱（125—138）

黑 125 飞，白 126 扳，矛与盾的较量，短短一合极尽心妙。

吴清源此际如高坐城楼抚琴的孔明，故意露个破绽，考验黑棋敢不敢在 128 位断。坂田荣男也如在马上拂须长吟的仲达，沉吟细想再三，最终放弃断开白棋，转从 127 位靠借力行棋。这一带两人的计算都极为深远。

白 128 粘后，黑 129 扳住紧凑，如渔网般紧紧缠住白棋。白 130 顶过分，如在 137 位冲，棋形更为厚实，白 132 在 133 位退也更妥。实战黑 133 扳后，黑 135、黑 137 包收白棋，上方白棋已岌岌可危，坂田荣男终于等到了反击的良机。

白1扳时，黑2如断开，
白3粘，黑4打吃，白5冲，
黑6挡，白7粘机敏，以下黑
8只能提子，白11断后，两块
黑棋变薄，白大有文章可做。
此图或许是吴清源准备好的"空
城计"。

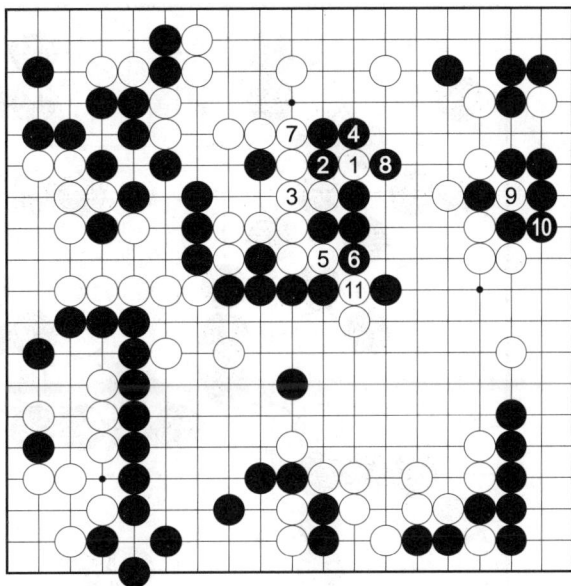

变化图 10-1

黑1扳时，白2冲，黑3
只有挡住，白4冲，黑5退，
白6靠，这也是早先白刺时就
准备好的手段。周围白棋子力
遍布，当可善战。

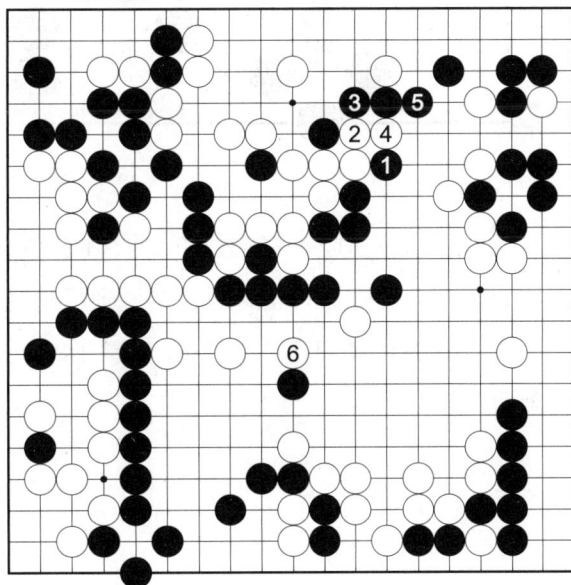

变化图 10-2

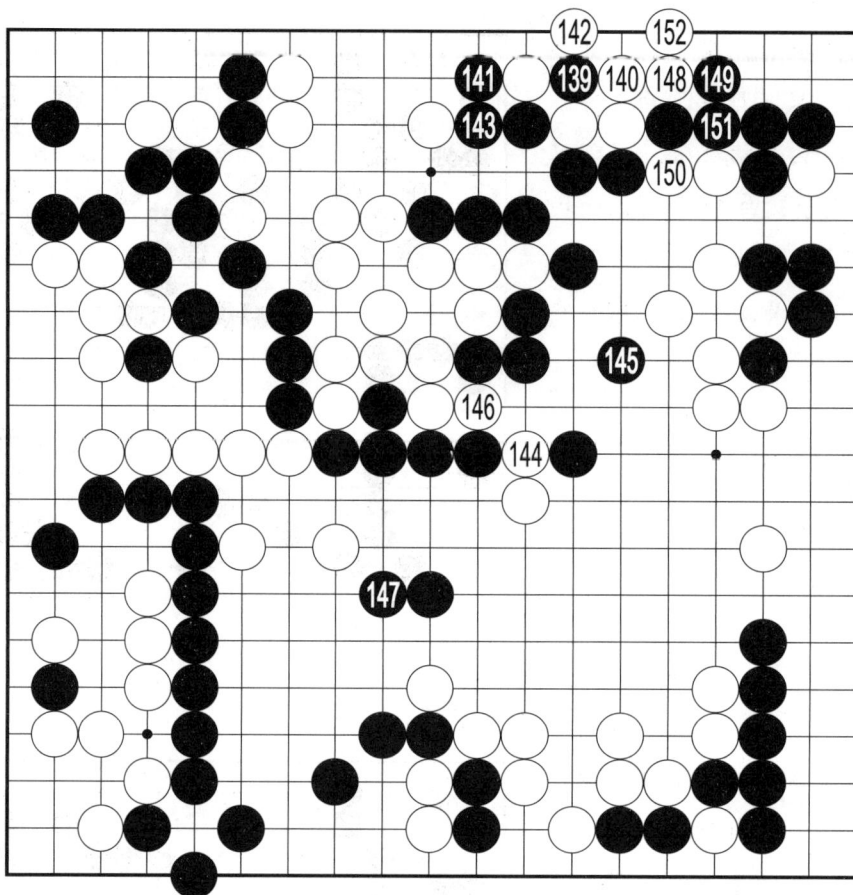

第 11 谱（139—152）

黑 139 以下送吃一子后打下，白棋不得不两眼苦活。黑 143 粘后，白 144 先从中腹冲，劣势下的吴清源总能找到反击的机会，胜负感极强。

黑 145 跳稍稍见缓，白 146 与黑 147 的交换，明显白棋得利，白棋再回手盘活上方。

白棋如作寻常计，白1至白5老实盘活的话，黑6提回价值不小，白7、白11再反击时，黑12扳是巧手，白棋中腹潜力即被轻松消解。

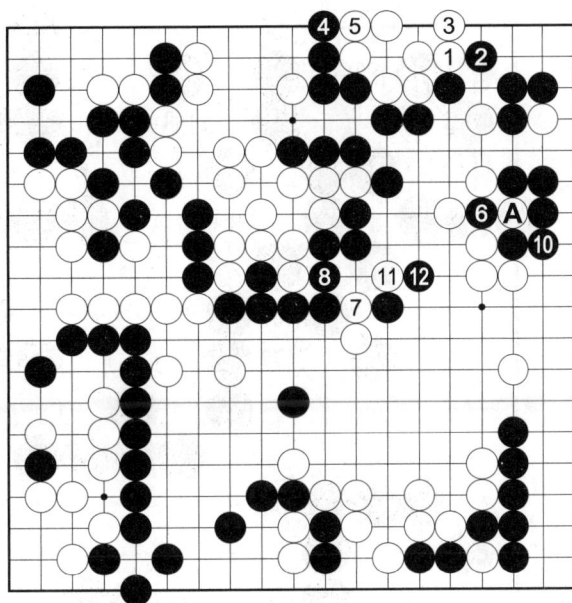

变化图 11-1

9 = A

实战白在1位抢先冲击黑棋中腹，黑2粘较实战更厚。白3断纠缠黑中腹，以下白抢先盘活上方，黑抢到14位打价值巨大，白15拔花也价值不小。至白19挡，依然黑棋稍好。

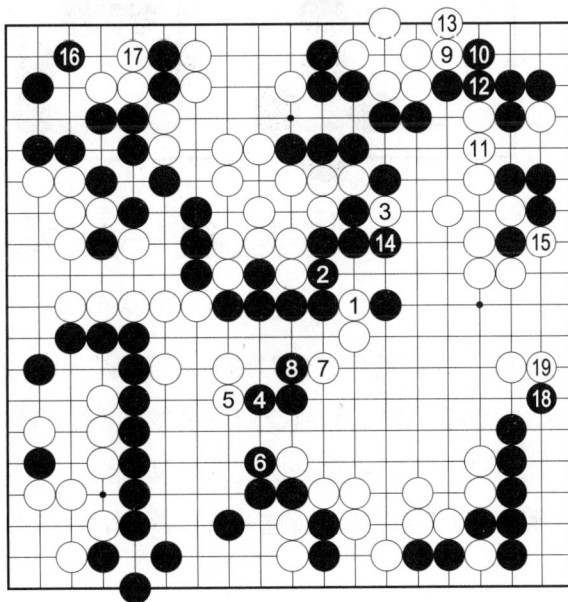

变化图 11-2

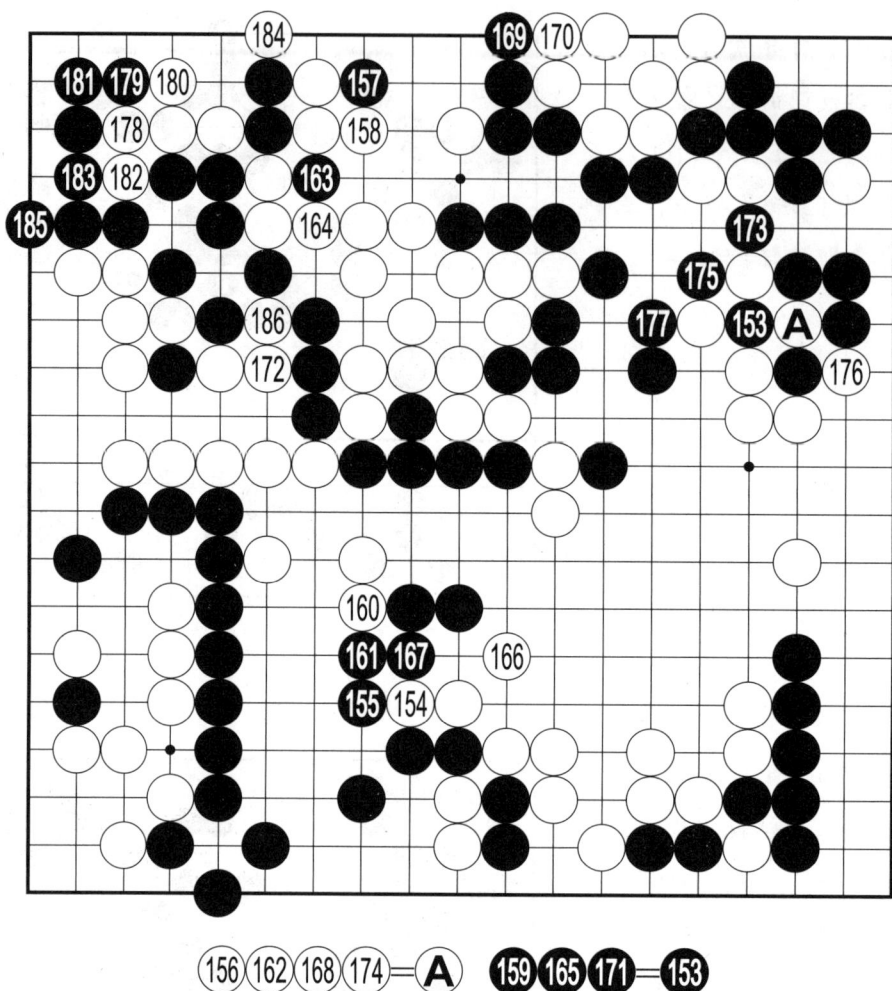

156 162 168 174 = Ⓐ   159 165 171 = 153

第 12 谱（153—186）

　　黑 153 提劫后，此时黑棋盘面领先大约 2 目至 3 目，但上方黑棋穿破白空后，得到不少官子利益，白棋苦战是不争的事实。

　　每次劫争，就是一次洗牌。吴清源无数次的执白苦战局，都依靠劫争搅乱局面，最终逆转胜出。这一次面对如日中天的坂田荣男，吴清源能否再次逆袭胜出呢？

　　白 172 顶后，黑棋选择黑 173、黑 175 收手，坂田荣男落得个"沽名霸王"的称号。实际上，黑 173 如走 180 位夹或 178 位顶，这盘棋的结果基本就尘埃落定了。

　　白 176 提，黑 177 挡，白 178 以下是早已准备好的收束下法，白 184 吃两子逼黑 185 立下做活，所得不少，至白 186 是必然的结果，细点盘面，黑领先 1 目左右。回头来看，坂田荣男在右边一股脑儿拼劫，忽略了双方形势消长的要点。

　　白棋右边得到拔花，左边逼黑苦活还收获官子利。就在不知不觉间，吴清源已神奇地将差距缩小。往回追溯的话，估计黑 177 应先抢 178 位顶为好。

　　总之，目前虽仍是黑好，但已好得极其有限了。局面变得细微起来，此后的关键自然是看右下一带白厚势能兑现多少余利。终局前的决胜时刻终于到了！

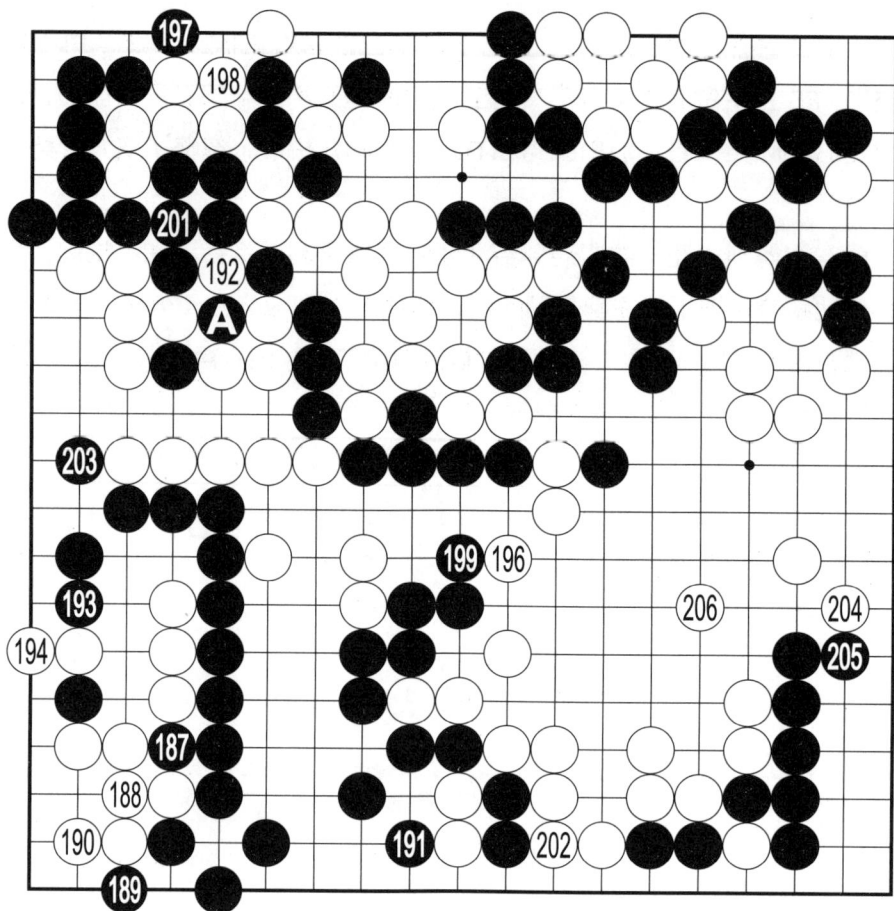

第 13 谱（187—206）

　　黑 187、黑 189 打后扳，白 190 退正确。此处白如强挡，黑将毫不犹豫开劫，因全局黑棋厚实，白此举冒失且危险。

　　至白 202，双方无可指摘。黑 203 随手，因此处白棋已活，不可能挡住。吴清源敏锐地转在白 204 尖，这里是全局官子最大处。

　　黑 205 不得不挡，不然白大飞进角再封锁，黑目亏损。白 206 飞后，中腹一下子成了不少目数，白棋盘面领先，局势已逆转。

实战黑203应抢占本图黑1的官子要点，白2挡，黑3至黑11简单收束就将这一带白势消解，如此盘面是细棋。

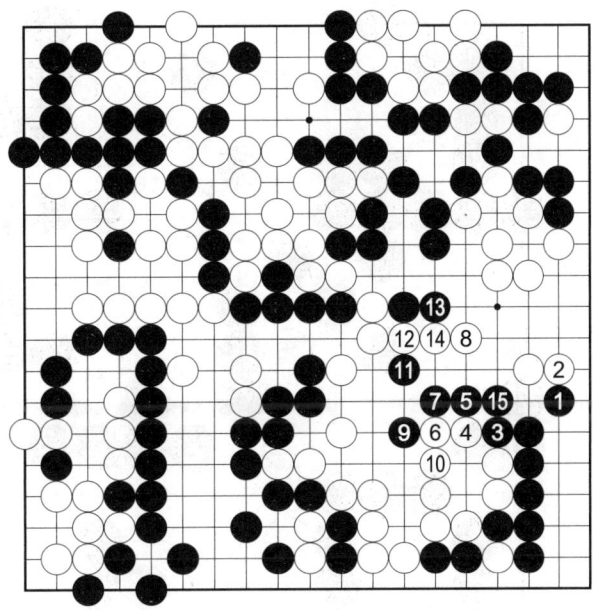

变化图 13-1

黑1扳随手，价值远不及白2。实战吴清源在白2位机敏一尖，来去相差2目，一回合间胜负即已反转！

黑3若脱先，白4大飞后再10位飞是要领，如此保留角上变化，至白12尖，稳守中腹一方空，白盘面已稍稍领先。

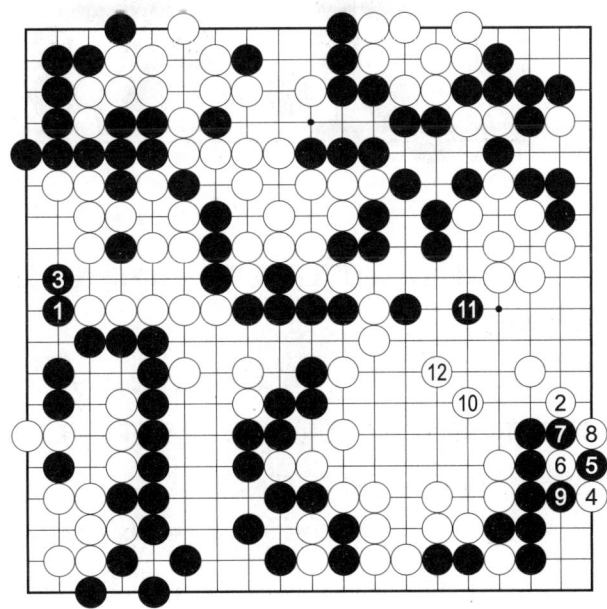

变化图 13-2

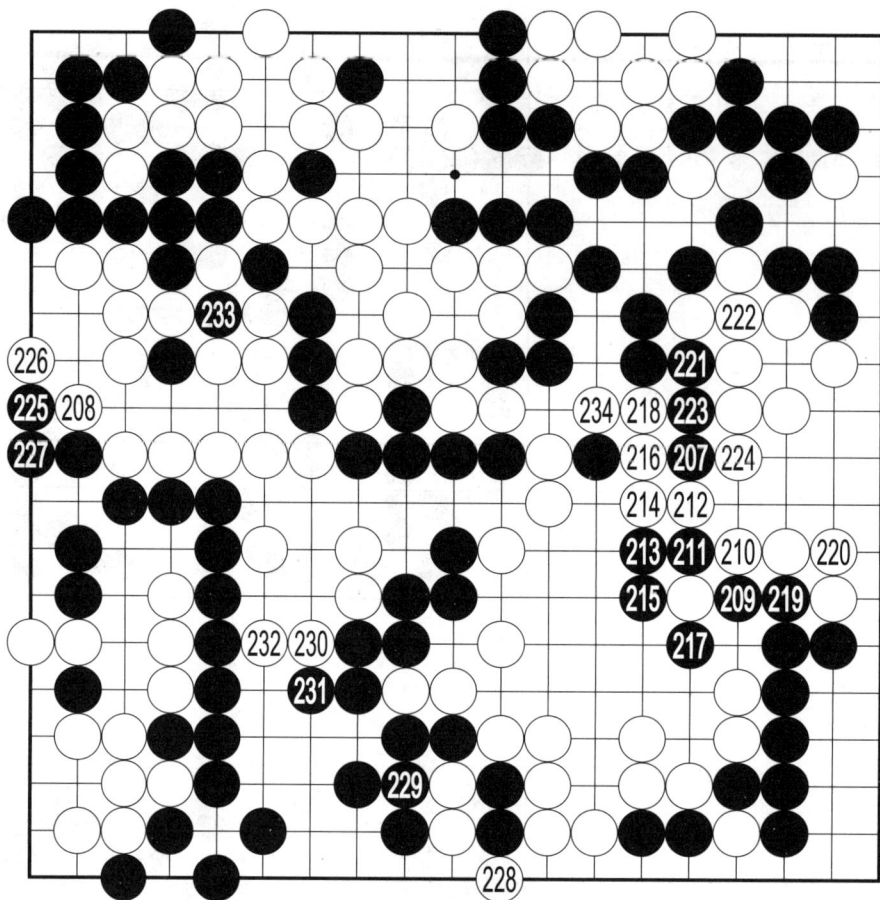

第 14 谱（207—234）

临近终盘，局面几经反复。黑 207 跳，看似平素普通的一手，却潜伏着犀利的手段。

白 208 挡，价值不可谓不大，黑 209、黑 211 冲击白空，事实上，白 208 挡之前，先在 214 位刺的话，黑如在 216 位粘上，白再挡 208 位，黑棋在中腹一带的手段便不复存在了。

不过，黑棋出动的手法也有待商榷，黑 209 如在 211 位靠效果或许会更好。实战黑虽将白空破坏，但白棋转到上方也有所得，至白 234，依然是白棋稍好的局面。

白1先刺，黑2、黑4冲打后抢6位长，白7冲后只需将右边守好，再抢到白13扳，如此白厚目好，黑依然回天乏术。

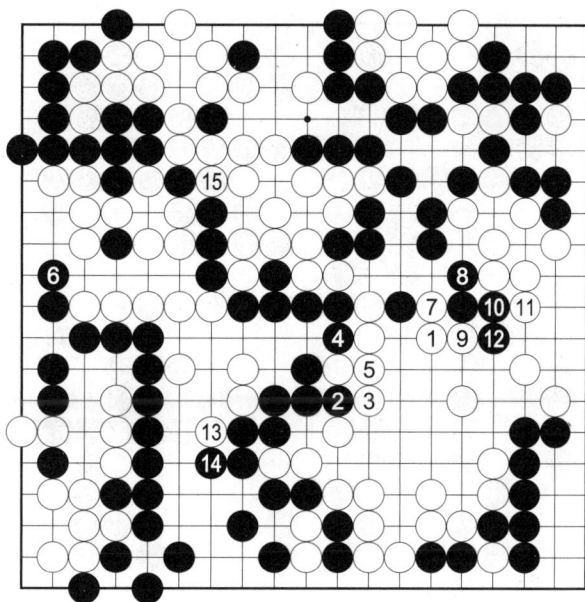

变化图 14-1

黑1靠是AI的推荐走法，认为比在3位尖更好。

白如2位扳则上当，黑3连扳是强手，如白4打，黑5粘后，左右两边白棋无法兼顾。如补左边空内断点，被黑抢到A位或B位的要点，白右边大块生死攸关。此处万不可大意。

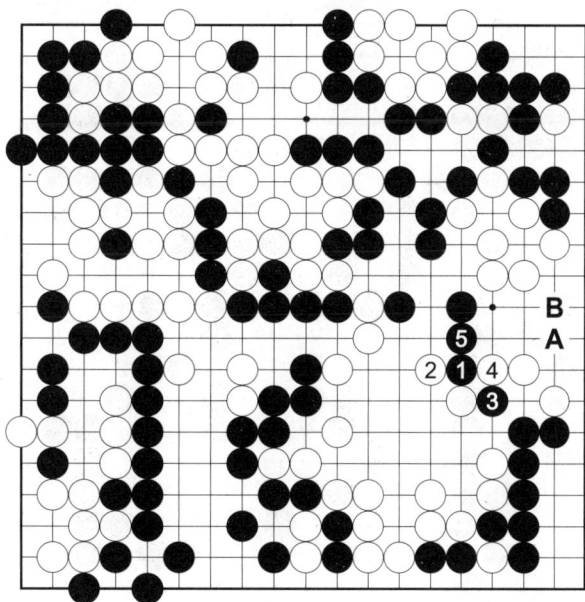

变化图 14-2

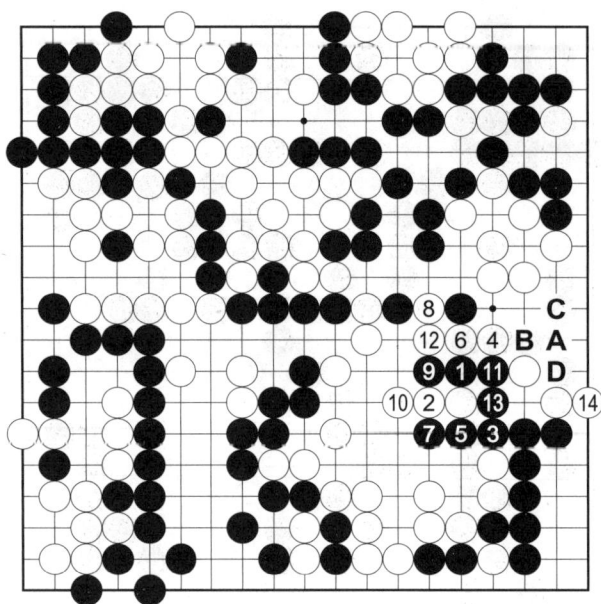

变化图 14-3

黑1靠时，白2退稳健，接下来黑3冲时，白若贸然在5位挡住，黑在A位点严厉，接下来白在B位挡，黑在C位长，白在D位团，则黑13分断，右边白块岌岌可危，有性命之忧。

所以黑3冲时，白4尖为最善下法，接下来双方在终盘阶段锱铢必较，至白14，白棋尚有细微优势。

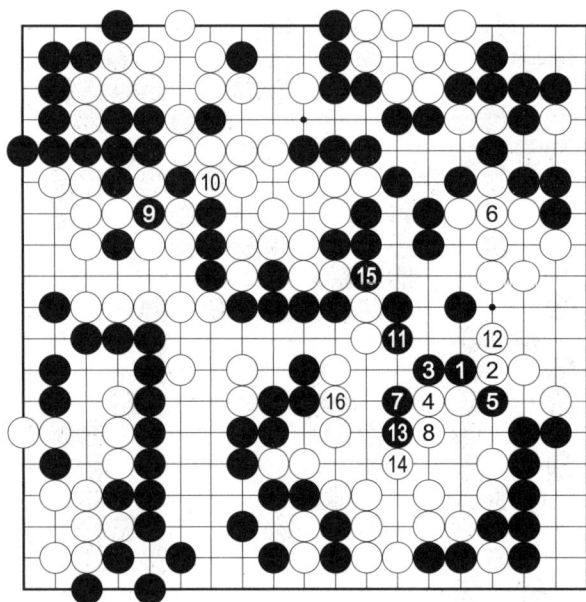

变化图 14-4

黑1靠时，白2顶亦可，黑3长，白4贴，黑5断严厉，接下来白6粘补是稳当好棋，黑7扳，白8弯，以下黑竭力争取先手利，如此盘面细微。虽依然是白棋稍好，但一旦有疏漏，局面将立刻逆转。

综上数图可见，借着右边白形余味，黑1靠的确是临近终盘时之强手。

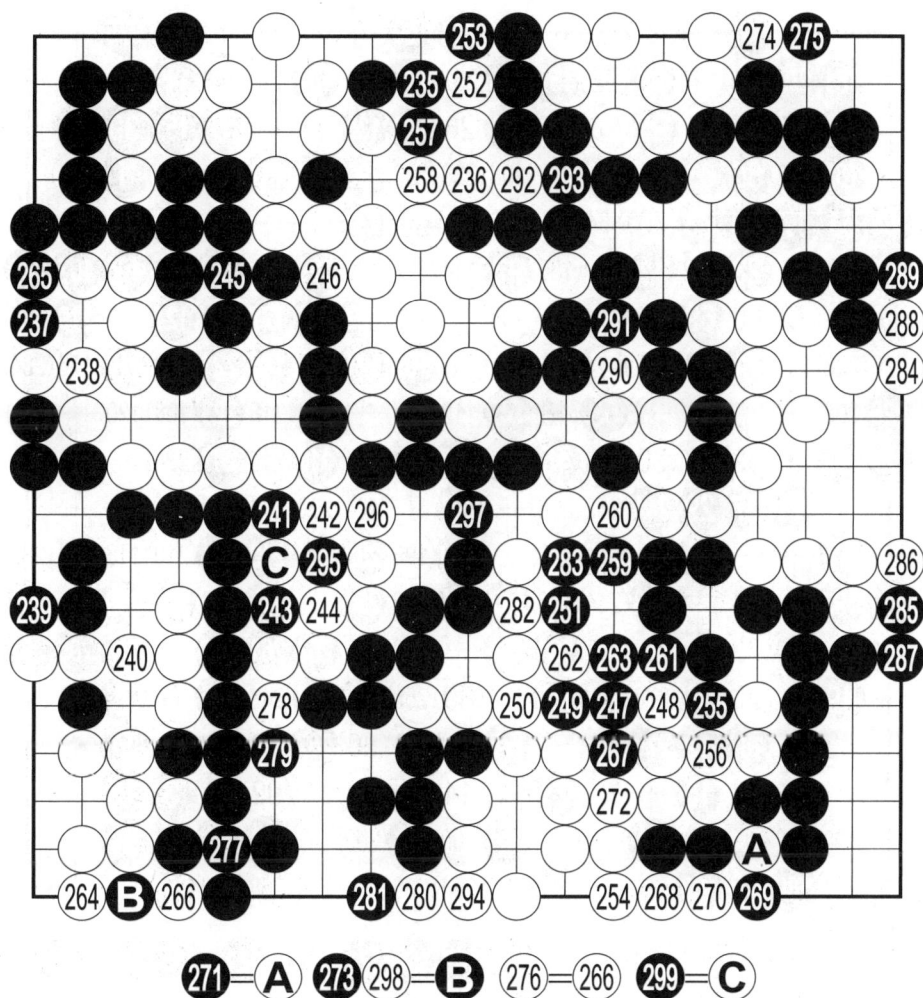

第 15 谱（235—299）

进入本谱，双方小官子几乎无可指摘，白棋盘面 1 目看似如流光罅隙，实则是天堑般不可动摇。

因全局黑棋劫材不够，两处劫争黑 245、黑 277 选择妥协。

也许是黑棋无贴目的优势影响了坂田荣男积极进取的心吧！无论如何，前半盘积攒的微弱优势，在后半盘愈来愈少，最终在终局前被白棋一举超越。与其说是坂田荣男之不察，倒不如说是吴清源的白棋太过厉害，实在是令当时所有高手都吃尽苦头。

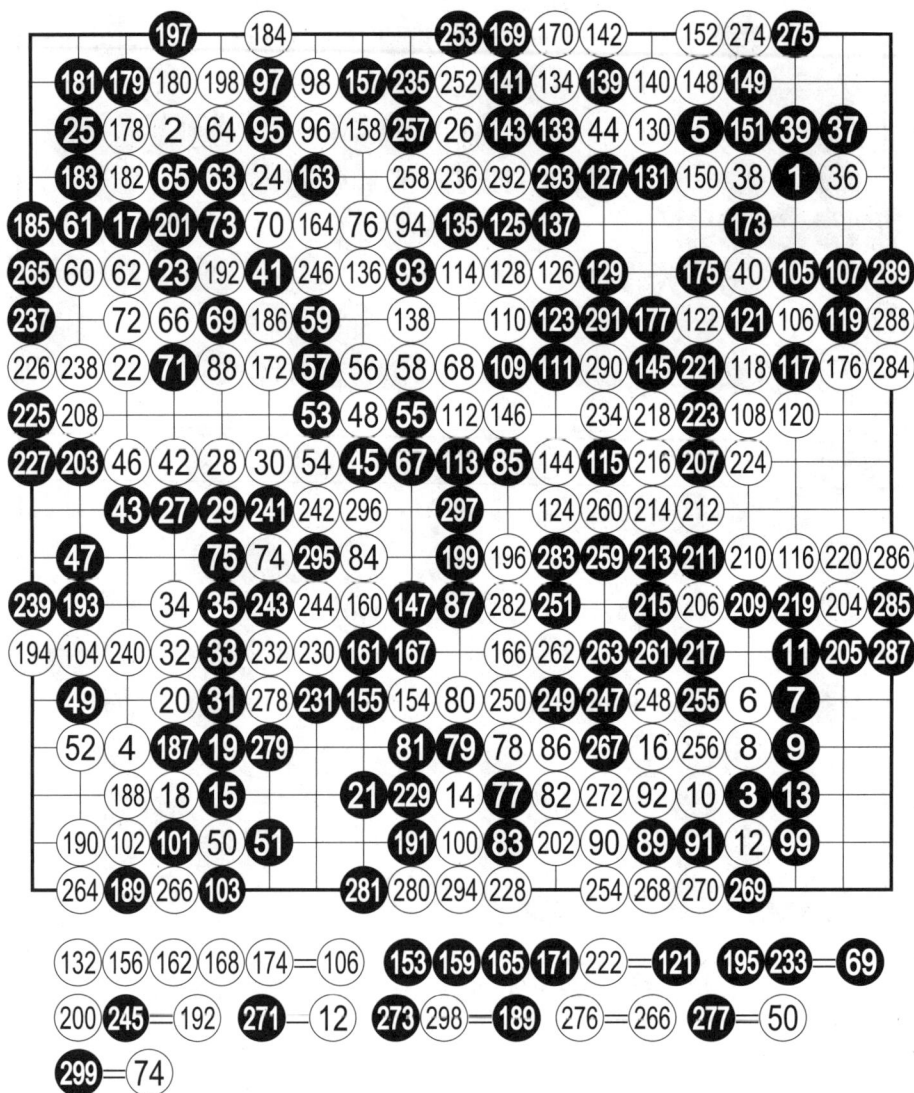

总谱（共 299 手，白胜 1 目）

本局最终黑方用时 9 小时 38 分，白方用时 8 小时 35 分，白盘面多 1 目，吴清源以最微小的优势获胜。

第三期"日本最强决定战"吴清源与坂田荣男的成绩都是 6 胜 3 败 1 和。本来应进行决胜局确定优胜归属，但因首期"名人战"即将开始，短时间内无法进行决战，故最终两人同享优胜。

第五章　偶识橘中趣

首期"名人战"快胜杉内雅男

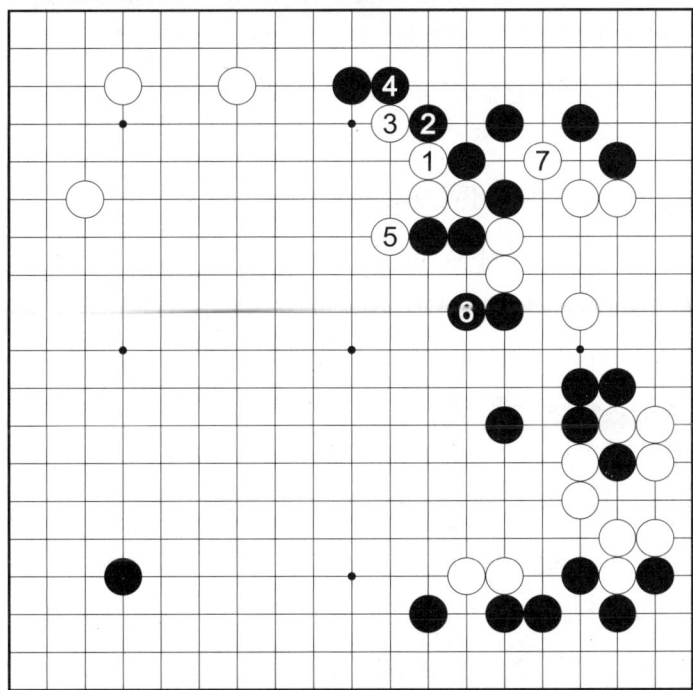

杉内雅男　吴清源

◐ 若干年后，这样一对长寿伉俪，耕耘在十九道枰间

◐ 他们和精神矍铄的吴清源先生坐在盘间的画面一样

◐ 你会感受到从盘端映照出一股令人感佩的精神力量

◐ 它散发着人类智慧的光芒，探索着永不可知的答案

热海，一座闻名于世的温泉之乡，它位于日本静冈县东部，依山傍海，风景秀丽，是东京圈内重要的观光胜地，有"东洋的那不勒斯"的美誉。而这座美丽的海滨之城，也与围棋有着不解渊源。即便在现在，日本的很多棋战也会放在这里举行。

热海对于吴清源来说并不陌生，甚至他的围棋生涯和热海也有过数次交集。1939年，吴清源和木谷实在这里进行了三番棋对局，日本文豪大家川端康成还为此写了精彩的观战记。而在1953年，藤泽库之助怀揣已经写好的辞呈，和吴清源在此地展开两人间的最后一盘十番棋角逐，最终铩羽而被打降级。热海，既有欢快的交流，又有惨烈的胜负。

此地还有一处汇聚各种建筑风格的旅游景点——起云阁。它曾是著名的私宅，1947年以旅馆身份焕然新生。这里也成为很多日本文豪钟爱的地方，据说太宰治《人间失格》、尾崎红叶《金色夜叉》等名著即从此处诞生。

1962年，热海起云阁，一场名人战循环圈正如火如荼地进行——吴清源九段对战杉内雅男九段。

先说说这项新赛事。第三期"日本最强决定战"以吴清源与坂田荣男同为6胜1和3败并列冠军后，该项赛事即告闭幕。首期日本"名人战"在最强决定战的基础上，扩充阵容提升规格，并隆重登场。

说起来，在日本围棋"四大家"时代，获得"名人"称号的棋手便是当世唯一的九段，名副其实的第一人，而其他棋手的段位升降全由名人决定。在日本数百年围棋史上，名人也只寥寥十人，棋艺之高难度之大不言自明。如今，以"名人"为称的赛事甫一登场，自然令高手们摩拳擦掌，枕戈待旦了。

"日本最强决定战"原由六人循环比拼，"名人战"增加到13人，加入了九段以及本因坊、最高位等头衔拥有者。首期名人战参加者可谓群贤毕至：吴清源、木谷实、桥本宇太郎、坂田荣男、藤泽朋斋、高川格、杉内雅男、宫下秀洋、岛村俊宏、桥本昌二、半田道玄 11 位九段和岩田达明七段、藤泽秀行八段两位强手，通过循环赛决出首届名人。

尽管计划为每年举办一次"名人战"，但首期由 13 人参加的"名人战"循环圈赛程却进行了一年半之久。预计从第二期开始，将从 9 人的"名人战"循环圈赛中决出挑战者向首期"名人"进行挑战。

日本棋手中，桥本宇太郎在首期"名人战"举办之前就表示：既然要举办"名人战"，就该在比赛前先推选吴清源为首期"名人"，然后所有棋手再一起比赛，决出一位优胜者向吴清源进行挑战，这才是妥当做法。桥本宇太郎还指出：对于在日本棋界实行新的"名人战"制度之际，吴清源不能成为首期"名人"这件事，后世不明真相的人可能会产生误解。如误以为只因吴清源是中国人，故不能给他以日本"名人"的称号，或误以为在日本昭和时代，棋手中根本就没人能有成为"名人"的资格，要等到吴清源棋艺水平已走下坡路时才举办"名人战"等等。我认为这件事是日本围棋史上的一个污点。作为与吴清源同时代的棋手，我对此深表遗憾。

在首期"名人战"前三局比赛中，吴清源成绩是 1 胜 2 败，并没有取得理想的成绩。"名人战"期间，吴清源在日本东京发生了令人震惊的摩托车车祸事件，这是吴清源遭遇的一场劫难，这一事件也成为其围棋生涯中的重大转折点。

1961 年 8 月某日下午，吴清源在马路上被一辆摩托车撞倒，昏迷了大约二十分钟。据目击者称，吴清源被撞飞起来后，又落在摩托车上，身子被车拖了几米远，才滚倒在街道上。

此次车祸导致吴清源头部受伤，复出后精神状态大不如前，一度精神错乱。自遭遇车祸以来，吴清源在医院和家里休养了三个月才大致康复。

当时正是首期"名人战"循环圈激战之时，主办方新闻社为了避免出现吴清源因病弃权的情况发生，只好尽力将他的对局日程向后延期。对于棋手来说，全身最重要的部位无疑是大脑，这次车祸对吴清源的竞技生涯产生了重大影响。

本局弈于 1962 年 3 月 14、15 日，杉内雅男小吴清源六岁，曾两度获得"本因坊战"挑战者，并在第 7 期围棋"选手权战"中战胜林海峰获得冠军。本局进行时杉内雅男在名人战中 5 胜 4 败，如此强手，将会给初愈不久的吴清源很大的压力。

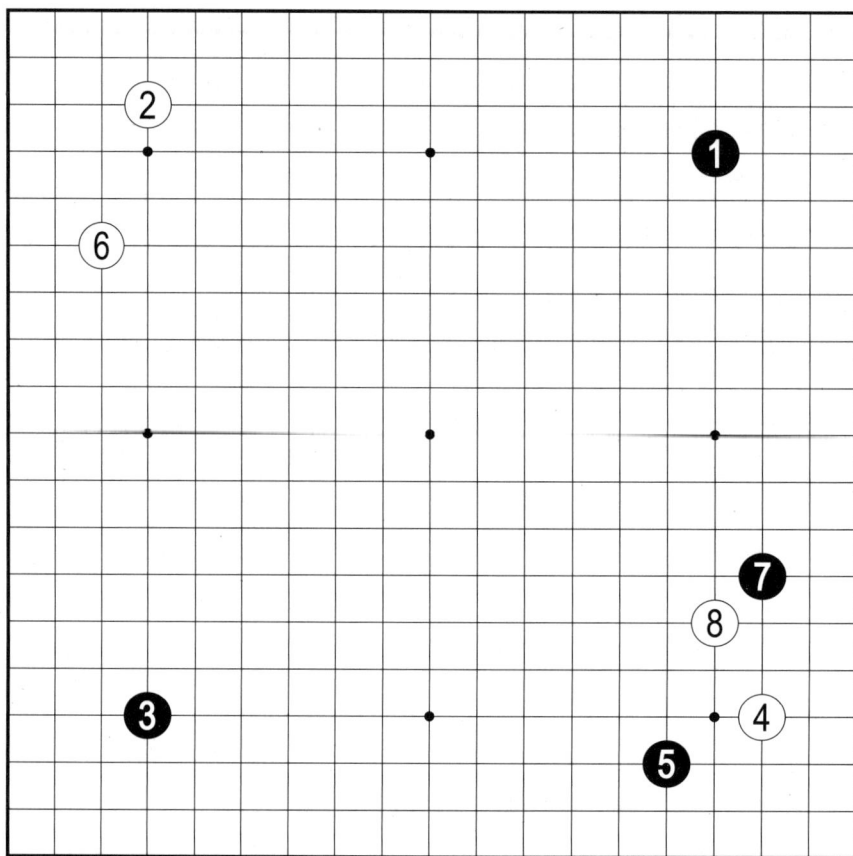

第 1 谱（1—8）

　　"名人战"的规则是黑贴 5 目。本局杉内雅男执黑，起手对角星，在当时也是流行布局之一。

　　吴清源以错小目应对，白 6 大飞守角是其喜欢使用的手法。面对黑棋在右下挂角，白棋先守一角静待对手出牌。

　　黑 7 夹击，"双峰贯耳"般对黑角施压。对此白 8 悠然飞出，且肩冲黑 7 一子，轻盈中犹带着反击意味，此手也是当下局面 AI 的首选。

在 AI 视角下，黑 2 贴为形之要点，不容错过。黑连续贴出，准备在右边围出模样。白 7 尖顶是强烈的气合之手，以下至黑 14，白得大角，黑撑起一方模样，对双方而言都是极为挑战的局面。

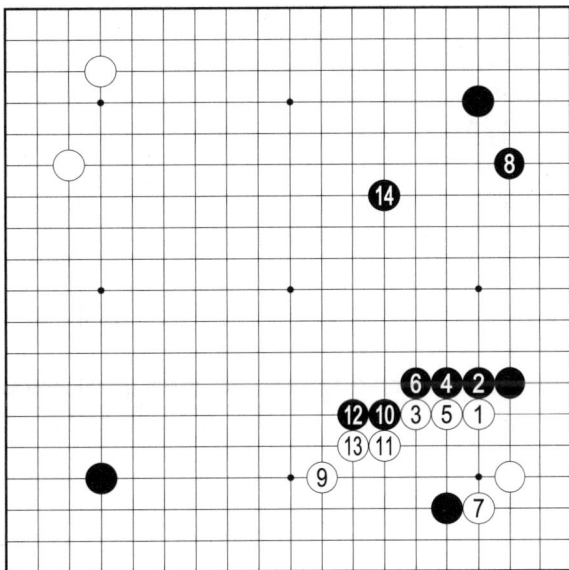

变化图 1-1

黑 2 贴时，白 3 先尖顶再5 位挡是 AI 常用定型手法。初看粗俗，实则有力，在实战中颇具实用性。

以下黑 6 扳，白 7 断必然，黑 8 退后，白可 A 位贴出作战，在 B 位长亦可。

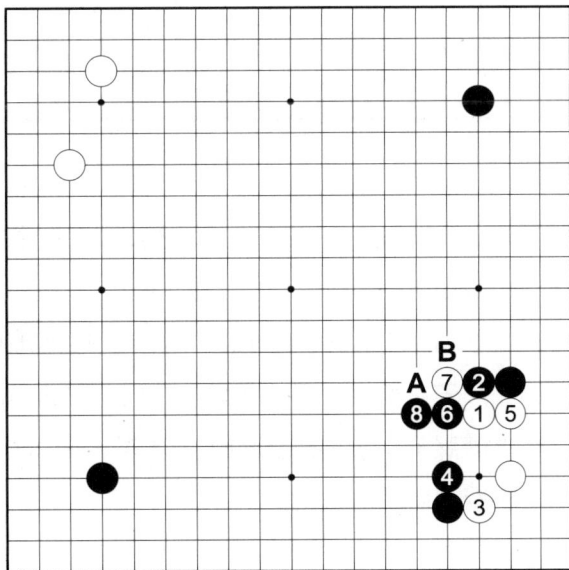

变化图 1-2

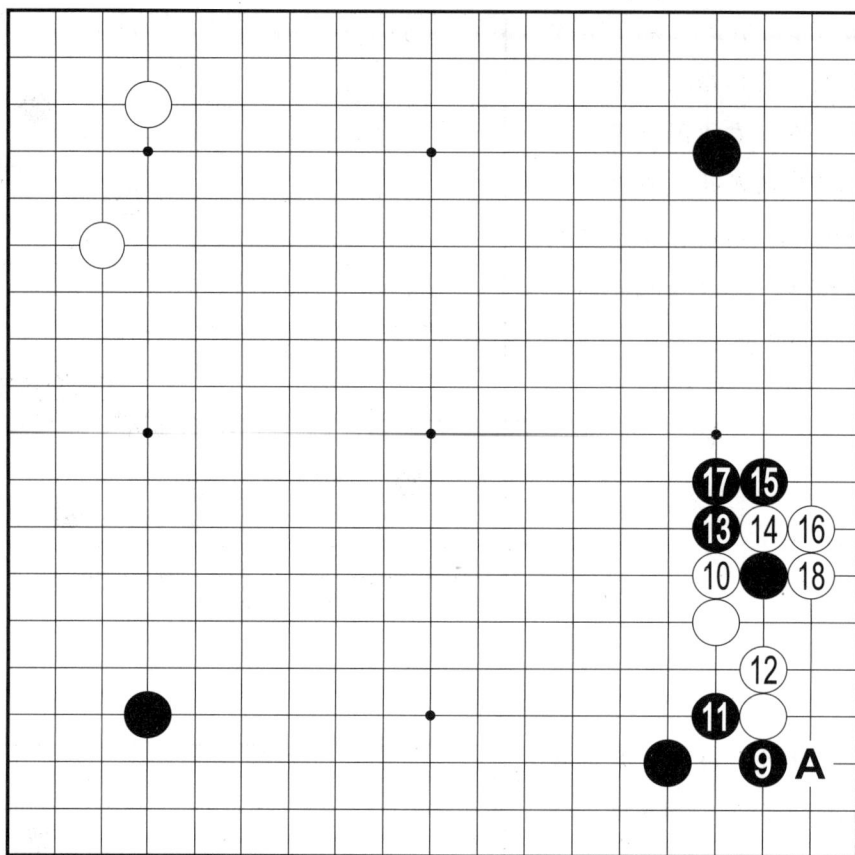

第 2 谱（9—18）

　　黑 9 先从角上托求变，白普通在 A 位先扳，黑如在 11 虎，白先从下方打将十分爽快。

　　实战白 10 先压也是求变，黑 11 先虎机敏，接着黑 13 扳起紧凑，以下大方弃去一子后得到先手，角里 A 位立下的要冲将被黑棋抢到。

　　本谱展示了杉内雅男的布局本领，面对极富速度感的吴清源，黑棋在右下角的求变之手获得成功。

黑1托时，白2扳必然，黑在3位虎比在4位立要积极。以下白4打，黑5粘是AI的惯用下法。白6退时，黑7断是黑5的后续手段，白8打后不得不在10位虎，至白12，双方各持一端，两分。值得一提的是，白12夹攻比直接压要好。

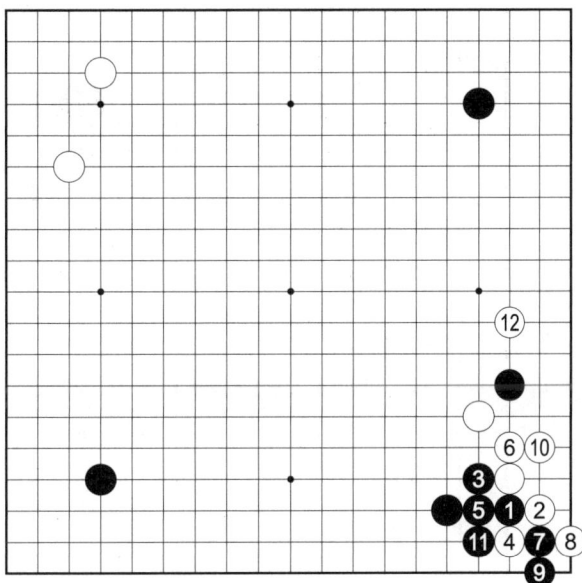

变化图 2-1

黑1扳时，白2在角内扳是好时机，以下的角部攻防颇有趣味。

黑3反断一手精巧，值得细品。白4打后再白6吃一子，黑7先手打后再9位挺头，如此白10再吃，黑11拆边，双方两分。

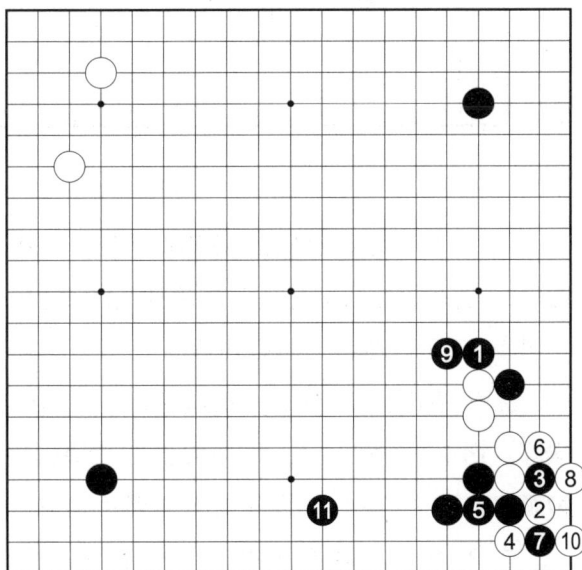

变化图 2-2

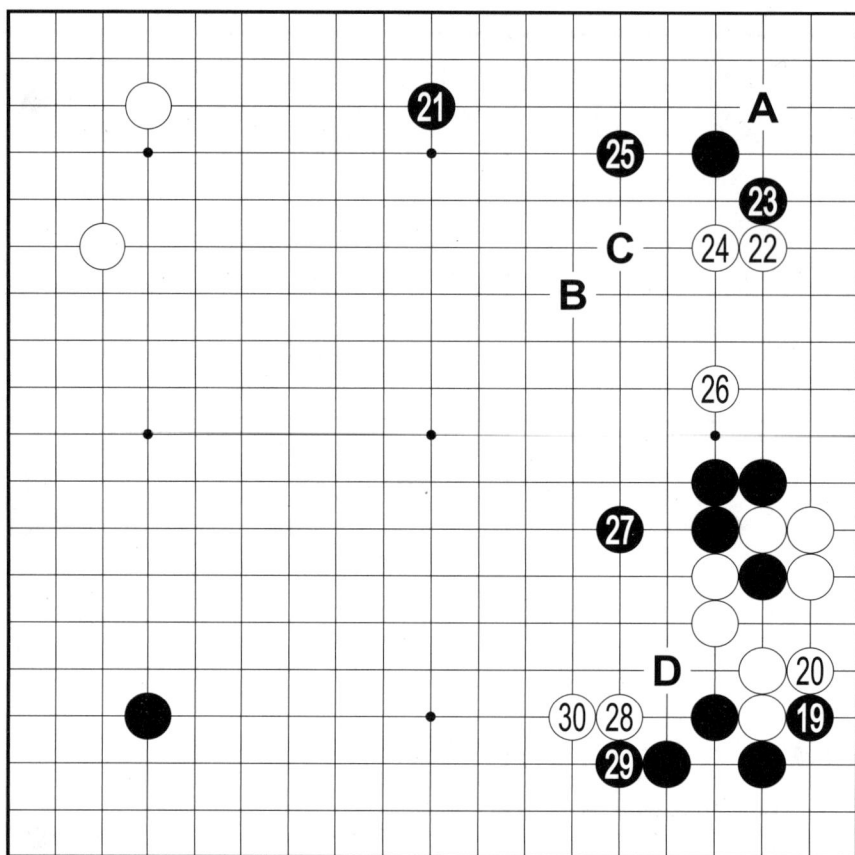

第 3 谱（19—30）

黑 19 扳，杉内雅男洞察机敏，时机正好！白 20 不得不挡，如此黑再脱先他投，有此交换，前谱白棋在角部扳的严厉程度将大为缓解，以后白如二路打吃黑 19 一子，黑打后可以再度脱先。

黑 21 拆边扩充右上，不过留下了 A 位点三三的弱点，不如直接守角来得实际。白 22 挂角入侵，同时瞄着右边黑棋三子。考虑到黑角内薄味和消解中腹黑势，白 26 在 B 位大飞或 C 位跳亦是好点。

白 28 象步飞是好感觉，黑在 D 位尖断不可取，不然白在 29 位挡下，黑落空。

以现在的视角来看，黑1
折边间隔过大，不如守角务实。
白2点角是令黑难受的手段。
以下白先手破角，看似黑势厚
重，但白12可从六路吊入，黑
稍不满。这是AI赋予人类的新
思路。

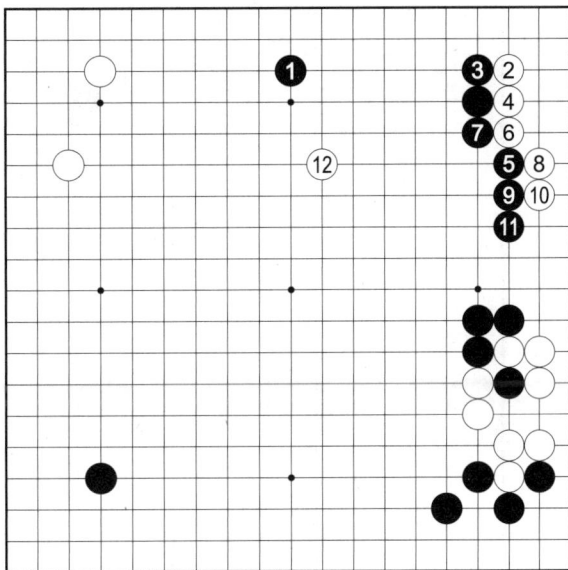

变化图 3-1

白1象步飞，黑2如尖，
白3挡下，以下黑4小飞连接，
白5拆后得实空，黑单官联络
明显不满。AI建议，黑2走A
位二路飞或3位爬为好。

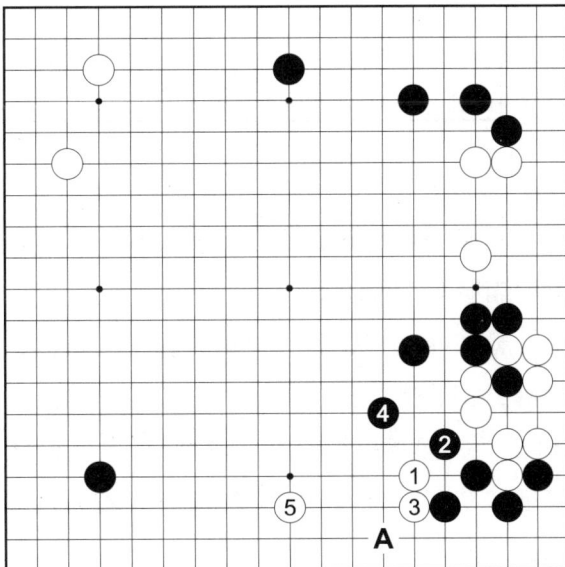

变化图 3-2

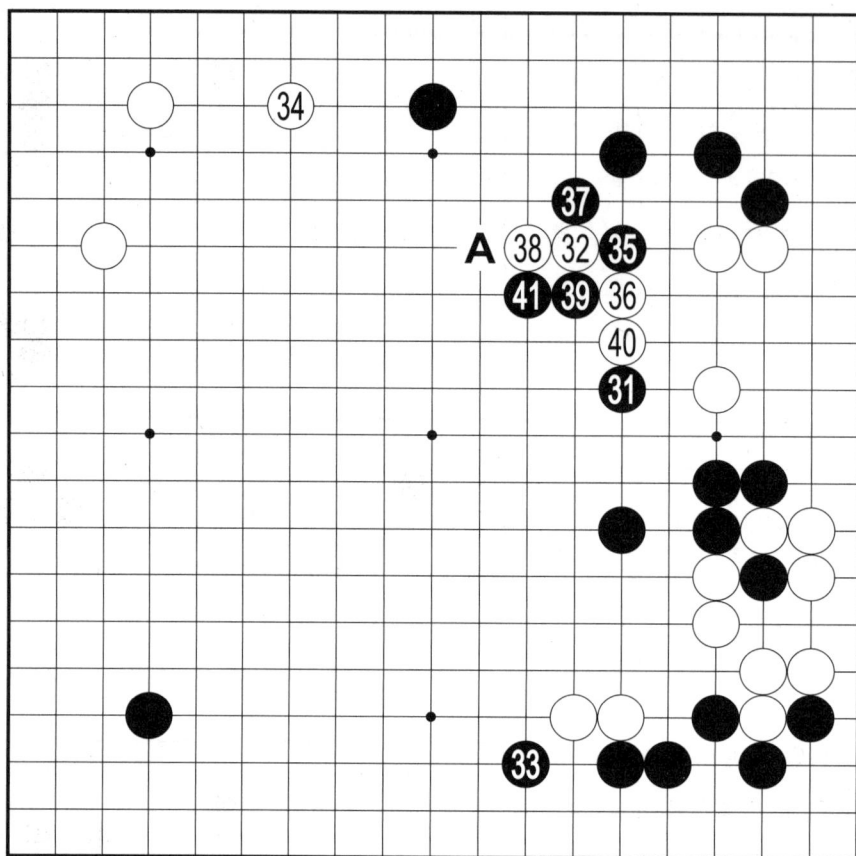

第 4 谱（31—41）

黑 31 镇头，试图通过攻击白棋走厚自身，白 32 大跳棋形舒展，颇为生动，同时瞄着上方的打入。

黑 33 跳价值不小，白 34 在上边拆二，减缓行棋节奏，瞄着在右上打入黑阵，将选择权交给黑棋，静待对方出招。黑 35 靠稍显急迫，黑 37 虎凑白 38 出头，黑不见得便宜。黑 39 断，气合之手！黑棋仗着左下角有星位黑一子征子有利，白 40 顶、黑 41 贴，双方剑拔弩张，平缓的局面一下子变得紧张起来。

一般情况下，白棋会在 A 位退，而吴清源走出了究极的下一手……

站在攻击白棋的角度，黑1、黑3先将白棋刺重，再回手5位补简单清楚，白大块处境难言舒适。黑这几手棋的步调值得学习。

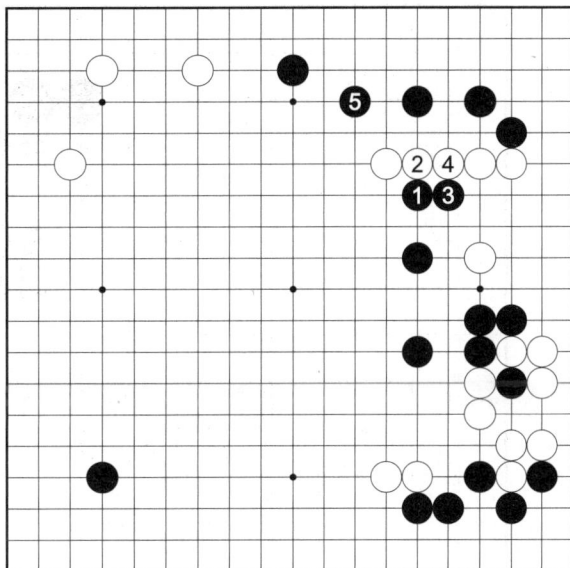

变化图 4-1

白1长出是最易想到的手段，以下黑2、黑4连压再黑6退，白棋须先盘活右边。

白7点角是好手，黑如在11位立下，白在A位尖，之后10位断和B位冲见合，所以黑8只可挡，白在角部先手得利后再白17顶安顿右边。以下黑18飞出抢头，白19跳下后，局部两分。

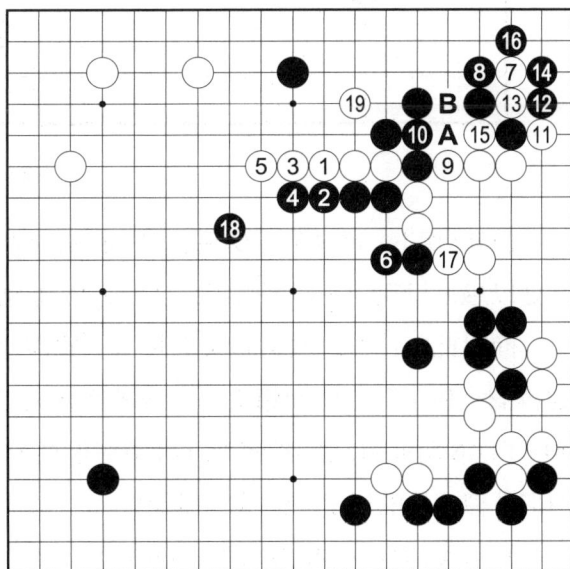

变化图 4-2

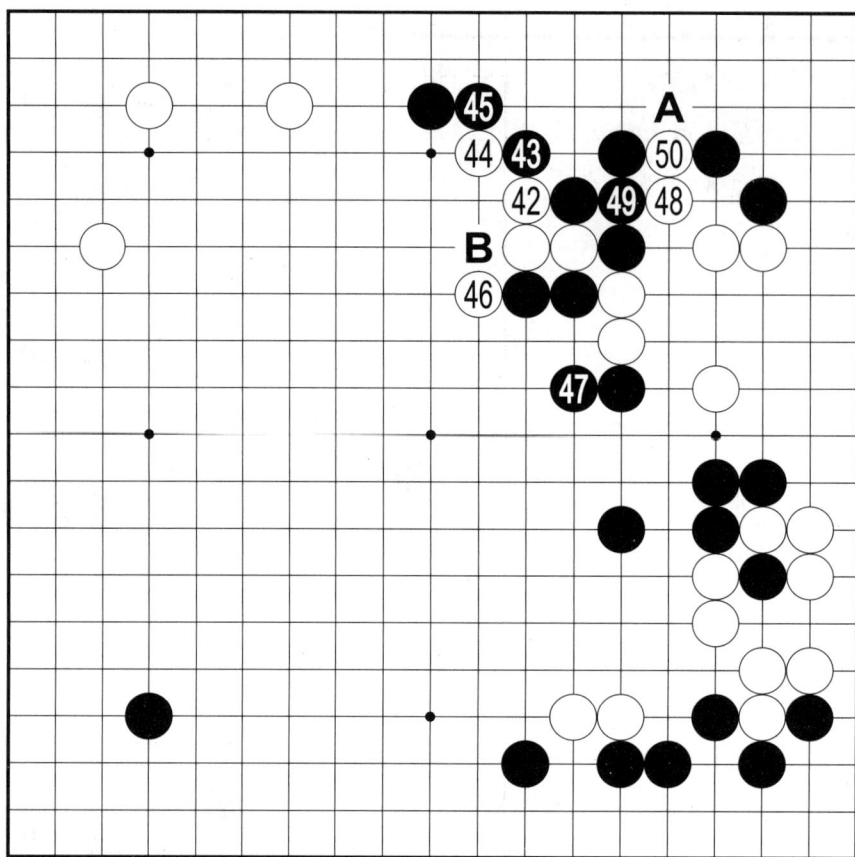

第5谱（42—50）

白42拐下，这一手看似是愚形，其实尤为强烈，这也是吴清源苦心的一着。此处以愚形呈现的一系列强手，非常人所能为之。

面对此手，杉内雅男陷入大长考。或许他没有料到吴清源会下出这种出人意料的"俗手"。仔细想来，这样的手段着实难缠。最终黑43挡住，以下白44、白46两扳后，黑47长棋形整齐，而白形看起来四分五裂，黑在B位打后，白形看似崩溃的样子。怪哉？怪哉！

孰料吴清源白48尖后再50位冲下，伏兵突袭，十分严厉！这是白42后吴清源准备的一系列后续手段，如一道白光刺进罅隙，黑如在A位挡，则两边断点实难兼顾。杉内雅男迎来了本局的考验时刻，一着不慎，即万劫不复。

黑1挡自然最易想到，白2如在4位断，则黑打吃一子，白已亏在前了。接下来黑3打不妥，白4打吃后，黑5不得不走，黑5若在A位提吃，白在B位打吃黑四子，白棋将瞬间优势。

黑5、黑7提三子是最好的下法，白6提后补吃角部，收获颇丰。此图黑失败。

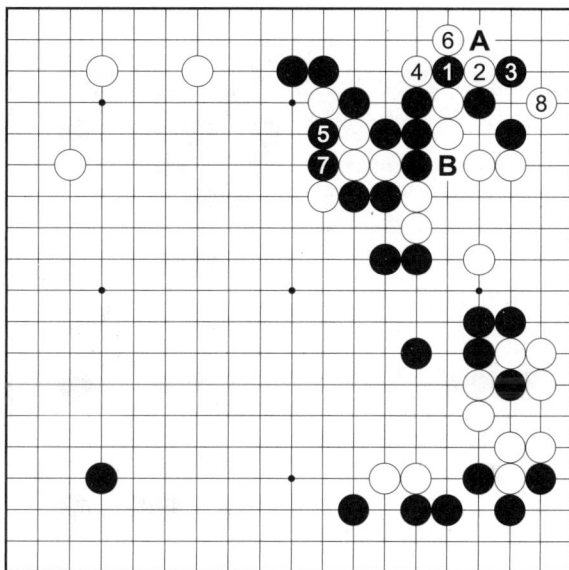

变化图 5-1

所以白2断后，黑3照顾左边在3位虎为佳，白之后在6位退后形成转换，黑7在左下守角。在黑贴5目的情况下，此时是双方均势的局面。

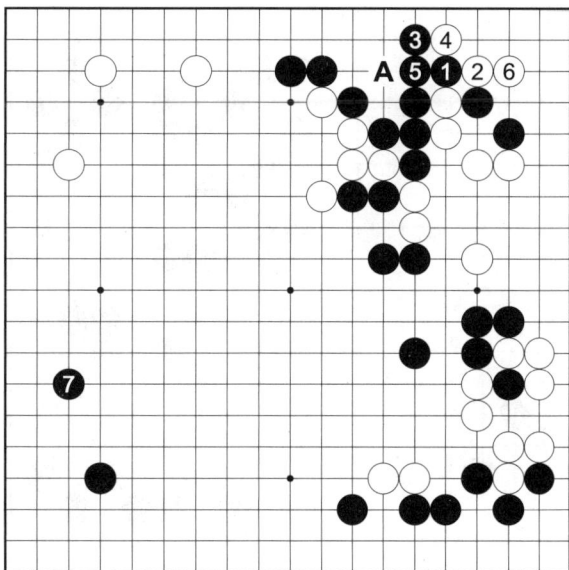

变化图 5-2

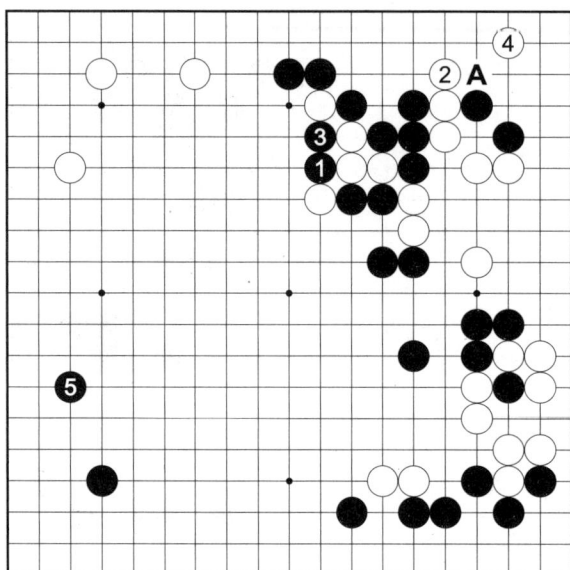

变化图 5-3

如黑棋求变，黑1打也不失为灵活转身之举。如白径自冲下飞吃得角（如不补黑在A位挡可活角），黑打拔三子后再脱先守左下角，棋形厚实，这样黑棋亦无不满。

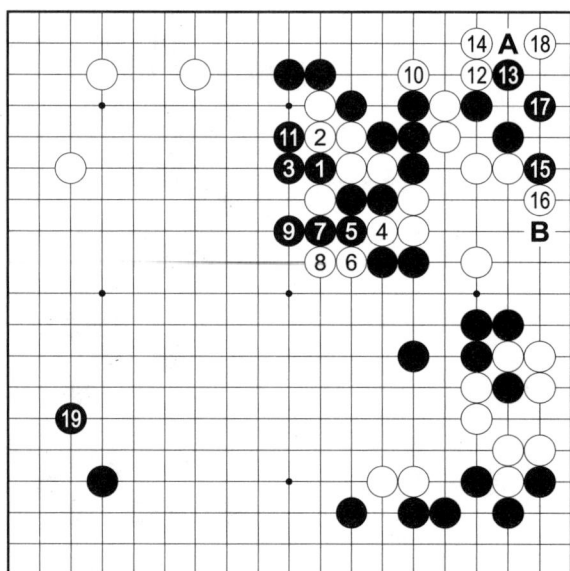

变化图 5-4

所以黑1打时白须再费脑筋。白在2位粘看似多送，实则是好手。此后黑3长，以下至白10是"一本道"，白舍五子吃住角上黑棋，外围白二子伺机接应作战，此图为双方较好应对。

右上角黑13至黑17暗藏伏兵，黑大可搁置而于左下守角，右上留有A、B位等手段，余味不少，这也是白棋须留意处。

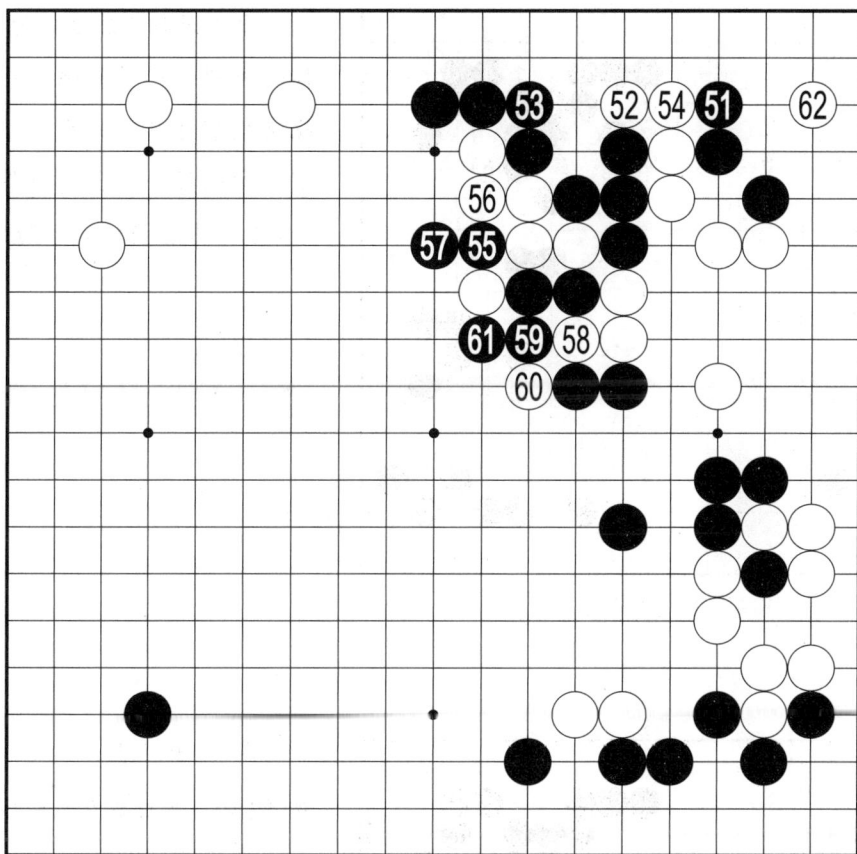

第 6 谱（51—62）

　　黑51退过于谨慎，杉内雅男想将黑棋两边分而治之，但白52扳正中黑形"七寸"，黑棋损失反倒更大了。黑53粘时，杉内雅男心中定是困苦不已，此处黑棋进退两难。

　　实际上，黑53粘也是疑问手，与白54交换后，黑55还得回手断打，节奏已慢了半拍。黑57长出看似吃住白五子，以下白58、白60冲吃，之后白62点入图穷匕见！这里是形之急所。

　　回顾这一带进行，吴清源愚形冲下，经过一番转换舍弃外围冲入角内，并点入角部强攻白棋，一系列操作颇值品味。

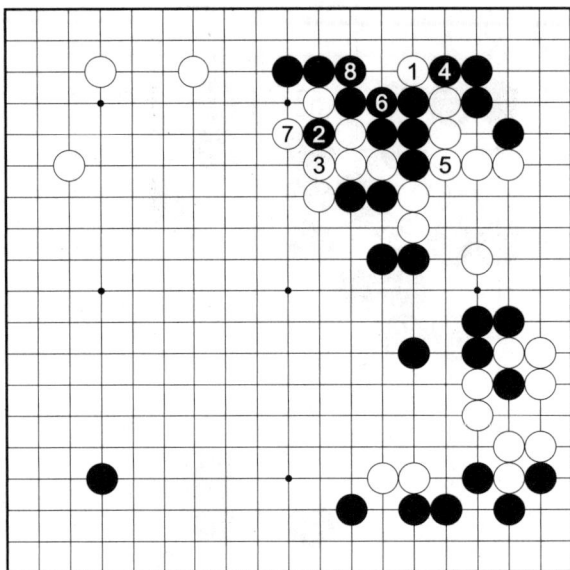

变化图 6-1

白1扳时，黑2打为AI推荐的手段，白3粘住必然，经此交换黑4可断开白一子。以下白中腹提一子获得补偿，黑8粘后形成转换，双方两分。

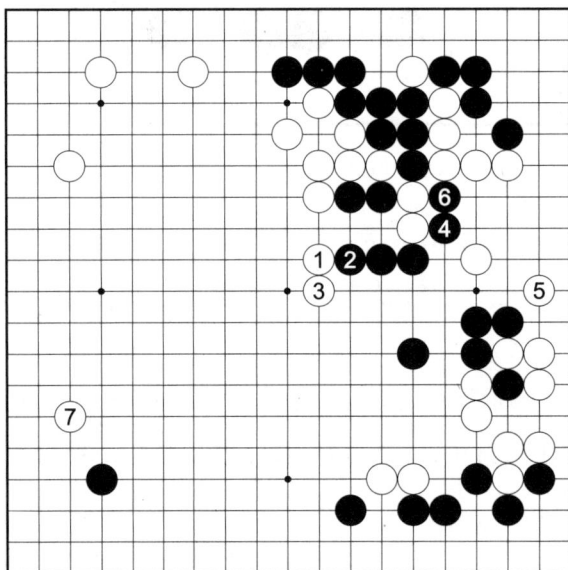

变化图 6-2

接上图。白1跳后，黑2双住，白3顺势挺头。黑4扳后，白5跳连回，黑6厚实连回，白7抢占大场，双方再度形成转换，此时盘面极为接近。

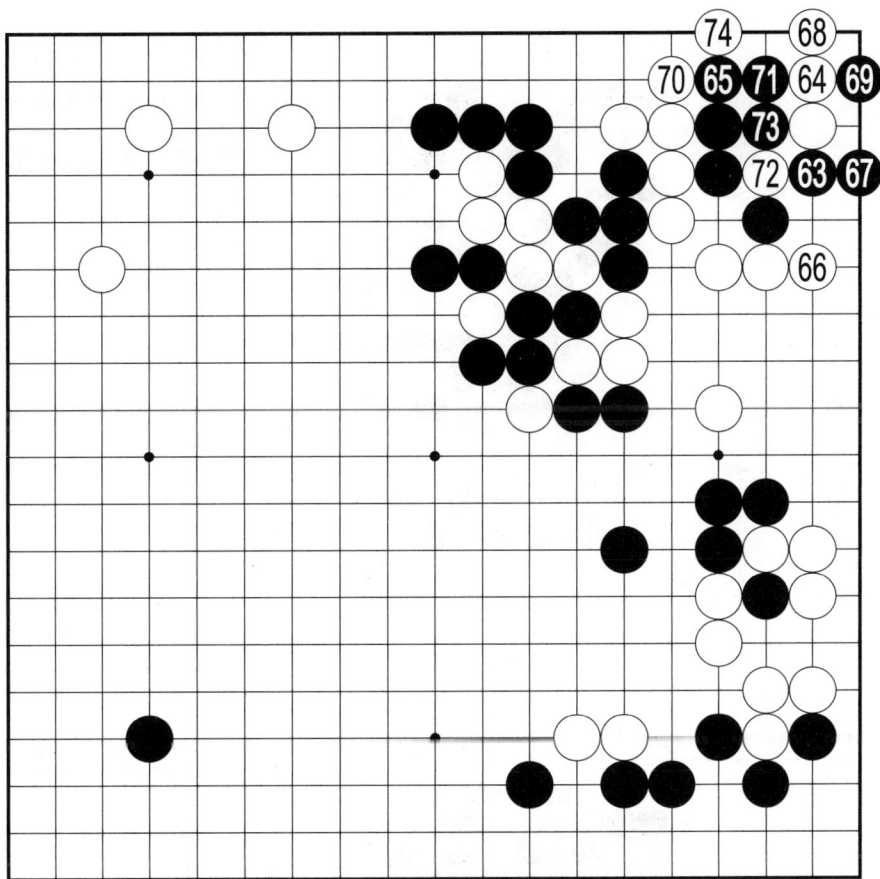

第 7 谱（63—74）

　　黑 63 不得不虎，白 64 立严厉，黑 65 立下是强硬的抵抗。进行至白 68 立下，是第一天的封手，此时角部演变成了一道实战死活题。

　　第二日的第一手，杉内雅男即走出了败着，黑 69 或许在此处有严重的误算，没有看到白 72 扑的鬼魅一手。白 74 扳后，杉内雅男才猛然惊觉，此处黑已遭白净杀。

　　杉内雅男示意认输，短短 74 手，棋局即戛然而止，这也是始料未及的。回头来看，白 42 愚形冲下，可以说是制胜之手，但这后面隐藏着的深远算路，确实让人佩服。

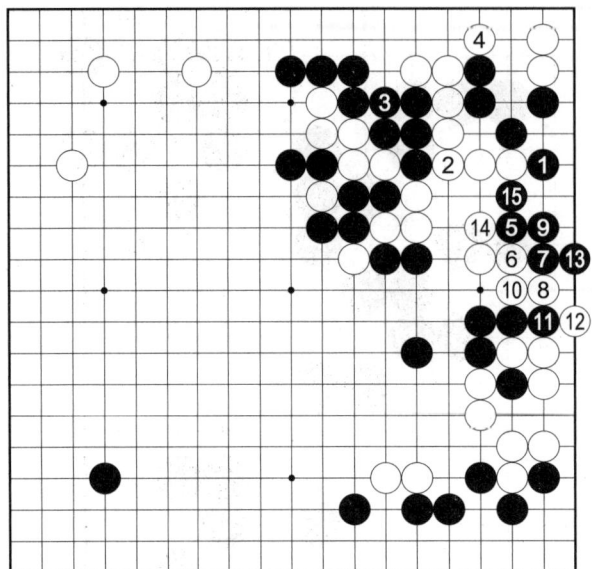

变化图 7-1

回头来看，黑1虎，让白4扳过，黑在右边盘活是缓和手段，虽有委屈，但局面空旷，来日方长。

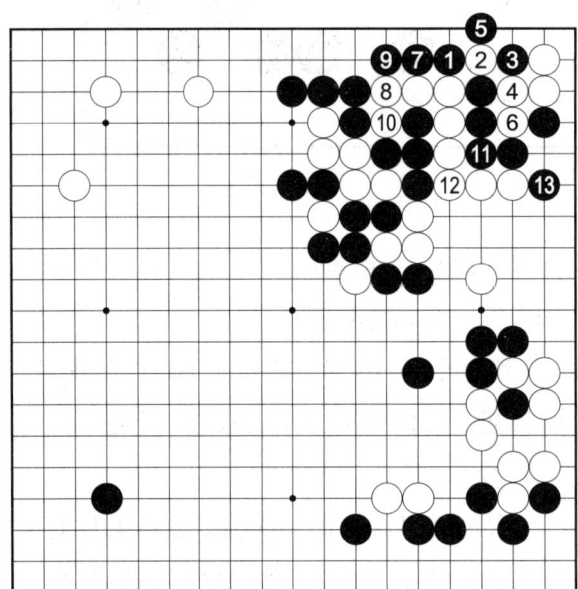

变化图 7-2

黑在1位扳同样是避让之策，白2单断是好手，以下形成有趣变化：黑7渡回后，白可选择脱先他投，也可选择从8位顶后转换。以下白吃四子，黑吃白角，大转换后白棋稍好。

白1立后，黑2先拐，紧要。以下白5挡，黑6点，白7扳，黑8顶，角部成双活。

黑角部1目不剩自然不甘，此时已是盘面平空，这样的局面杉内雅男肯定不会答应。

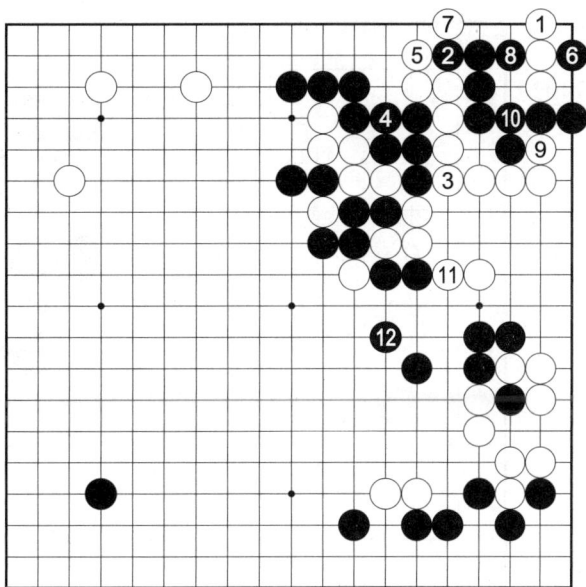

变化图 7-3

终局后的局面推演：黑1挡后，白2、白4是吴清源准备好的组合手段。黑5跳时，白6顶是绝先，黑不得不应，白8、白10后，黑龙已无生还希望。黑5若在A位飞，白在8位扳，黑在9位断后，白在6位顶，黑照样难以两全。

黑角被吃后，黑棋局面大差，但全盘空旷，也并非全无胜机。杉内雅男或许心意全无，索性便草草投了。

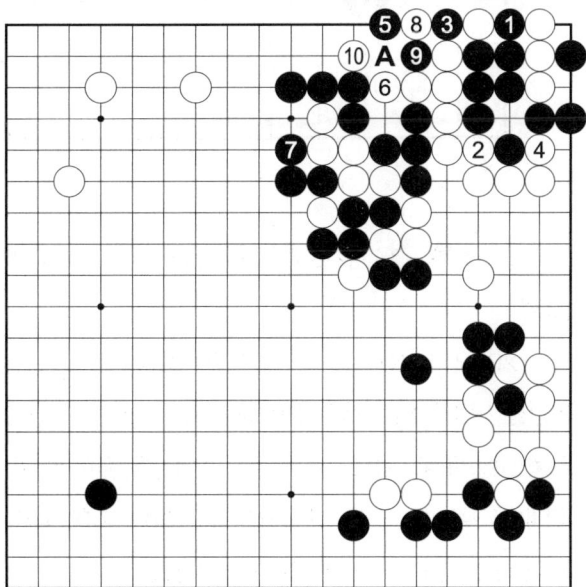

变化图 7-4

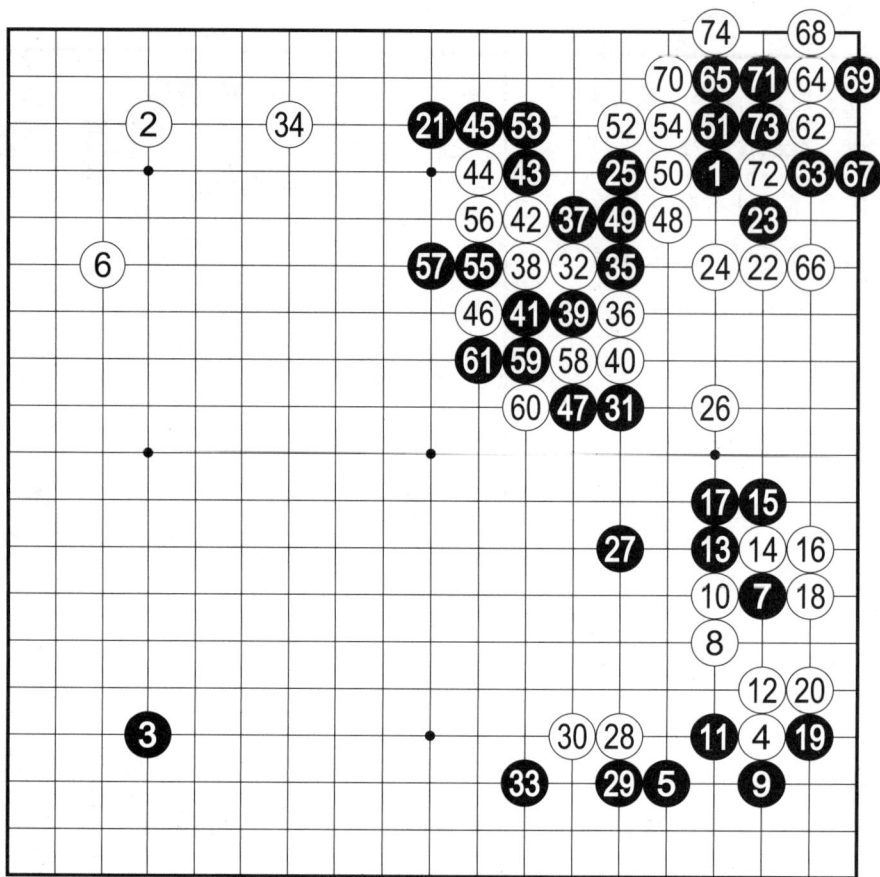

总谱（共 74 手，白中盘胜）

二日制，74 手终局，在首期"名人战"中便出现如此短对局的纪录，令人惊奇。

2008 年 10 月，日本老将杉内雅男九段迎来 88 岁生日，数日后，他在第 35 期"日本名人战"预选赛中击败叶井天平五段，创下日本现役棋手最年长胜利纪录。而在 2024 年 8 月，杉内雅男的妻子、生于 1927 年的世界最年长现役职业棋手杉内寿子八段与生于 2009 年的张心治初段进行了一盘年龄差高达 82 岁的正式比赛，创造了历史新纪录。

杉内雅男进行最后一盘职业对局时已经 97 周岁。2017 年杉内雅男患病去世后，杉内寿子成为棋界最年长的棋手。夫妇俩是围棋界的长寿棋手，也堪称职业棋手的典范。

若干年后，当我们的脑海里映出这样一个画面：一对耕耘在十九道纹枰间的长寿围棋伉俪端坐在棋盘前。他们和精神矍铄的吴清源先生坐在棋盘前一样，会让人感受到从棋盘上生出一股精神力量，散发着人类智慧的光芒。

第六章　莫尝轻叹英豪暮

首期 "名人战" 与坂田荣男弈成和局

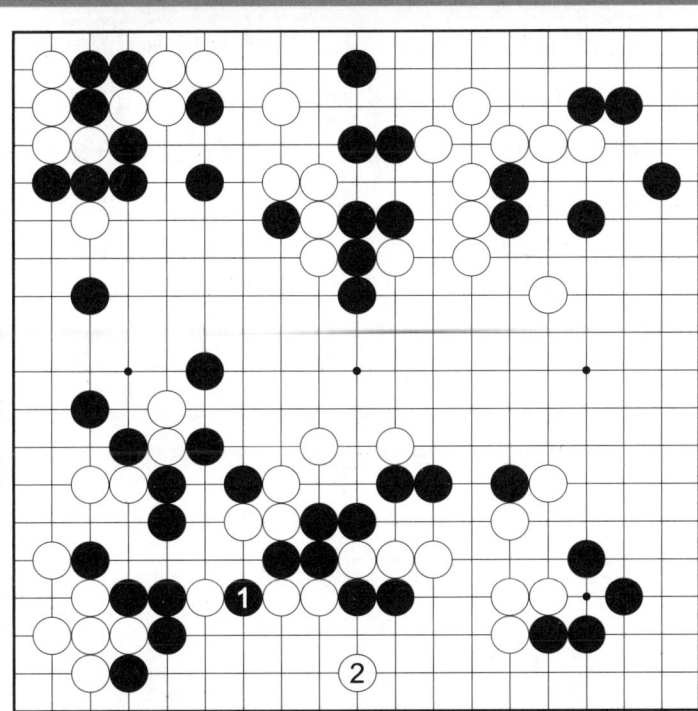

坂田荣男　｜　吴清源

○ 痛失好局，也痛失名人桂冠。吴清源与坂田两人都成为失意者

○ 胜负之不可思议处，如同生途般捉摸不定，却充满离奇与传说

○ 历史如此奇妙，镌刻着神奇与经典的胜负，都成为永恒经典

○ 被人们传载和记忆，成为二十世纪中不可多得的传奇名局之一

　　首期"名人战"循环圈赛的最后一轮，吴清源对坂田荣男九段。当时，藤泽秀行八段以9胜2败的佳绩居首位，其次则是均为8胜3败的吴清源和坂田荣男。

　　为体现公平竞争，吴清源与坂田荣男对局的同日同时，在东京四谷的"福田家"进行了藤泽秀行与桥本昌二的对局。藤泽秀行此局若胜，便登顶首期"名人"，而一旦输掉，按照规定，藤泽秀行将与吴、坂田之战的胜者加赛一场，以决出本次比赛"名人"归属。

　　遭遇车祸后的吴清源，由于身体原因不能正襟端坐对局，主办方允许吴清源可以坐在椅子上对弈。新闻社曾设法调整"名人战"对局日程，尽量避免吴清源因伤不能出场而被判为"不战败"的情形出现。

　　本局是首期"名人战"循环圈赛最后一轮比赛中的关键之战，也是日本围棋近代史上有名的一局。

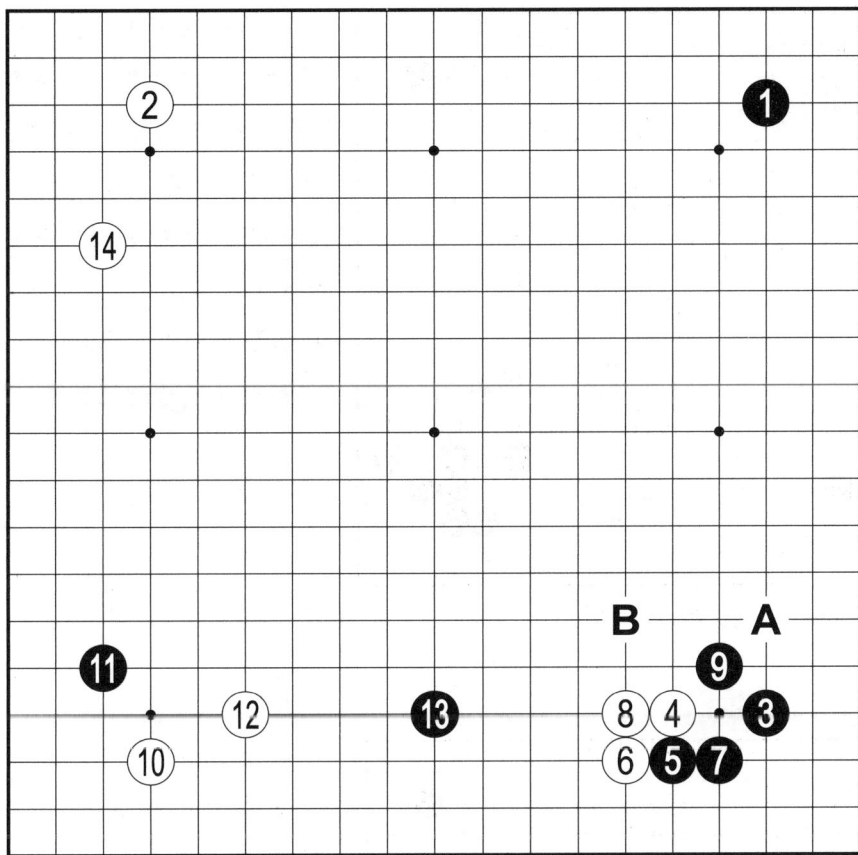

第 1 谱（1—14）

执黑的坂田荣男以"三三·小目"开局。作为偏防守风格的坂田荣男，靠着精湛的治孤功夫打遍天下，这一点与木谷实有相通之处。就坂田荣男和木谷实而言，执黑时都喜欢把棋下得厚实无比，之后在中盘深深打入对方阵势，洗尽对方城池，一逞治孤功夫。这种割据阵地，而后徐徐蚕食对方地盘的风格往往令当时的棋手头痛不已。

而吴清源的棋风呢？像水一样无形无色，灵机而动，生机无限；又像风一样捉摸不定，随意幻化，妙变无穷。吴清源对垒坂田荣男，正是一场不同棋风碰撞的绝妙好戏。

黑5、黑7在右下托退后，黑9普通是拆一，实战黑9小尖强调对白三子的攻击，但因有一个空角，此时黑9占角最为积极。白10占角后黑11挂角，待白12飞补，黑13当即打入攻逼右边白三子，坂田荣男气势汹汹。此时，白普通从 B 位跳出为正常应对，但吴清源放置不顾，又下出大飞守角。大飞守角的下法在 AI 时代屡见不鲜，但在当时却是寥若晨星。

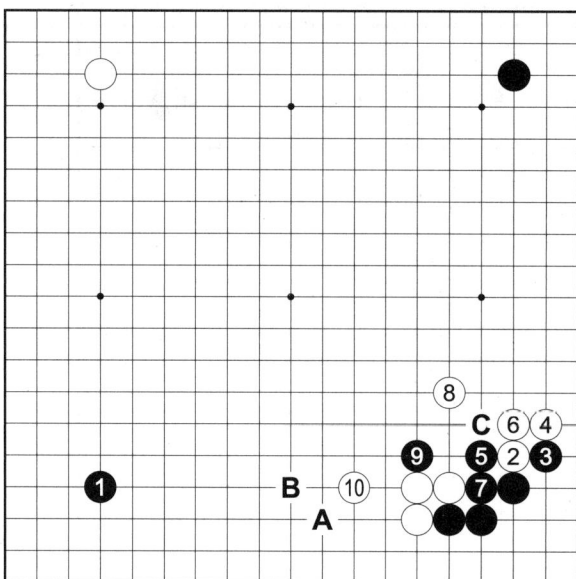

变化图 1-1

面对右下棋形，黑脱先也是积极可取之策。如图黑1占角，白2靠下并无所惧，黑3扳，白4连扳强硬，黑5、黑7打粘后，之后若白8飞起，黑9靠是好形，白大致10位或A、B位等处拆边。黑有C位先手，以后白并不易封锁黑棋。

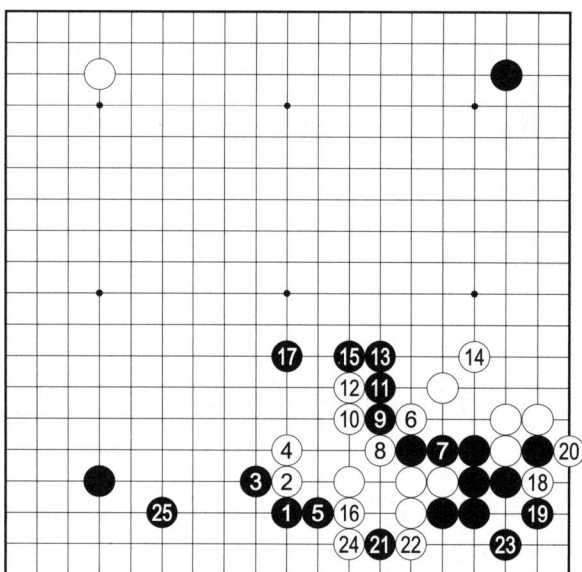

变化图 1-2

接上图。黑1紧逼积极，至黑9冲断形成战斗，黑17跳出后，白18先手打拔，黑21先点巧妙，至黑25补，双方两分。

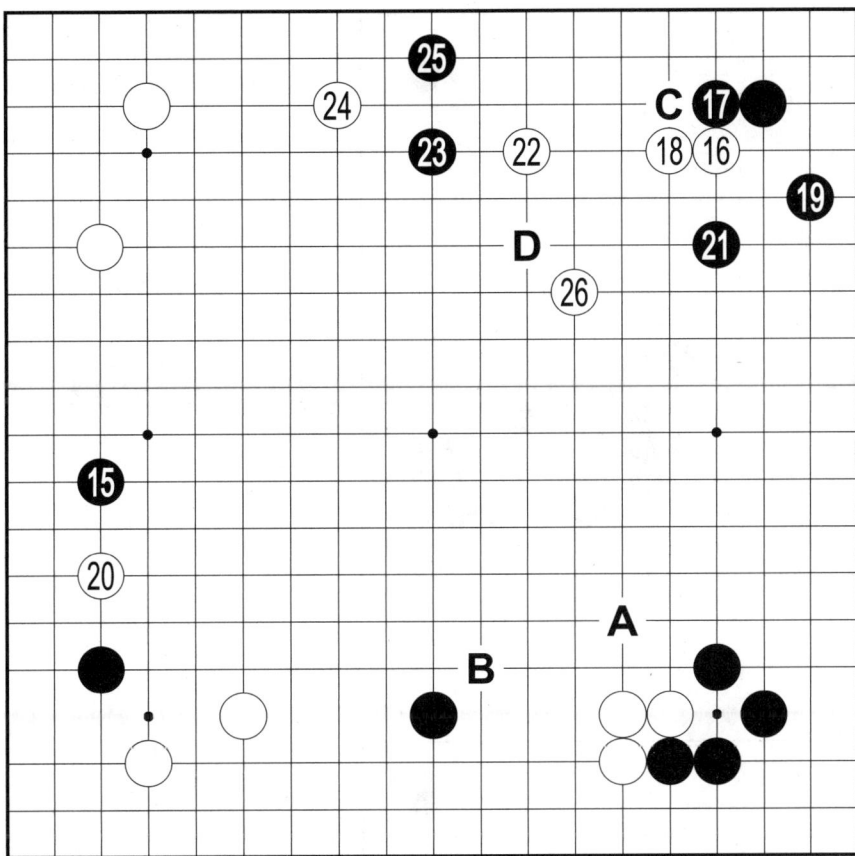

第 2 谱（15—26）

　　黑从 A 位镇头攻击白三子是急所，坂田荣男却一直未动手。事实上，善于治孤的坂田荣男也是攻击型棋手，著有《围棋攻逼法》。或许精于治孤的坂田荣男早已想到，黑在 A 位镇，白能从 B 位简单飞出，故一直未交换。但"入腹争正面，制孤克敌验于斯。" A 位总归是事关双方攻防和厚薄的必争要点。

　　实战黑15选择在左边拆三，虽是大场，但远不及 A 位镇头重要。白16肩冲，吴清源定下取势作战的调子。右下的焦点战斗被移到右上。黑23逼，白24反逼，黑25跳，两人互不相让，白26大飞跃入中腹，姿态飘逸，这一手也是 AI 的首要推荐。

　　作寻常想，此际白26要么在 C 位挡就地安营扎寨，如市井乡民只求安生过活；要么在 D 位简单跳出，似进学志士希望跃登上第，而这手大飞无疑生动许多，如深山林隐间的逸士，幽琴一曲，乘月返真。

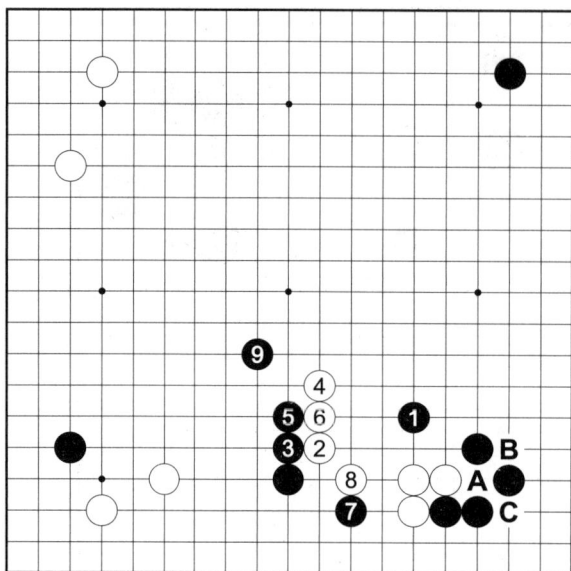

变化图 2-1

变化图 2-2

黑1镇头，是AI推荐的不二之选。白2、白4简单跳出，至黑9，白棋左右被夹击，自受困顿。

不过，经AI细算之后，白棋先从A位挤更显细腻，以下黑棋在B位或C位粘，白都可腾挪，以下分别述之。

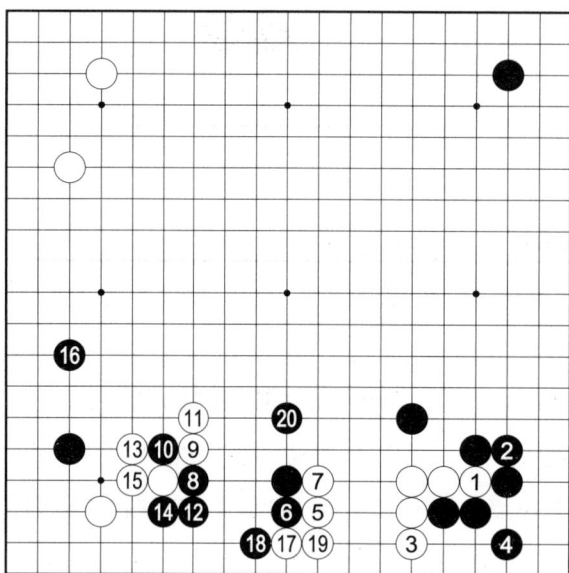

黑如2位粘，则白宜就地成活。白3立先手，再白5、白7做活。

此后，黑8先靠精巧，白9扳，则黑10断腾挪，至黑20，双方在下方各自安顿。

黑2如粘在角上，则黑角厚外围变薄，白宜出头求战。

以下白在3位飞出，黑6、黑8两飞成活，白13、白15中腹出头，各有所得。

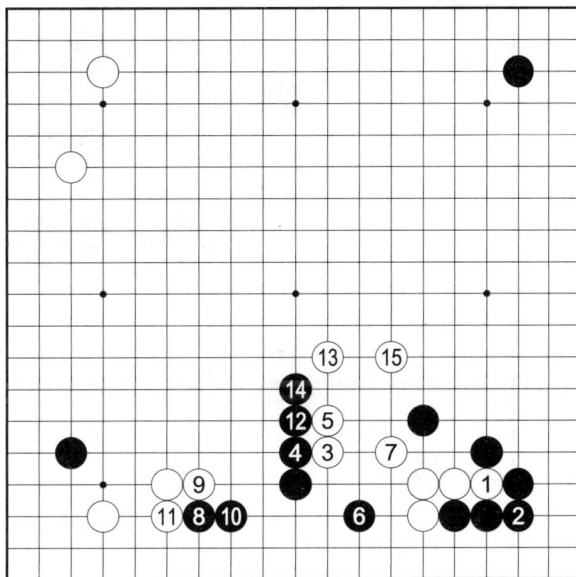

变化图 2-3

白1大飞姿态优美，也是当下AI的首荐。

以下黑2镇头，白就做活。此后黑8尖，白继续跳出走畅自身。另外黑如在A位飞攻，白9跳，白大块已走畅。

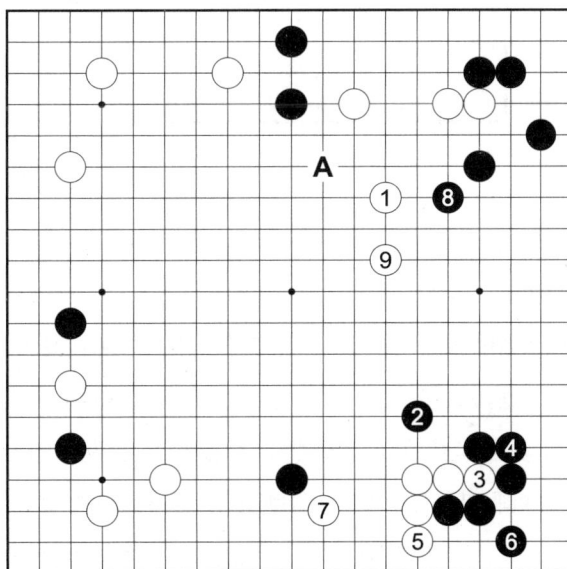

变化图 2-4

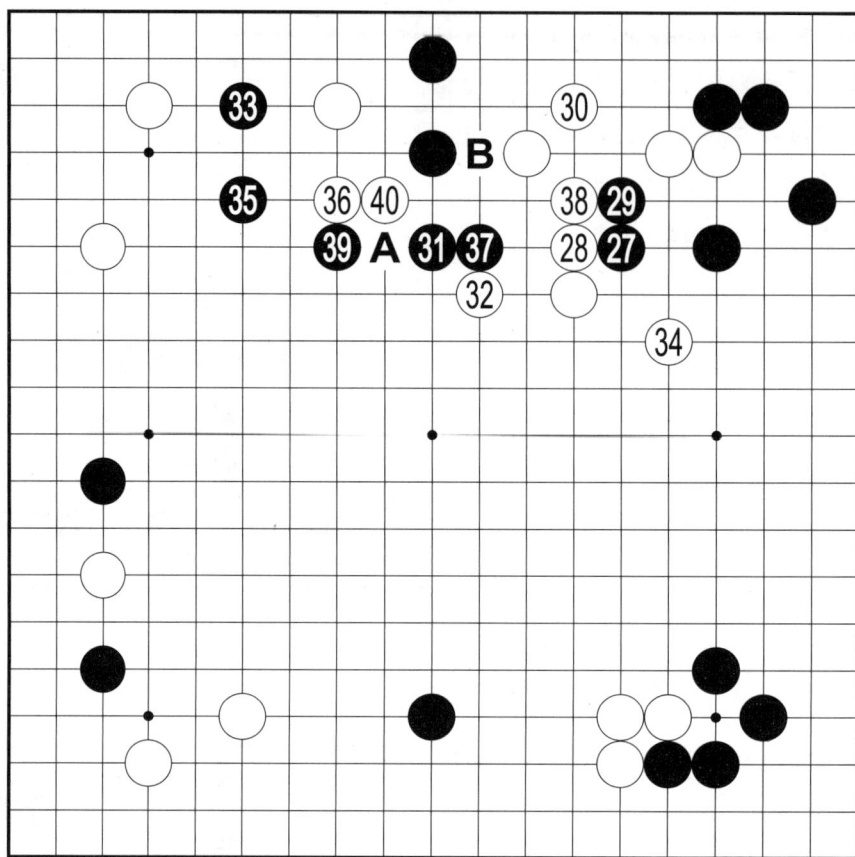

第 3 谱（27—40）

黑 27、黑 29 破坏白形，白 30 尖，连接的同时将两块黑棋分开，似乎过于强烈，若在 31 位镇头或更从容。黑 31 跳起堂堂正正，白 32 防守，如被黑棋走到此处，白棋 38 位的弱点便显现出来了。

黑 33 打入，黑左可托角入侵，右可从二路渡过，总之是不错的一手。白 34 阻止黑棋在右边成势，也是好棋。两人在上方煞费苦心，弈得精妙异常。

黑 35、白 36 各自跳出，黑 37 与白 38 交换后，黑 39 将白棋完全盖住，白 40 长瞄着黑形弱点。此时，黑大致有 A 位粘与 B 位双的应对，坂田荣男面临抉择。

白1长时，黑2挡最为厚实，以下白3二路渡过，黑4跳是严厉的反击好手。接下来白如6位挡，黑在A位顶，白在B位挡，黑再于5位顶，粗俗有力，白已无法再挡住。

所以白只有在5位顶，黑6挡，白7、白9冲断黑棋，黑14飞补后，白在C位跳或D位抱吃补厚，局面都呈两分。

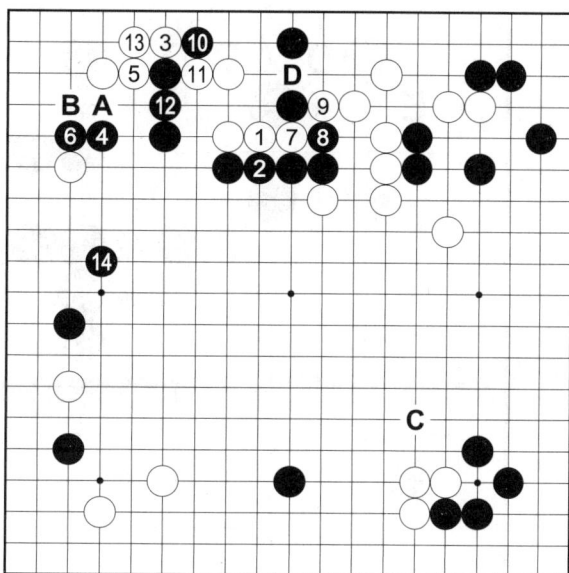

变化图 3-1

黑如2位顶，白可考虑白3、白5扳完打吃，黑6二路渡过取实地，白9、白11飞出后，局面焦点又转到了下方。

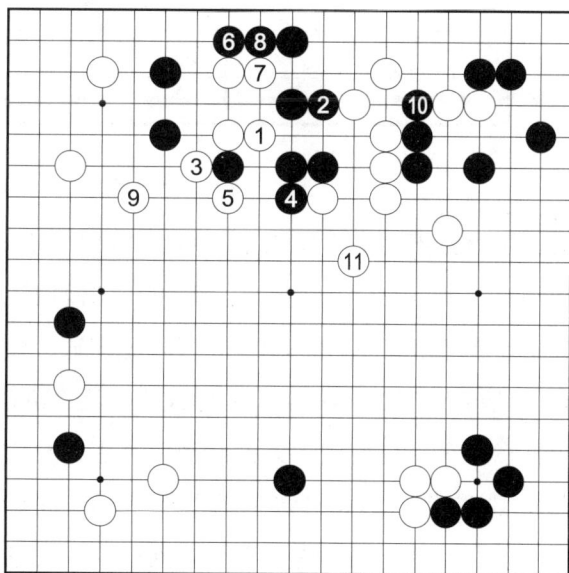

变化图 3-2

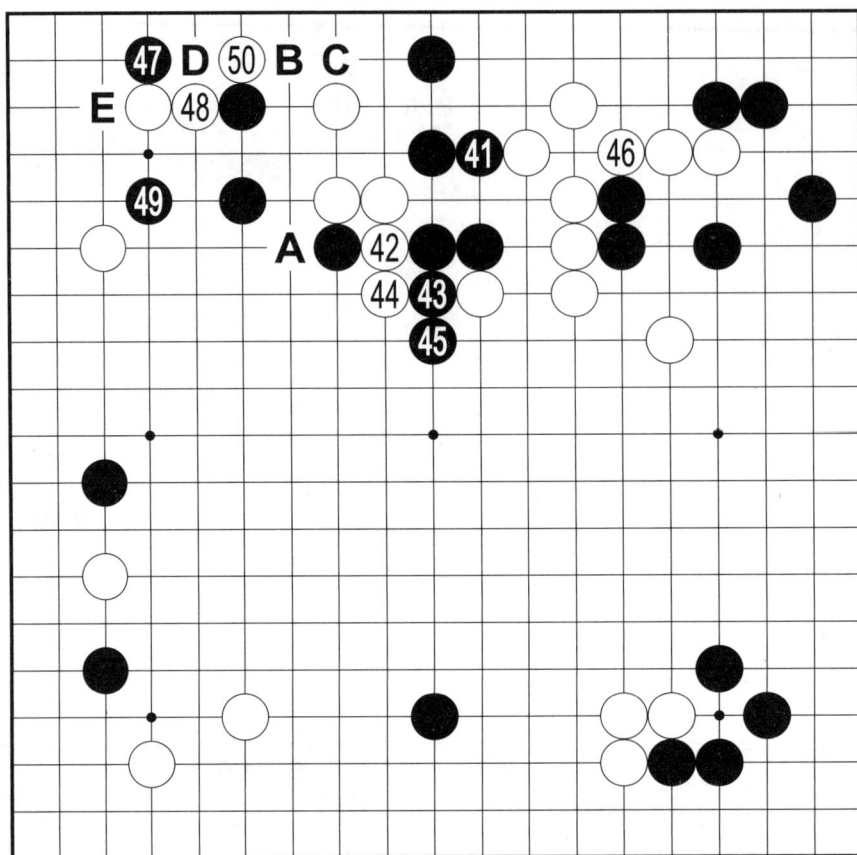

第 4 谱（41—50）

黑棋并不愿舍弃黑二子，黑41将黑子全部揪出作战乃坂田荣男棋风使然。
以下白42、白44与黑43、黑45一齐冲出，白42如在A位扳亦可。白46
在B尖紧要，如黑挡，白已先手阻黑连通，如黑走外围，白有随时连回的后门，
自然从容。实战白46挡，白棋大块已活，价值诚然不小，但黑如从C位渡过，
上方白五子立马变成"无根之草"，黑在左边作战将会有利许多。

黑47靠，这是"剃刀流"的变招，此后角上势必会变成难解的接触战。
白48顶，好手！如此充满着AI意味的手段，在那个年代除了吴清源再无第二人。

一般来说，这一手凑黑棋挡的下法绝对不肯出手，黑若挡，白就简单在
E位退回，黑两处断点颇难处理。思来想夫，坂田荣男黑49跳，想法与变化
图3-1相同，白50扳回必然。

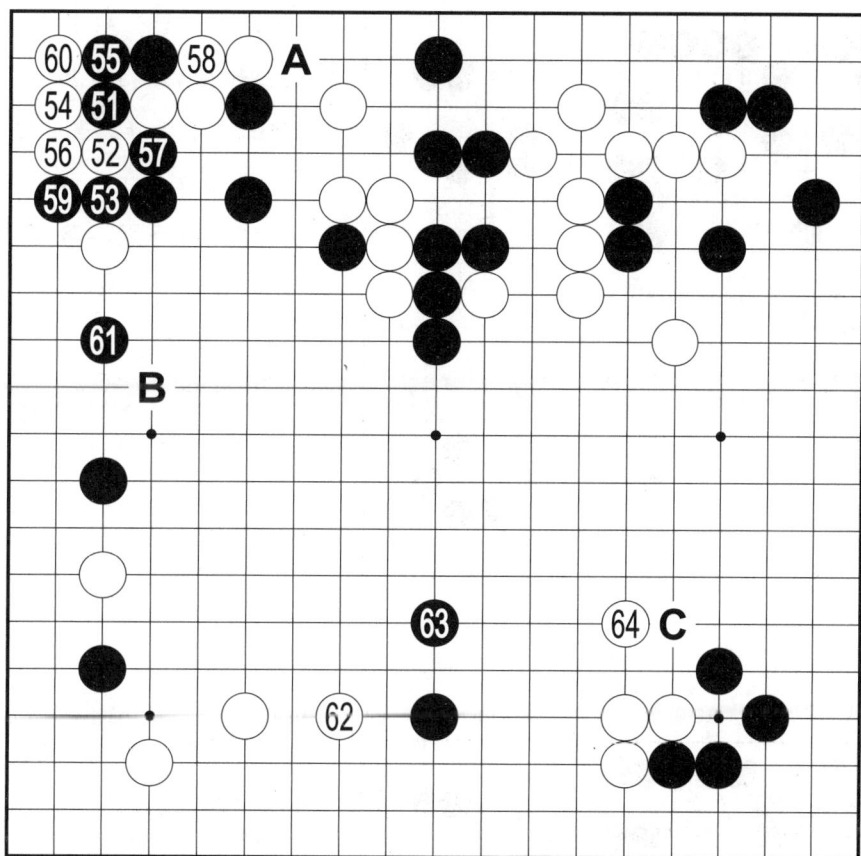

第 5 谱（51—64）

　　从黑 51 扳开始，坂田荣男已定下了弃子取势的构想，两人在角里的应对紧凑而激烈，至黑 59 挡，黑先手封锁再 61 位拆补，双方形成有趣的转换。

　　不过，白棋吃住角部，中间白棋也变厚了。黑 61 补后，黑空稍扁，如在 B 位飞补也许更为充分。不过因为上方白棋厚实，黑空仍有余味。事实上，即便黑 61 补得如此坚固，依然有白在二路夹的手段，从这个层面来说，转换无疑是白棋便宜。

　　过程中，黑 57 可能是疑问手，AI 建议，此际黑在 A 位扳更为强烈，如此对边上白五子构成更大威胁。

　　左上告一段落，白 62 先逼，黑 63 跳出后白再顺调跳出，不啻为顺畅好调。白 62 还可从 C 位跳，紧紧压迫右边黑棋，对下方边星黑孤子施加压力。总之，上方战斗白两块皆厚，已打开局面。

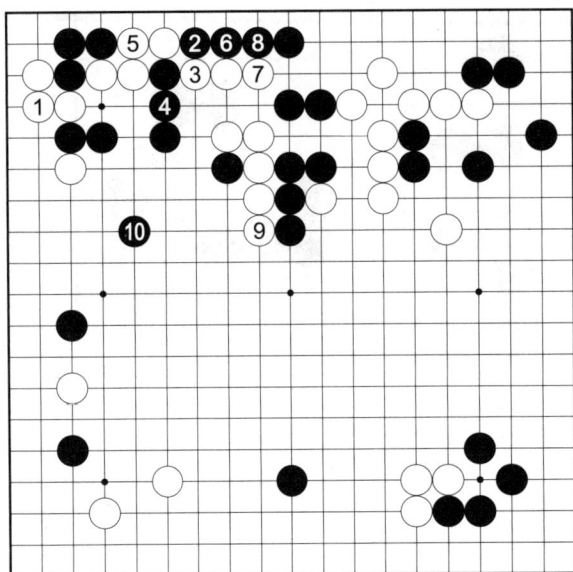

変化图 5-1

白1粘后，AI推荐黑2扳下，白如在5位粘则黑在3位粘，白边上五子变薄，当然黑好。

所以白3打后白5粘是必然下法，以下黑二路连通后，白棋中腹免不了被攻。

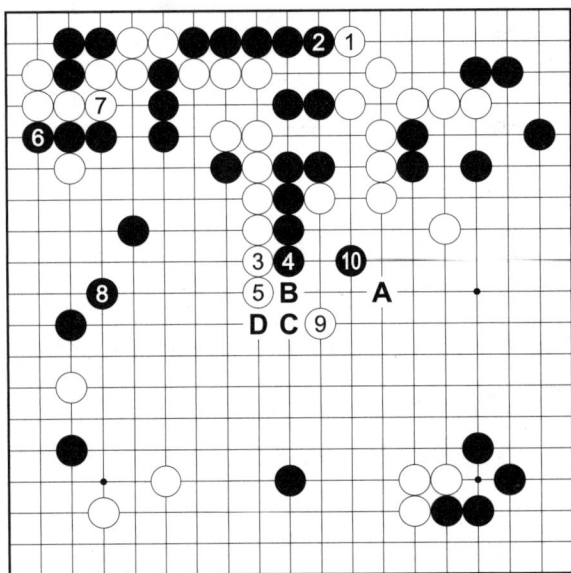

変化图 5-2

接上图。白1与黑2交换后，再从中腹长出，之后黑6挡依然是黑棋的先手权利，之后黑8尖补。与实战相较，黑棋上方一带厚薄完全不同。

白9飞中腹争头，黑10跳出后，如白在A位飞罩，黑在B位冲，白在C位挡，黑在D位断后，中腹将形成激战。

白 1 从右边跳出积极，黑
2 如拆，白 3、白 5 先挤再立，
接着从 7 位靠出，步调积极。

以下，白 11 逼黑子，黑
12 跳出后，白 13 中腹飞出，
上下缠绕攻击黑棋，白棋善战。

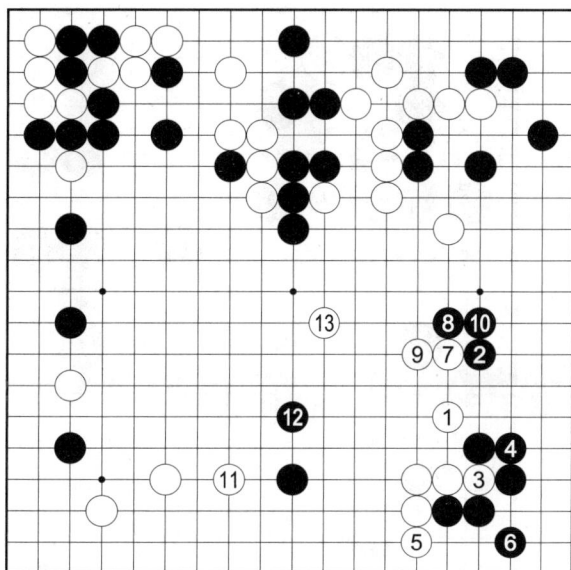

变化图 5-3

白 1 跳，黑 2 冲断，白亦
不惧，以下白 11、白 13 飞跳
联络，全局白棋通厚。即便黑
14 抢先开拆，白也可利用黑棋
上下两块做文章，本图白棋同
样主动。

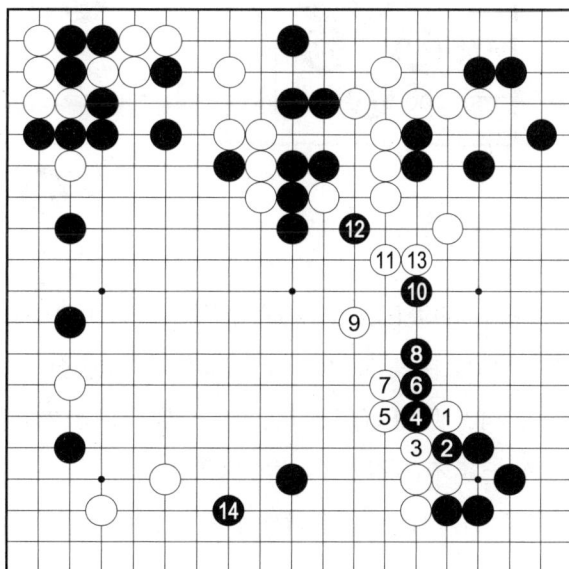

变化图 5-4

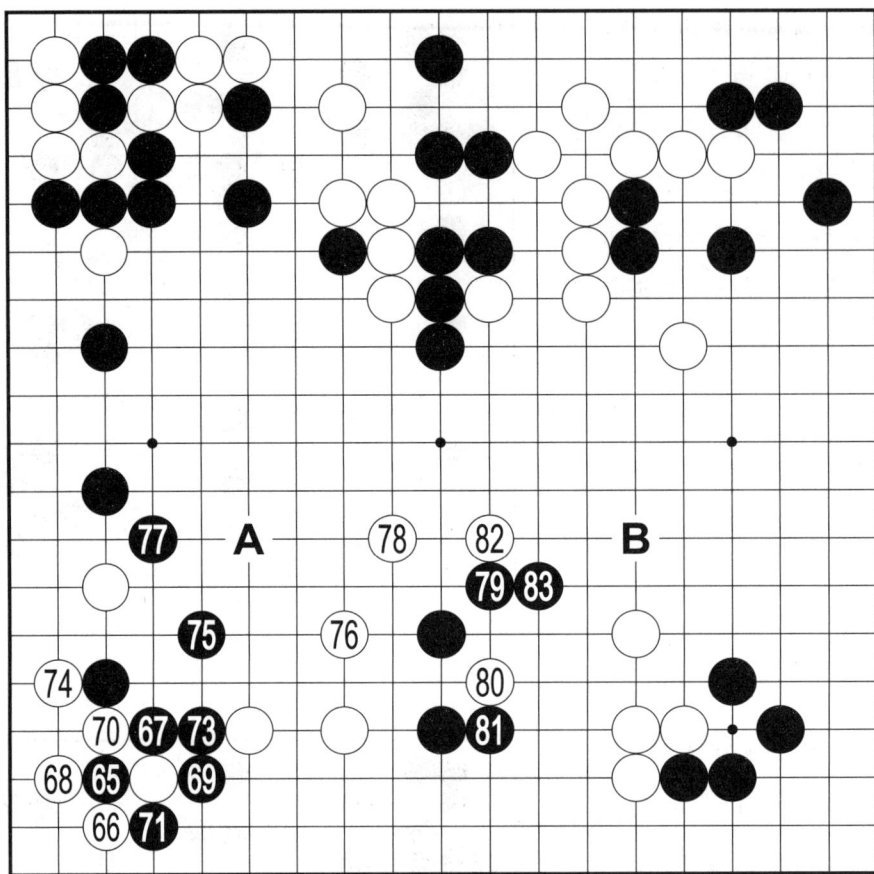

$$72 = 65$$

第 6 谱（65—83）

　　执黑的坂田荣男从开局伊始，一直发动着攻势，但攻击都被吴清源一一化解。黑 65 在角部靠入继续缠斗，白 66 扳后从 68 位打是吴清源的积极手段。至白 74，白棋再得一角，下方白二子虽然被黑分隔，但黑自身也变薄了。黑 75 跳起后不得不在 77 位尖补联络。

　　白 78 飞镇，一面对黑棋施压，一面遁入中腹消解黑势，同时也将自身走畅。这一带白棋弈得行云流水。

　　黑 79 尖补，白 80 刺后再白 82 靠，黑 83 只有退回忍耐，黑如扳则白退，中腹黑七子的薄味尽显。接下来，白无论在 A 位跳补还是在 B 位跳出头，都是白棋活泼明快的局面。白棋盘面不差，充分可战。

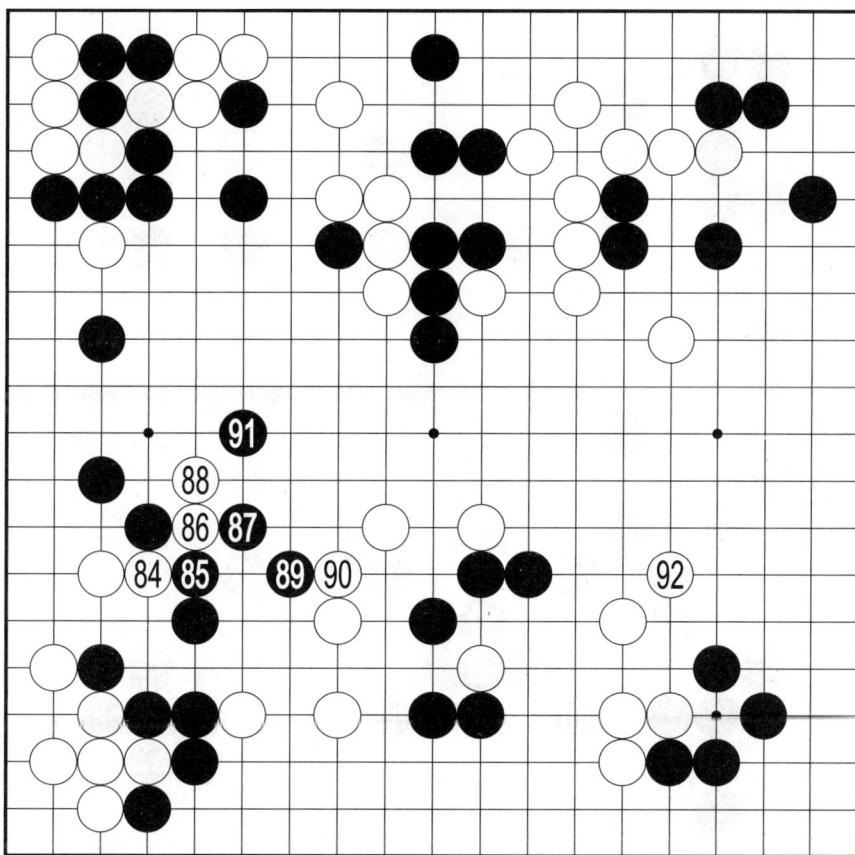

第 7 谱（84—92）

白86、白88在黑空中留下余味，黑89虎后，白90挡，白棋顺调补住断点。

白92尖出，白棋自身得到了处理，同时瞄着封锁下方黑五子和右边跳下。

风平浪静的局面下，坂田荣男正准备着一系列伏击。

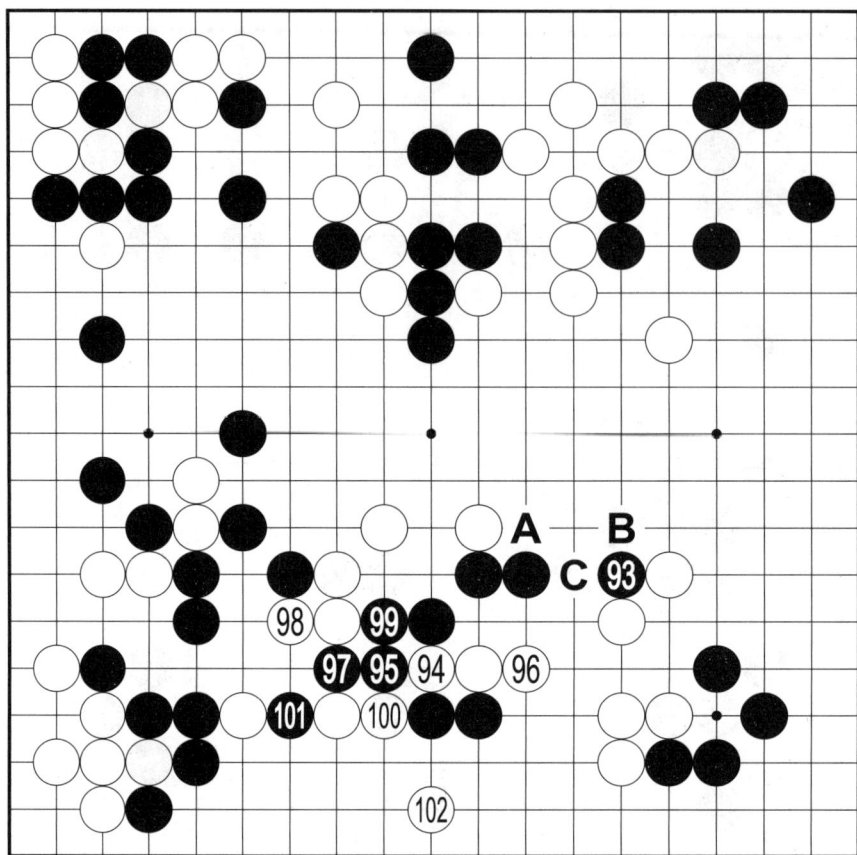

第 8 谱（93—102）

　　黑 93 挤是坂田荣男刁钻的手段，左右两边白棋都未活净，黑棋围绕中腹白棋薄味大做文章。黑 93 一般是在 A 位拐，白长，黑在 B 位跳，但当前黑棋目数紧张，这一带非得走出究极手段才能一争胜负。当坂田荣男弈出黑 93 这一手时，据说当时在研究室内，许多观战棋手竟以为是记录员记错了棋谱。

　　白 94、白 96 冲击，黑 97 反冲严厉，白 98 拐厚实，白 100 断后，黑 101 挖几乎是只此一手。

　　对于坂田荣男施出的黑 101 单挖强手，吴清源以巧手回应。白 102 二路飞是 AI 的首要推荐。这是吴清源自豪的一着，也是黑二子的眼位要点所在。白棋此手一出，黑二子已无法动弹。

　　黑1拐最为简单，也是当下局面最简捷的应对。

　　以下黑将右边走畅，白棋上下连回，黑再争到9位拐头，黑棋各处孤棋都得到了安置。关于右下一带，白大块看似危险，但黑角有许多借用，双方皆能活棋。至此，将形成细棋局面。

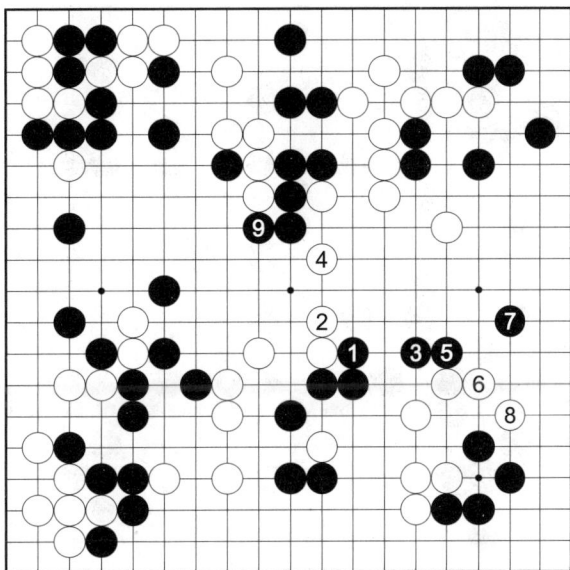

变化图 8-1

　　黑挤后，白如1位打是最易想到的下法，至白9尖后，双方互相牵制，中腹一带危机四伏。

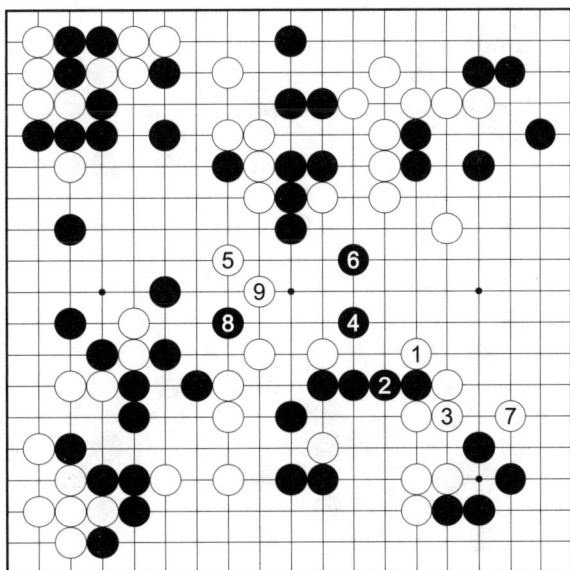

变化图 8-2

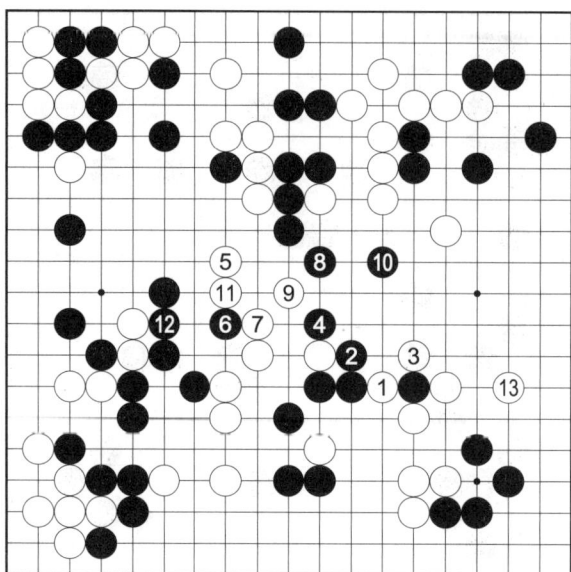

变化图 8-3

白从 1 位打，则又是另一番气象。黑 2、黑 4 顺势拐后打，白打拔一子后在 5 位飞寻求联络。

最终，中腹的重重危机和平解决，黑白上下两块皆得到连通。

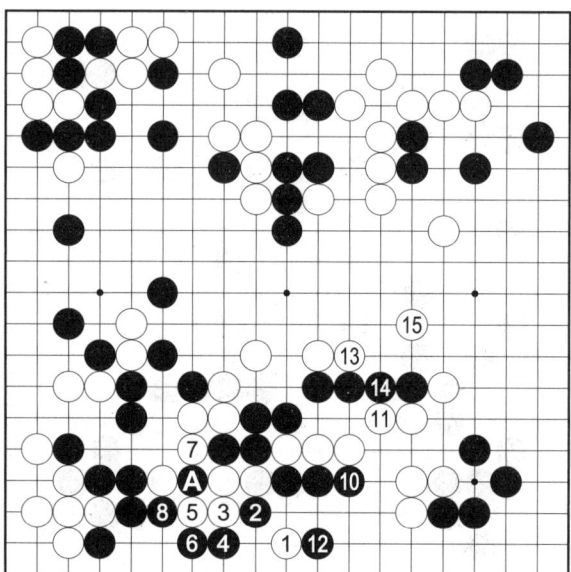

⑨ = Ⓐ

变化图 8-4

白 1 飞，看似白形有漏洞，却又防守得恰到好处，这是此手的巧妙之处。

黑如不管不顾地从 2 位滚打，至黑 8 看似心情畅快，黑 12 补后，白 13、白 15 重兵封锁，黑数子被擒。这样的转换对黑棋来说断然不行。

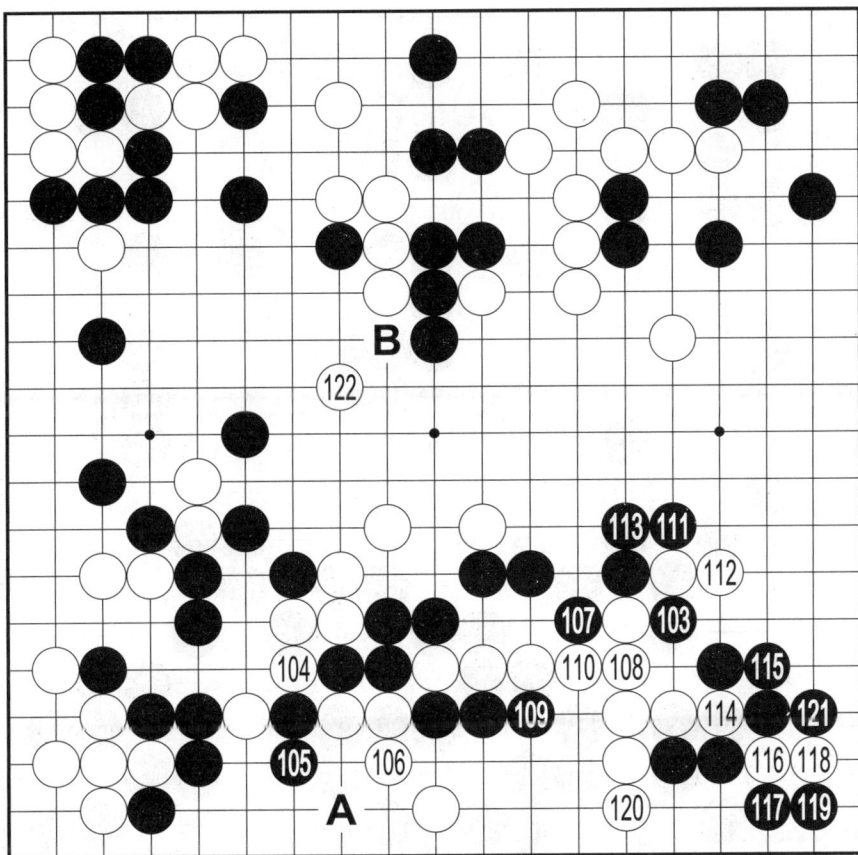

第 9 谱（103—122）

黑 103 扭断，坂田荣男急于求战的心态跃然盘上，此前挤在此处的黑子也是瞄准了分断的手段。白 104 打后白 106 接，黑棋已被分断，中腹黑棋的攻击效果便大打折扣。黑 103 如在 104 位粘的话，白须在 A 位补一手，黑争到中腹 B 位拐头，黑较实战要厚实不少。

以下右边战斗下法几乎为"一本道"，黑 109 看似多送一子，实则暗藏心机。敏锐的坂田荣男意识到下方白空里潜藏着手段。白 114 挤后得到 120 位立的先手，再回手 122 位联络中腹白几子，上方黑龙也被封锁。从行棋调子上看，无疑是白棋生动。但黑右下获利也不少，此时盘面十分接近。

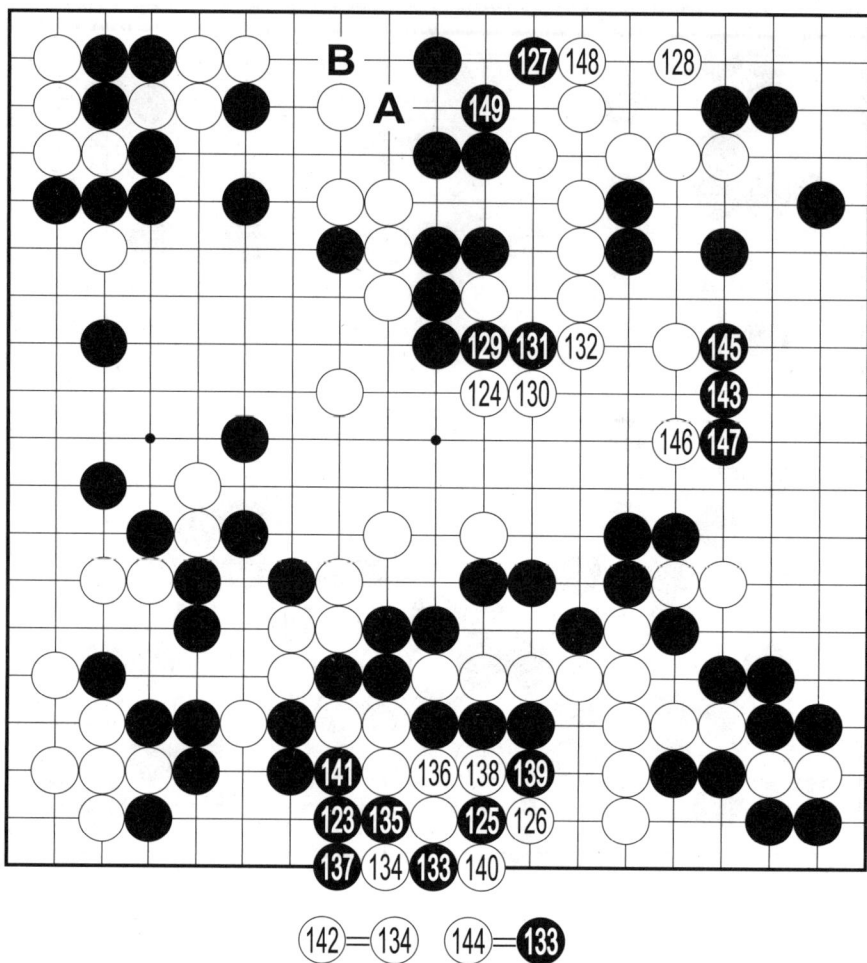

$$（142）=（134）\quad（144）=⬤133$$

第 10 谱（123—149）

黑 123 尖后，下方白空残留的味道凸显出来，白若在 135 位团补棋，此时白盘面稍稍领先一些，平稳进行黑不好争胜。此时吴清源弈得顺风满帆，白 124 跳欲对上方黑龙发动总攻。黑 125 靠作试探，随后黑 127 至黑 131 先补上方，接着黑 133 一路扳，图穷匕见，下方形成劫争已不可免。

因为此劫白重黑轻，黑棋在打劫过程中护住右边即得利不少，黑棋收获颇丰。回过头来看，黑在上方行棋时，白始终有机会回补下方。

白 148 应在 A 位先挤压黑棋眼位。白 148 挡后白 128 一子变得用处不大。不过有意思的是，在终盘阶段，白 128 这一手却成了反败为胜的"奇兵"。黑 149 也应先抢 A 位尖顶，待白 B 位立后，黑再 149 位虎，如此厚薄和目数较实战都相差不少。因黑 149 的失误，以后白在 A 位是先手，黑棋官子被利。至此，白棋下方虽劫争亏损，但好在"本钱"够足，目前盘面依然领先。

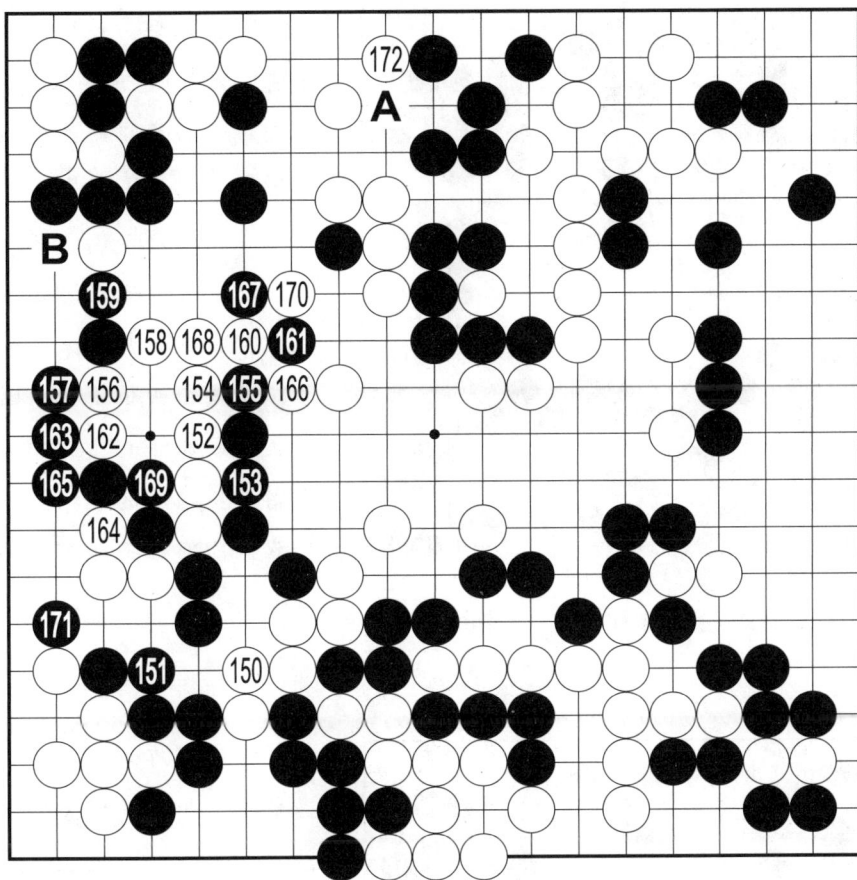

第 11 谱（150—172）

　　既然黑棋没有抢先在 A 位顶，白即当仁不让抢占此处，逼黑两眼做活。如此白将先手获益不少，再从左边出动，这样盘面白棋稍好。

　　白 150 粘与黑 151 交换，时机稍不如前，原因有二：首先黑棋下方不用补棋（黑没有在二路尖到时，白 150 粘是先手），其次黑 151 粘后，以后黑 169 粘就生出了 171 位扳的后续手段。

　　白 152 动出左边空中二子，伏兵出击！这是此处一直留有的手段，至白 164 打，双方几乎为必然下法。不过，局面的转折点也在此时出现，黑 165 粘时，白只需提吃黑一子即可，如此黑空被破，黑实难逆转。

　　实战吴清源拼得更为激烈，想通过白 166 至白 170 打吃连回后封锁上方，对黑大龙施展更强烈的手段。黑 171 扳下吃住白三子，先将实地收入囊中。白 172 顶后，局部黑棋无法做成两眼，只能依靠劫争求活，好在中腹一带黑棋本身劫不少。如此处黑棋成活，算上 5 目贴目白棋目数已经稍差，坂田荣男在危机中竟不知不觉反转了局势！

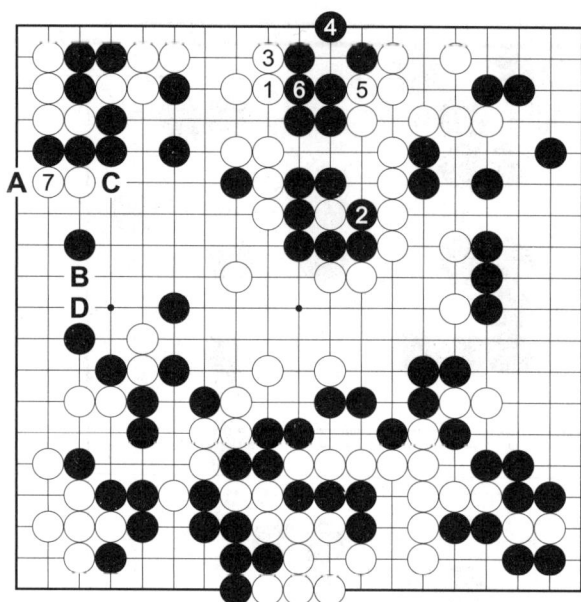

变化图 11-1

上方定型，如外围走厚，
虽有实战白172顶的强烈手段，
但白棋没必要拼得这般强烈，
如图白1刺，逼黑棋两眼做活
即可。

以下白再从左边进行官子
收束，白7先夹试探黑态度巧
妙，如黑在A位下扳，则白在
B位靠腾挪；如黑在C位上挡，
白留有一路渡的后门，先在D
位靠下连通二子即可，如此白
将乐胜。

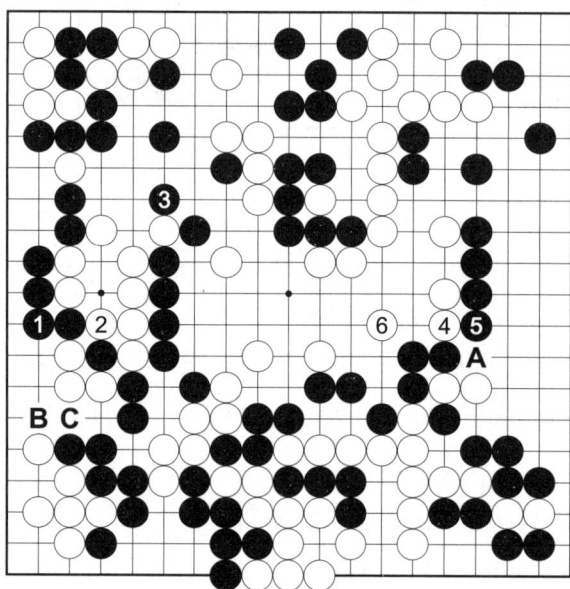

变化图 11-2

实战黑在1位粘时，白2
提紧要，即便被黑3打亦不足
惜，上方白棋如能抢到上图收
束方式，自然满意。以后，白
在A位断，黑还需收气吃，苦
不堪言。另外，以后黑在B位
扳，白在C位断，白棋连通并
无问题。

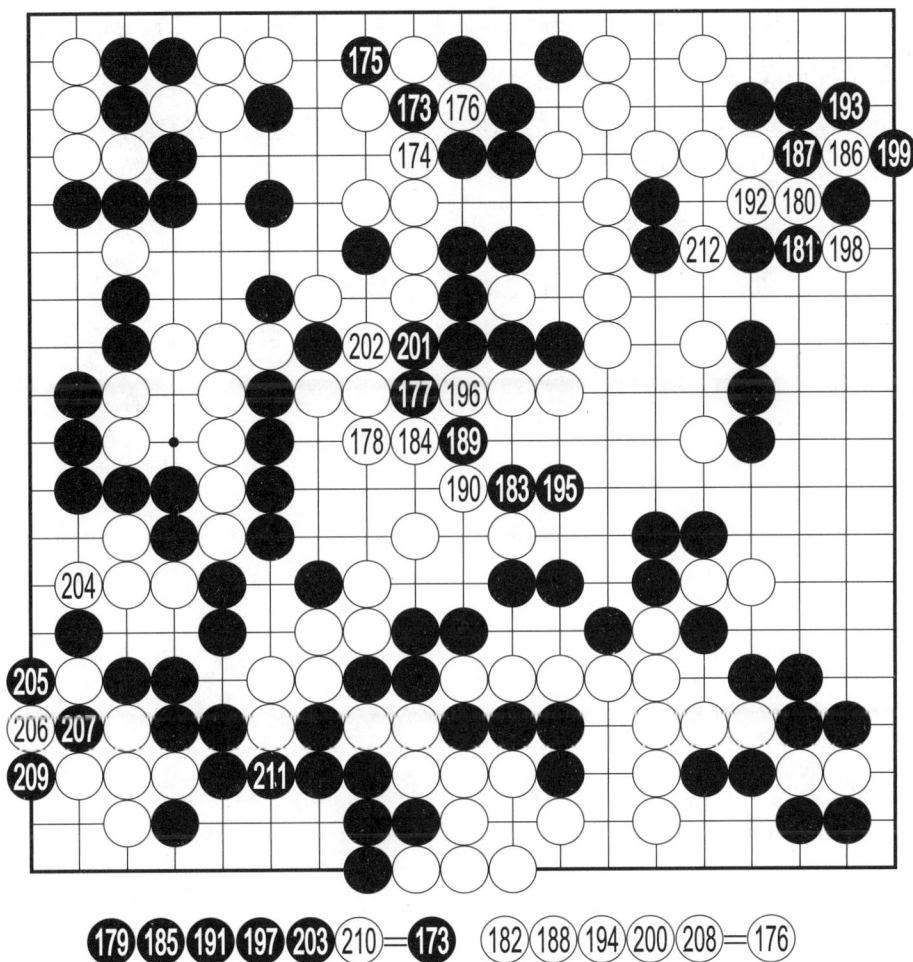

179 185 191 197 203 ⑩=173　182 188 194 200 208=176

第 12 谱（173—212）

局面一波三折，战斗至此，白非得开劫不可了。黑 173、黑 175 必然，挑起上方的大劫，坂田荣男胜算在胸，且气势汹汹。因中腹白形薄弱，白棋陷入苦战。

回头来看，白棋此前抱吃中腹一子，得到开劫机会，但黑吃得左边三子获利不菲，相当于黑大块虽有危机，但压力却在白棋一方。本来盘面接近的局面，白棋左边三子被吃后，白棋目数一下子就落后了，现在劫争成为影响全局的胜负处。

打劫过程中，双方应对精准，白 180、黑 183 一带都是好劫材。白 204 是吴清源施出的苦肉计，因黑棋本身劫充分，白棋劫材不足，白棋只得在此处做成连环劫与黑棋对抗。

在研究室里，吴清源的弟子林海峰也在盘上拼命研究，他表示即使黑弃掉上边而吃掉白左下角，也可获胜。

黑207、黑209果断消劫，白208粘劫后形成转换，劫争终于告一段落。黑209提子有必要，白212是最后的大官子。

劫争后形成大转换，局面黑优。

此后，局面正式进入收官阶段。此时志在必得的坂田荣男已进入读秒，而吴清源还剩下1小时左右。坂田荣男没有时间精确点目，在后半盘屡屡出错，在催人的读秒声中疲于应付，最终双方走成了奇迹般的结局。

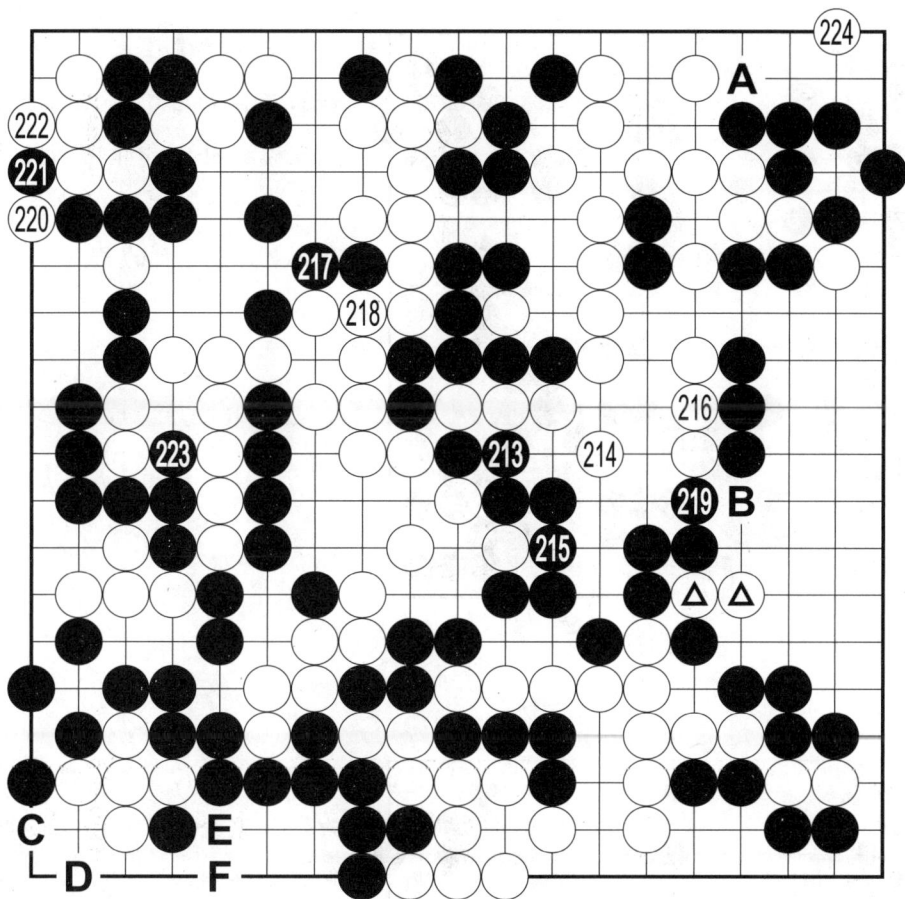

第 13 谱（213—224）

黑 213、黑 215 拉回一子，凑白 214、白 216 的好步调，这两回合交换，坂田荣男亏了不少目，也成为黑棋后半盘出现失误的开始。事实上，黑 213 从 216 位冲即可，白不会在此成目，而交换过后黑还得顶在 219 位，不然白在 B 位扳，白△两子将大放光芒，黑空中味道很恶，如此相当于黑落了后手，还凑白棋成出目来，黑棋亏约 4 目。

之后，白 224 大飞和黑在 A 位挡都是双方必抢之处。白如走到 224 位飞，将是黑盘面 5 目左右的局面，算上贴目刚好平空。实战白 220 扳时黑 221 扑，白 222 应抢 224 位大官子，白 222 提后黑如抢到 A 位将盘面好 7 目左右，几乎胜定。

此时，坂田荣男走出令自己终生遗憾的漏招——黑 223 冲，此手只有后手 4 目。吴清源终于抢得右上白 224 大官子，这一手不仅大，还关系到角上之后的官子收束。坂田荣男在此处官子吃尽苦头。值得一提的是，左下角白棋没有手段，白如在 C 位打，黑在 D 位点，白在 E 位打，黑在 F 位打即可，黑一路"硬腿"起了作用。

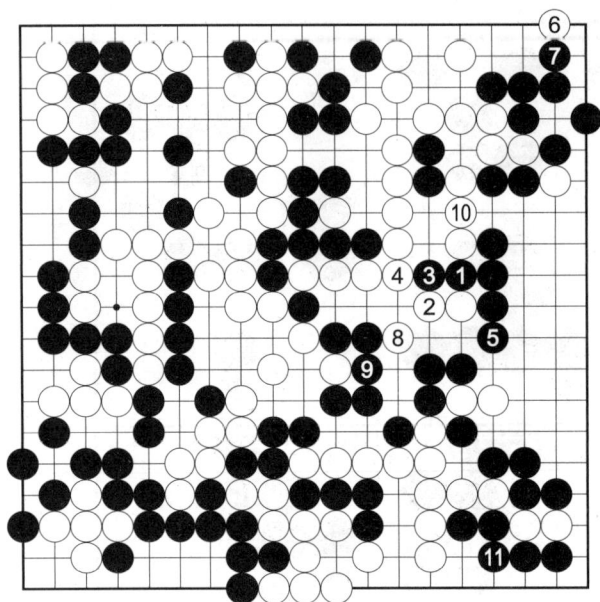

変化图 13-1

实战黑棋在 1 位冲是官子好收束，白 2、白 4 退回后，黑 5 稳稳补上，即便白抢到 6 位大官子，至黑 11，将是黑棋盘面 7 目至 8 目的局面。

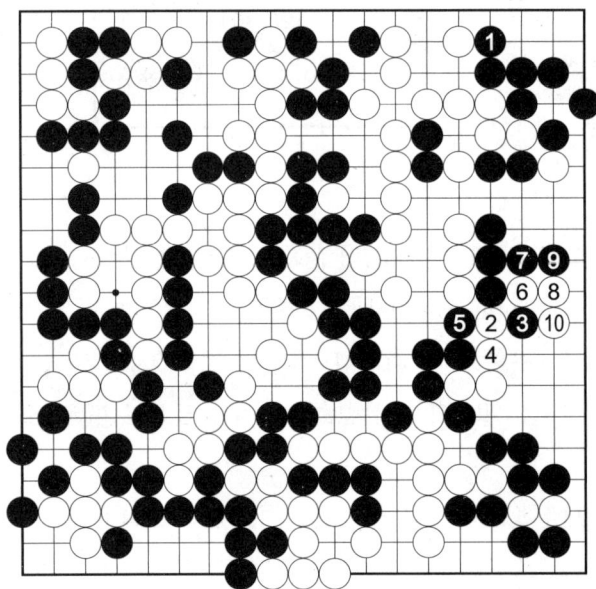

変化图 13-2

实战黑在 5 位补棋不得不为。如黑抢 1 位，白 2 扳将令黑棋无法阻挡。以下黑 3 扳，白 4 接后再 6 位断，严厉无比，黑已疲于应对。

接上图。至白8，白顺势吃得黑四子，黑还得收气吃白棋，局面黑棋已一落千里。

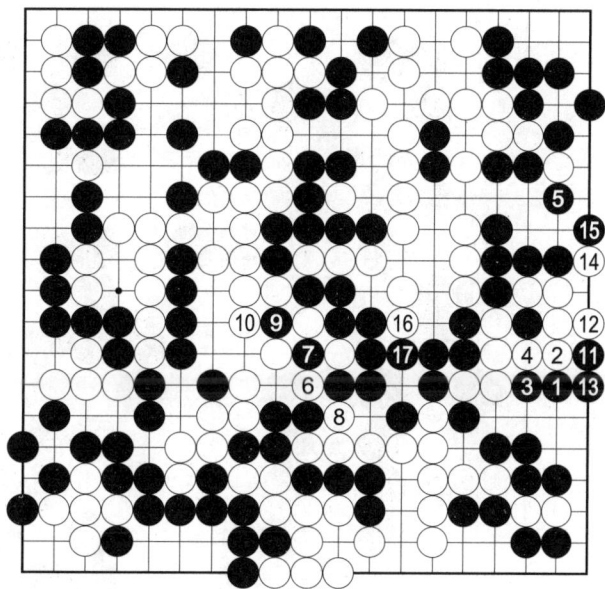

变化图 13-3

白1扳，黑2如断，白3至白9是必然下法，黑10飞入破眼。白长足气后继续开始收气，黑要应劫还得收气，真是生不如死。所以实战黑只得顶住补棋，皆因未走出变化图13-1的下法，这是坂田荣男在后半盘优势时未能赢下的原因。

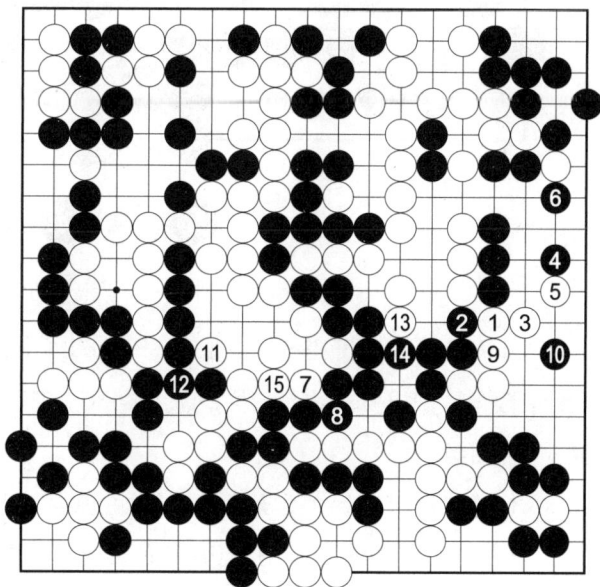

变化图 13-4

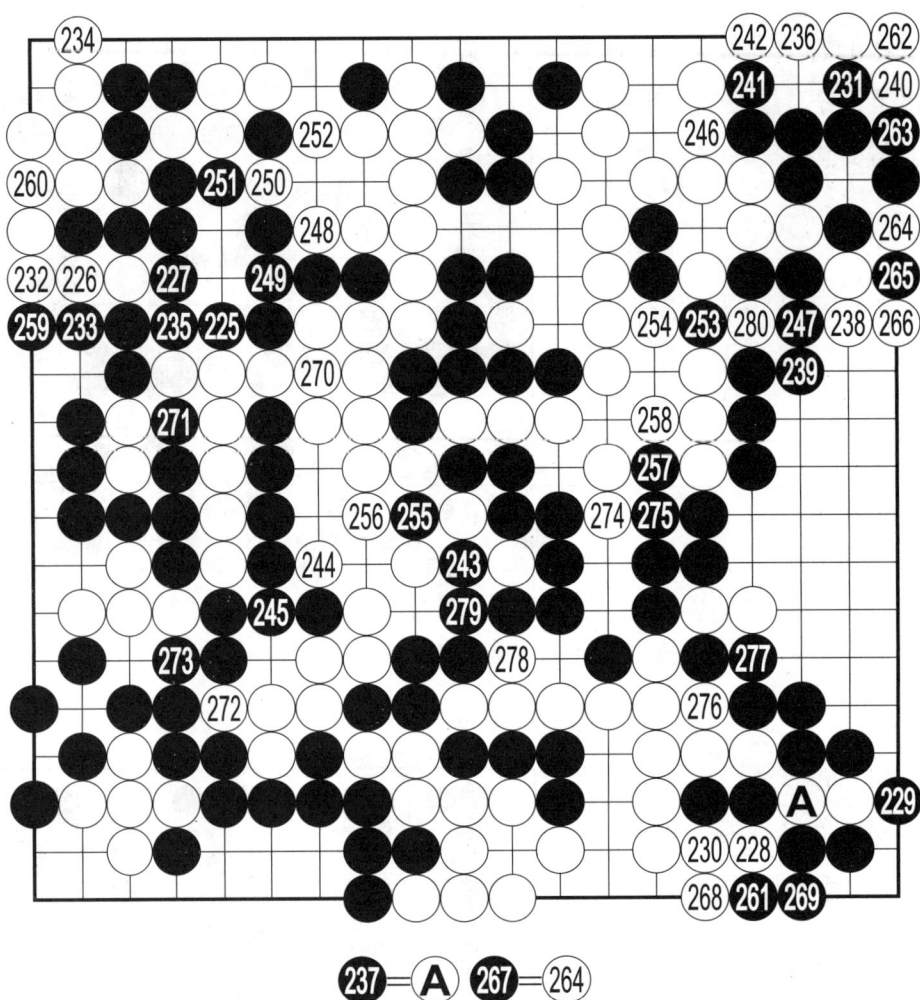

第 14 谱（225—280）

白 240 巧妙，这也是此前白飞的后续手段，读秒声中的坂田荣男经历着被搜刮的痛。白 246 粘时，黑 247 不可省，白 248 打时，黑走 249 位和 250 位粘价值相当。

本谱双方尽善尽美，最后黑棋盘面 5 目，恰好平空。

据说当时终局时，坂田荣男没有马上计算胜负，而是不停说着损失太大，可能输掉，说话声音很小，浑身没有力气。许多观战者问藤泽朋斋谁好一点，他歪着脖子没有回答。结果是和棋。

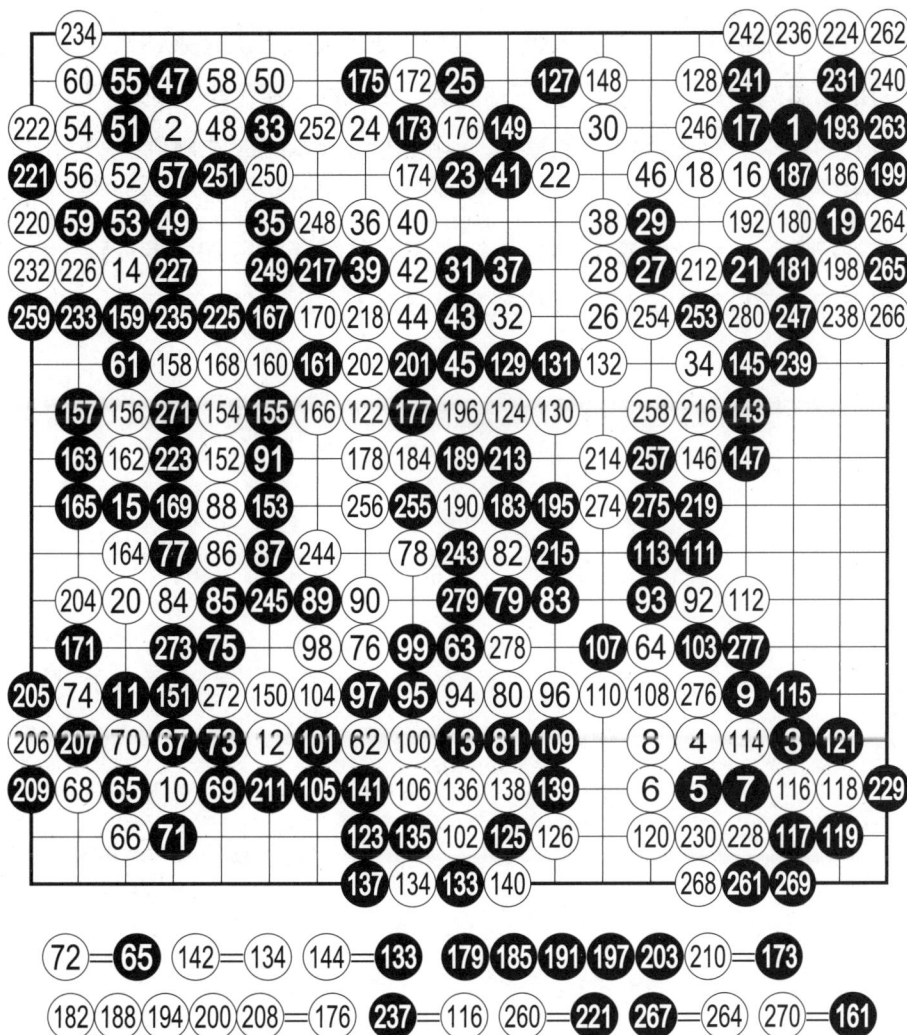

总谱（共 280 手，和棋）

这一局，与其说是坂田荣男遭遇吴清源追击而被追平，不如说是吴清源在优势后用力过猛而造成危机，之后再顽强追成平局。

藤泽秀行输给桥本昌二，而吴清源与坂田荣男弈成和棋。按照当时先走一方要贴还给对方 5 目的规定，执白和棋的吴清源应算是获胜的一方。这样，吴清源与藤泽秀行都是 9 胜 3 败。但按照比赛前宣布的另一条规定：和棋胜要逊于正常取胜。因此，最终结果是藤泽秀行戏剧性地获得了首期"名人"称号。

尽管盘上以和为贵，对于两人却都是最坏的结局。

令人遗憾的和棋无情地粉碎了吴清源和坂田荣男两人共同的梦想。据说在当天夜里，坂田荣男死活无法入睡，并数次突然从床上跳起来，大叫："这盘棋真的是和棋吗？真的是和棋吗？"而吴清源心中的落寞可想而知。

两人的不幸正是藤泽秀行的喜讯。当晚败给桥本昌二的藤泽秀行本已陷入绝望之中，带着满腔懊恼与痛悔，一头扎进小酒馆里喝得酩酊大醉。夜半时分，坚守在赛场的记者们终于等到结果，新"名人"藤泽秀行却寻偏无踪。急于发稿的记者们最后总算在凌晨时分找到几乎已是不省人事的藤泽秀行，完成了新"名人"采访记。

镌刻着这样神奇与经典的胜负，成为永恒流传的经典，被人们传载记忆，成为二十世纪的传奇名局之一。

第七章　漫笔师徒绘锦谱

"名人战"与林海峰的"师徒对决"

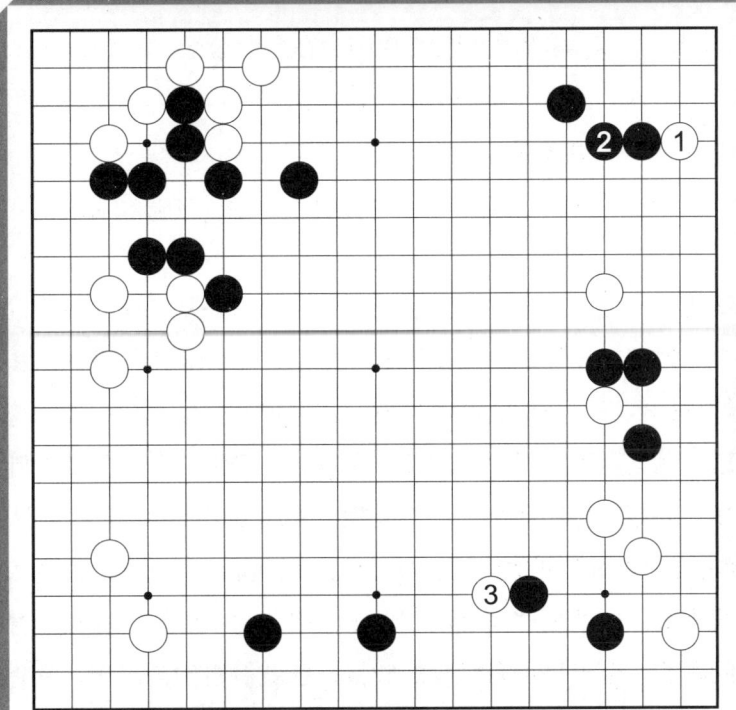

林海峰　吴清源

- 世人皆道木谷实九段门下群英荟萃
- 而吴清源大师的弟子亦是冰雪常青
- 看到乃师精湛绝伦的战法和赏心悦目的手段
- 少年心中，也将燃起对棋艺至臻追求的火焰

1952 年 8 月，对吴清源九段的欢迎会在台北公会堂举行。这次欢迎会规模之大，约有上千人。除了授予吴清源九段"大国手"称号，吴清源九段和十岁少年林海峰对弈一局是重头戏。

这是一盘让六子对局，也正是这一盘棋，让少年林海峰走上了职业棋手的道路。

林海峰出生于上海，6 岁随全家迁居至台湾省并从父学弈，自幼便表现出围棋天赋，被誉为"神童"。在吴清源赴台之前，台湾省内的几大围棋高手就纷纷指导林海峰该如何下好与吴清源的这局让六子棋，这给少年林海峰增加了不少精神负担。这一盘让六子对局，吴清源全力以赴，最终以 1 目优势取胜。

这盘棋对海峰的打击不小，他由此生出对围棋的敬畏之心。当人们迫不及待地向吴清源询问林海峰的围棋水平如何时，吴清源认为就林海峰的天分和这盘棋的对弈情况来说，如果把林海峰送到日本学棋，将来成为职业棋士甚至升至六七段是没有问题的，至于是否有更高的成就，那就得看他自己用功的程度了。经过这一局的对弈，吴清源认可了林海峰在围棋方面的天赋，建议他赴日留学。

之后，林海峰便动身前往日本，很快便成功入段，入段 6 个月后晋升二段。之后，吴清源认为林海峰确有天分，便将他收为弟子。

"现在回想起来真是令人难以置信，当时我与吴老师的那盘让六子对局明明输了，吴老师却同意收我为徒。"林海峰回忆到，"非常敬佩吴老师对围棋事业的执着与热爱，吴老师对我的谆谆教诲使我受益终生，能入恩师门下实属有幸。"

经过十年磨砺，林海峰成为一流棋士，在弱冠之年打进了被称为"金交椅"的"名人战"循环圈。第四期"名人战"，林海峰一鼓作气抢去了坂田荣男的"名人"桂冠，成为日本史上最年轻的"名人"。此后林海峰成为日本超一流棋手，在日本围棋史上留下辉煌一页。

1963 年 11 月，第三期"名人战"，吴清源对阵当时七段的林海峰。在规格这么高的比赛中对阵，师徒间还是第一次。异国他乡，两人坐在紫檀木椅上对局，如此殊景，实为难得。

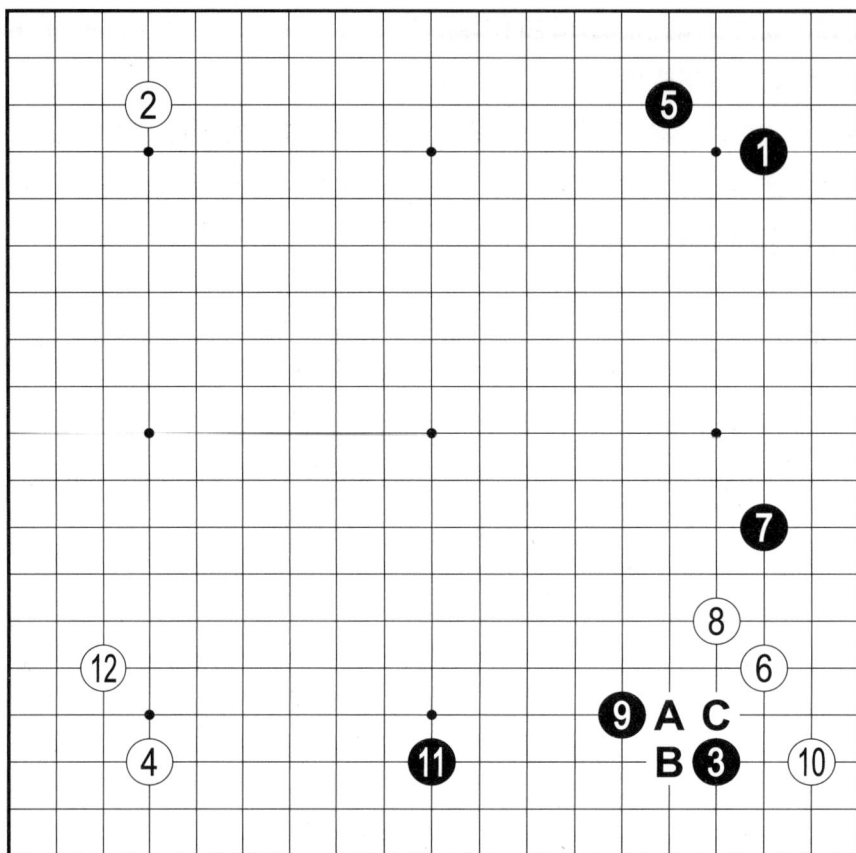

第 1 谱（1—12）

黑 1、黑 3、黑 5 定下坚实的调子，吴清源执白以向小目开局。棋手们经过对新布局几十年的摸索，行棋逐渐实用。白 6 低挂，黑二间低夹，对此白应以最简单且坚实的小尖。白 8 这手棋目的很明确，隔断黑棋的同时留有白 10 飞的后续下法，如此白自身已安定。不过在 AI 视角下，白花三手棋仅仅只是达到隔断黑棋和安定自己的目的，步调稍显缓慢。在此局部，白 8 在 A 位飞几乎为只此一手，接下来黑大致有 B 位爬和 C 位冲断的下法。

黑 11 拆边，白 12 小飞守角，以前热衷于大飞的吴清源也开始"务实"了。围棋理念如潮流一样变化着，如同"秀策之尖"一样，总会再次出现在棋手们的"武器匣"中。

白1飞压，黑爬后跳或飞出，如此白5象步飞瞄着压低黑棋，黑6靠针锋相对，以下白连压数手后再从下方飞下，做大下方模样与黑右边抗衡。因白有B位肩冲和C位托角的手段，并不惧怕黑右边的势力。

另外白5也可直接在6位镇头，如此黑在A位飞成简明变化。

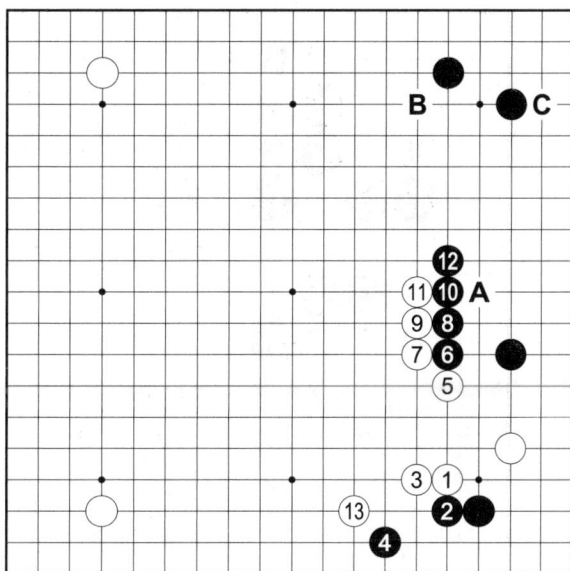

变化图 1-1

实战黑11如在7位拆更稳重。此处AI给人类带来了一种新的思维方式。

如图黑1先挂左下角，白2应后，黑再从3位飞，白4、白6贴出后，黑7再顺调拆边。外围黑三手棋与白棋的交换决然不亏。

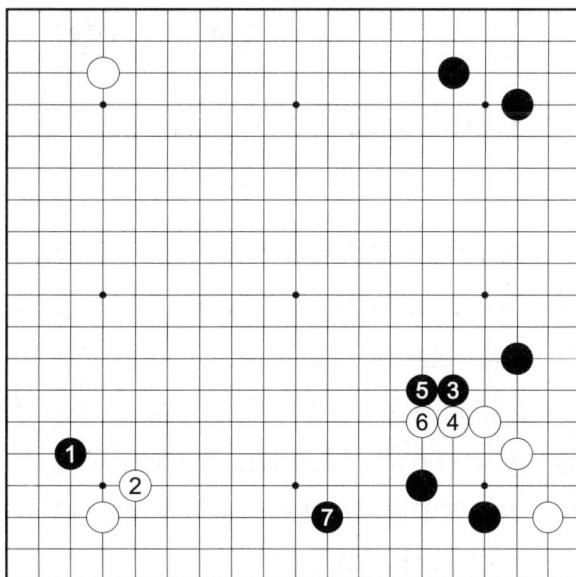

变化图 1-2

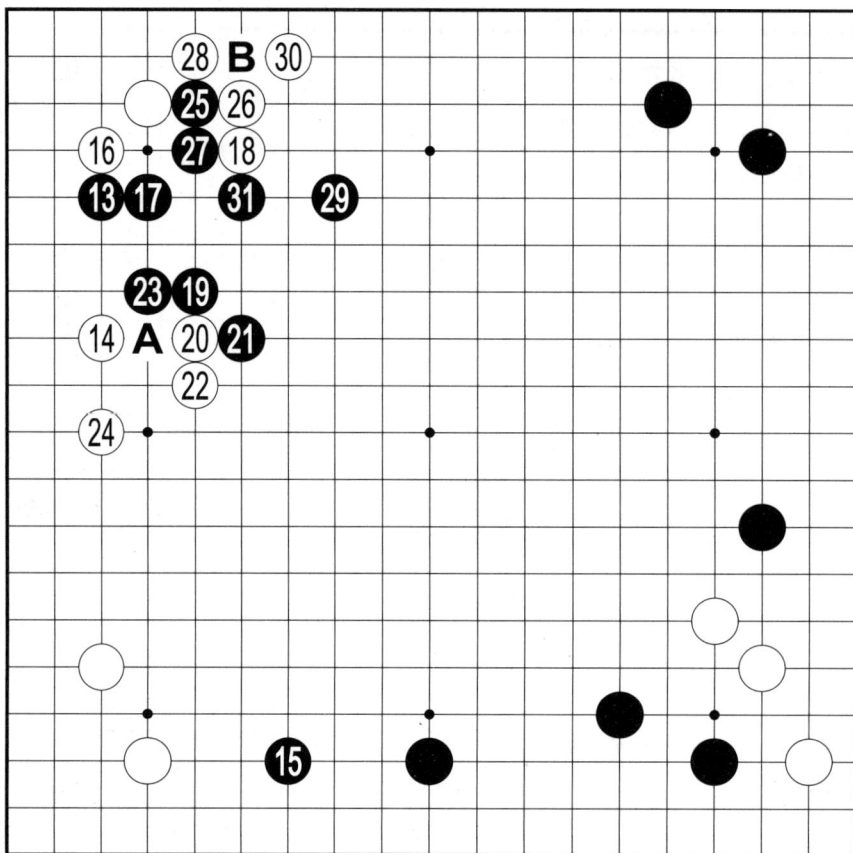

第 2 谱（13—31）

黑 13 挂角是全局最大处，白 14 继续二间低夹，黑 15 拆二虽是大场但稍显缓慢，在 27 位飞压更为紧凑。白 16、白 18 尖顶后飞攻，黑 19 飞是好形，白 20 靠，此时黑 21 外扳或 A 位挖皆可。

因黑棋厚实，黑 25 跨断严厉，白 26 夹住防守，黑 27 退，白挡后，黑普通在 B 位断作战。实战黑 29 跳姿态轻灵，白 30 虎住厚实，黑 31 挡后自身也获安定，但黑棋主动放弃求战的下法，让白上下通厚不说，还获得了先手。这一带定型无疑是白棋满意。

黑还有1位挖的腾挪下法，之后黑继续从5位跨下，白若6位挡作战，黑7断后再9位打，此后无论黑棋在A位立或在B位爬，都将形成激烈的战斗。

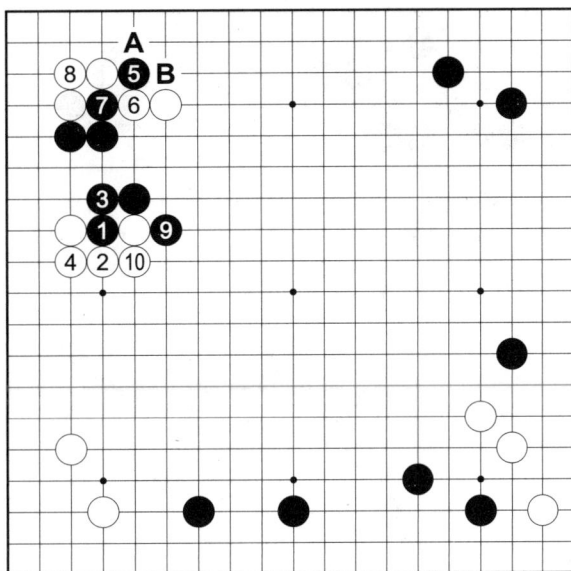

变化图 2-1

实战黑靠下白夹时，黑在1位挤是AI推荐的作战手段。

以下白2粘必然，黑3再强硬立下，白4、白6不得不为之，以下黑7断利用弃子封锁白棋，争得先手在17位飞。全局黑棋生动明快，与右边形成呼应。

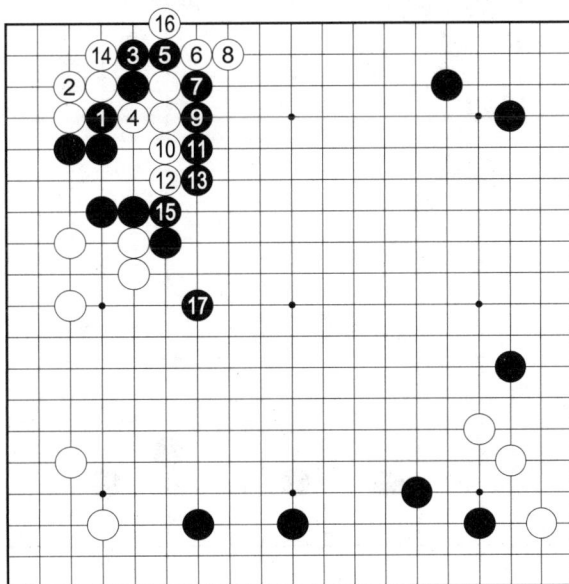

变化图 2-2

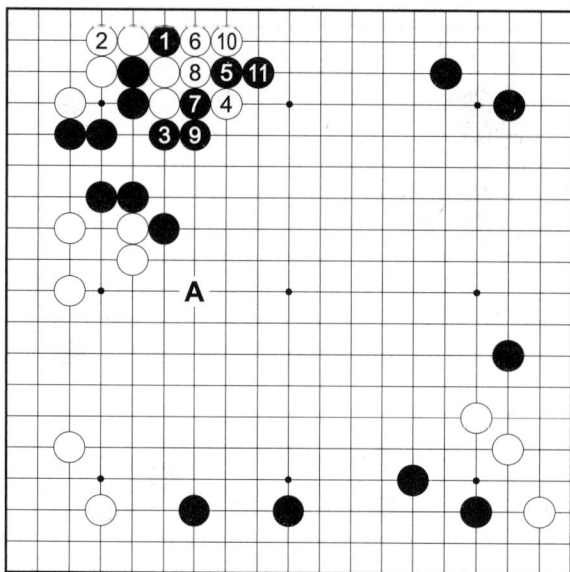

变化图 2-3

此时黑棋不如 1 位断后再 3 位扳，白 4 如简单在 6 位吃，白已是软头，黑可直接在 A 位飞出。白 4 跳，黑 5 托是针锋相对的好手，以下至黑 11 长出，黑较实战充分。

另外白 4 如在 5 位跳，则黑在 4 位靠，白更不好。

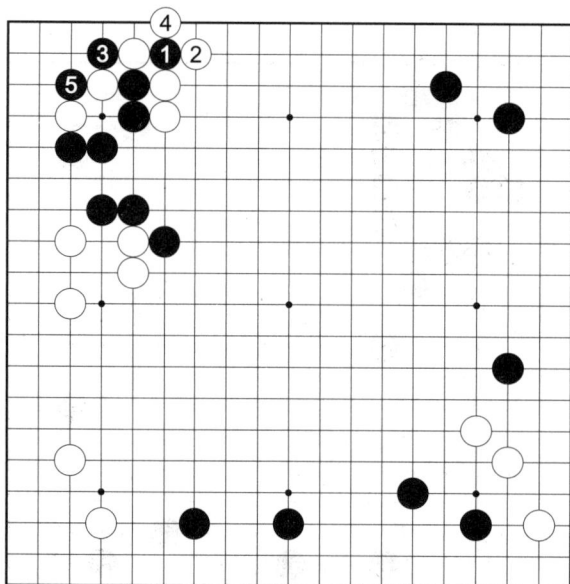

变化图 2-4

黑 1 断时，白如 2 位提吃一子，则黑可得一大角，如此白棋万不能接受。

值得一提的是，黑 1 如先从 3 位断则次序错误，白将毫不犹豫吃住此子，黑亏损在前，不可考虑。

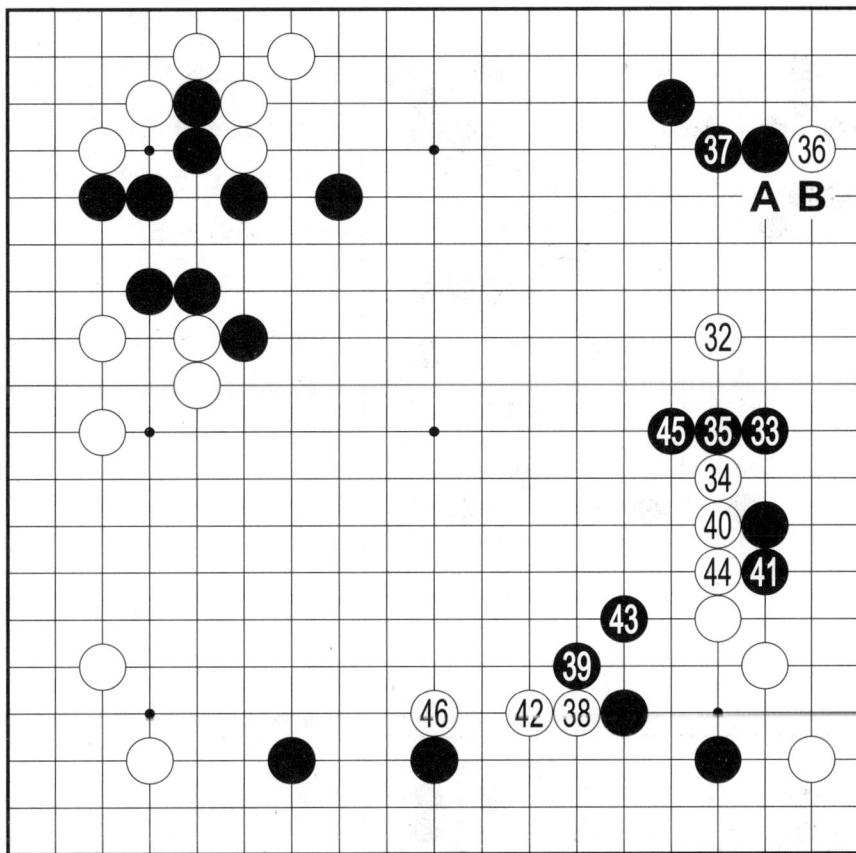

第 3 谱（32—46）

攻守之道，贵在均衡。考虑到黑棋周围配置，白棋不宜深入，白32转投右边高位，上下两边留有拆边的余地。黑33逼必然，接下来，吴清源白34点试探黑棋动向，黑35贴出后，白36托，时机正好，是极为高级的试应手，也是当下 AI 的首选。

此时黑普通是在 A 位退或 B 位扳，黑37却是反向一并，这一手看似退让，实则是很强硬的手段，坚决不给白棋借力。白38又转从下方碰入。执白的老师以精巧灵动之思将两边处理妥当，并在角上留出余味。这一带的处理，似在向徒弟一步步示范腾挪的要诀。

本谱与 AI 的吻合度几乎无二致，可谓师徒二人尽善尽美的杰作。

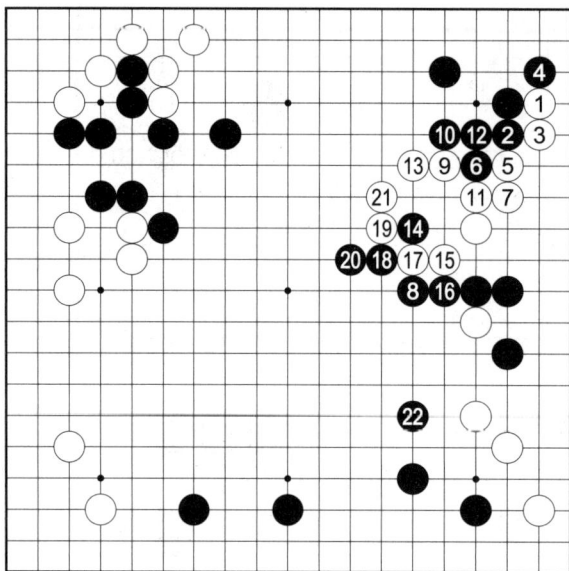

变化图 3-1

白1托时黑2长，白3爬，黑4扳必然，以下黑14点方，至白21几乎为双方必然下法，白棋安定后，黑也顺调砌起厚势，局面两分。

值得一提的是，白7在12位断也是强手，如此可能形成转换。

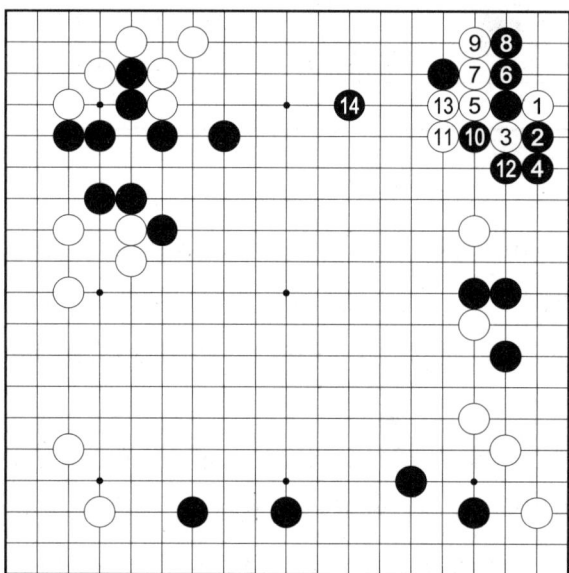

变化图 3-2

黑2如强硬扳下，白3扭断，黑4退必然。以下白顺势从上方冲下，黑也厚实，总体白无不满。接下来黑14攻逼严厉。

实战林海峰或许不满上图和本图，选择蓄力总攻的下法。

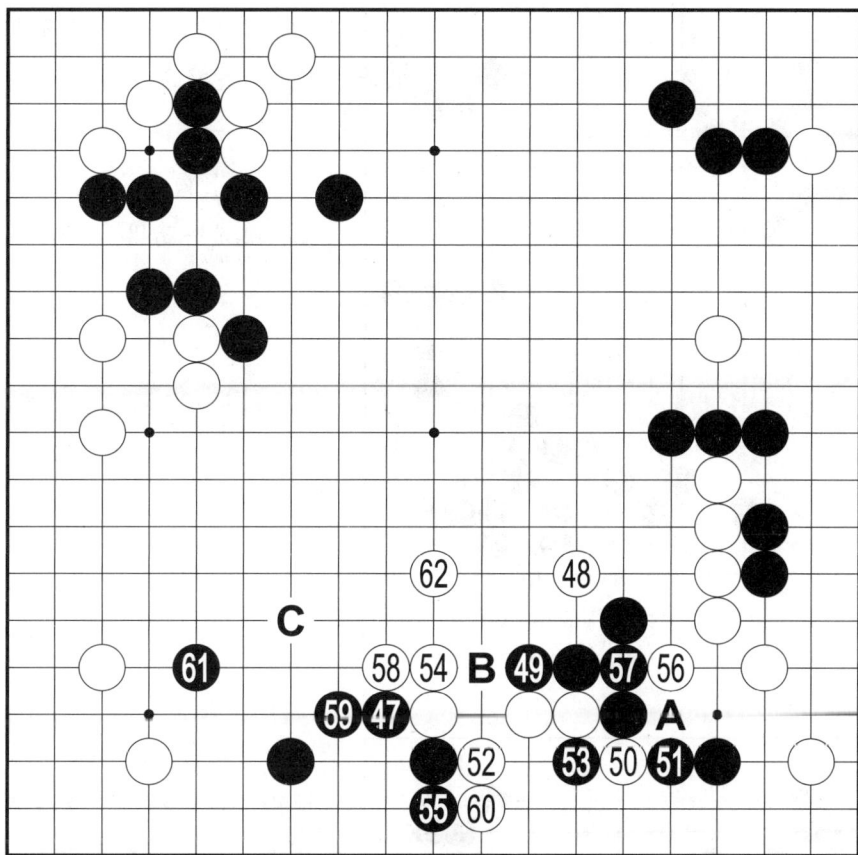

第 4 谱（47—62）

黑 47 扳必然，此时白普通下法是在 54 位挺头，实战白 48、白 50 是吴清源独特的着法，轻灵且紧凑。

白 50 扳时，黑普通在 A 位退，白在 B 位虎出。实战黑 51 顶过于强烈，白在 A 位打后有不少利用（见变化图 4-1）。实战白 52 扳后，黑 53 打，厚且大，如在 54 位封锁，白不难盘活。

白 56 刺时机正好，之后拐头后跳出，下方白棋一块的处理不可谓不成功，黑 61 的位置稍差，对角部并无强烈手段，如在 C 位飞对白施加压力或更积极。

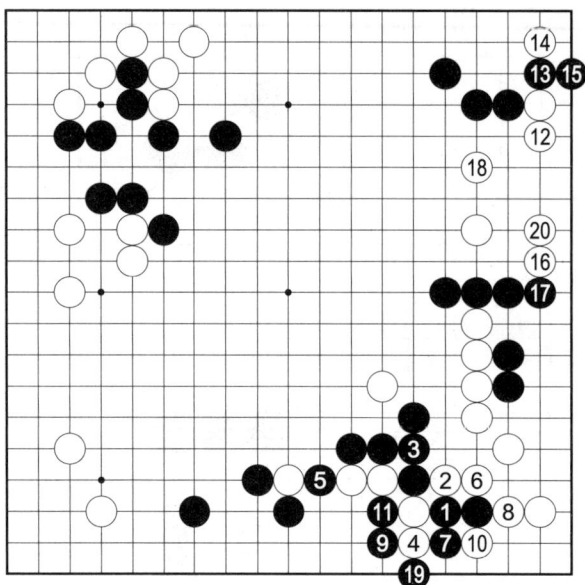

变化图 4-1

黑 1 顶时，白 2 先打再白 4 立，看轻左边而抢先弃子定型亦是一谋。

以下白争得先手盘活右上，也是一局棋。

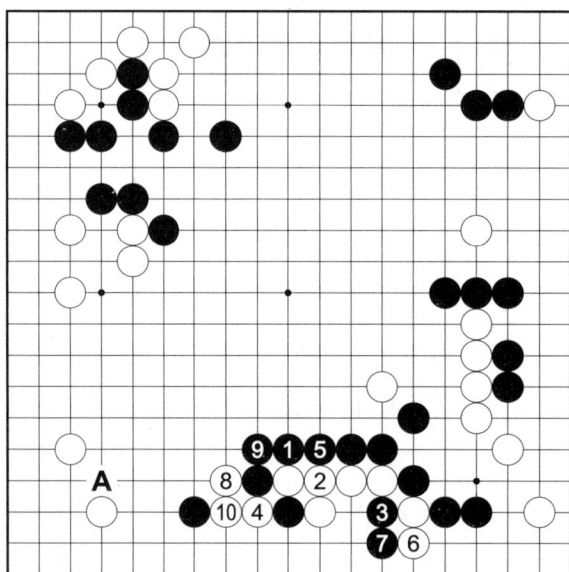

变化图 4-2

实战白 52 虎时，黑如 1 位封锁，白 2 粘后，黑 3 不得不打吃，白 4 打后，黑 5 须补，白再从左边打出，双方各有所得，以后黑可在 A 位靠腾挪。

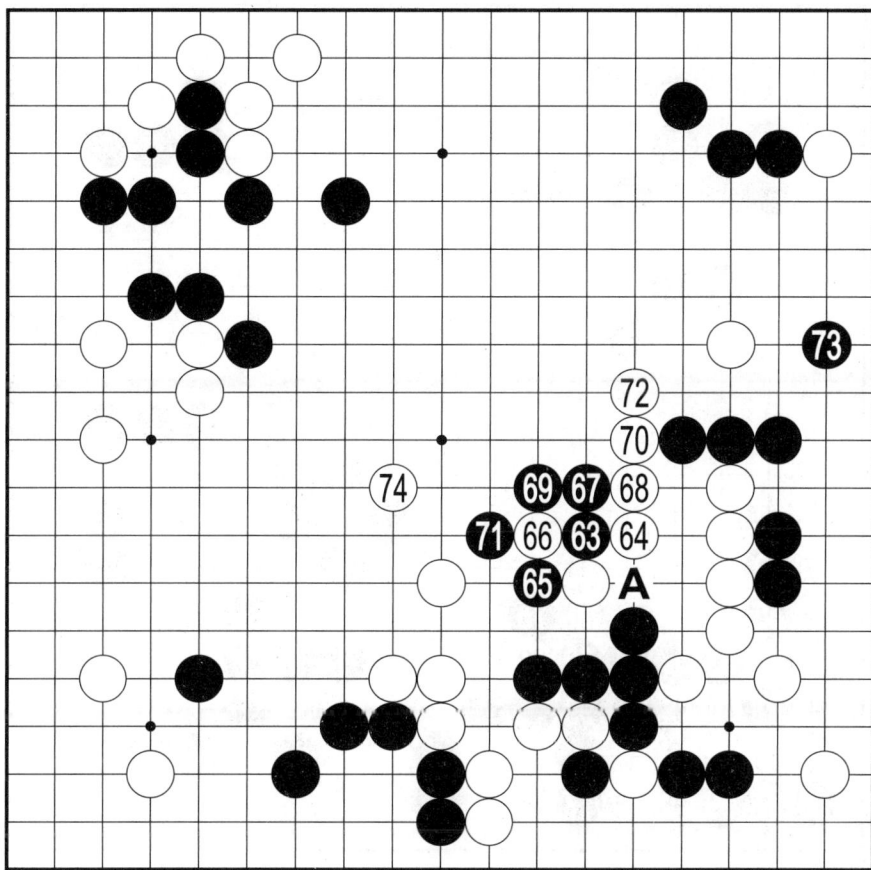

第 5 谱（63—74）

黑 63 靠"投石问路"，好手！想必此手落在盘上时，吴清源的脸上泛起了一丝笑意。

细品此手，此时黑棋的想法是冲出分断白左右两块，但若在 A 位直接冲出，将遭白在 64 位扳头，黑棋毫无生趣。

黑 63 顶在白棋头上，可谓左右逢源。至黑 71 提一子，此役黑棋得利，局势不知不觉间又转入黑棋的调子了。

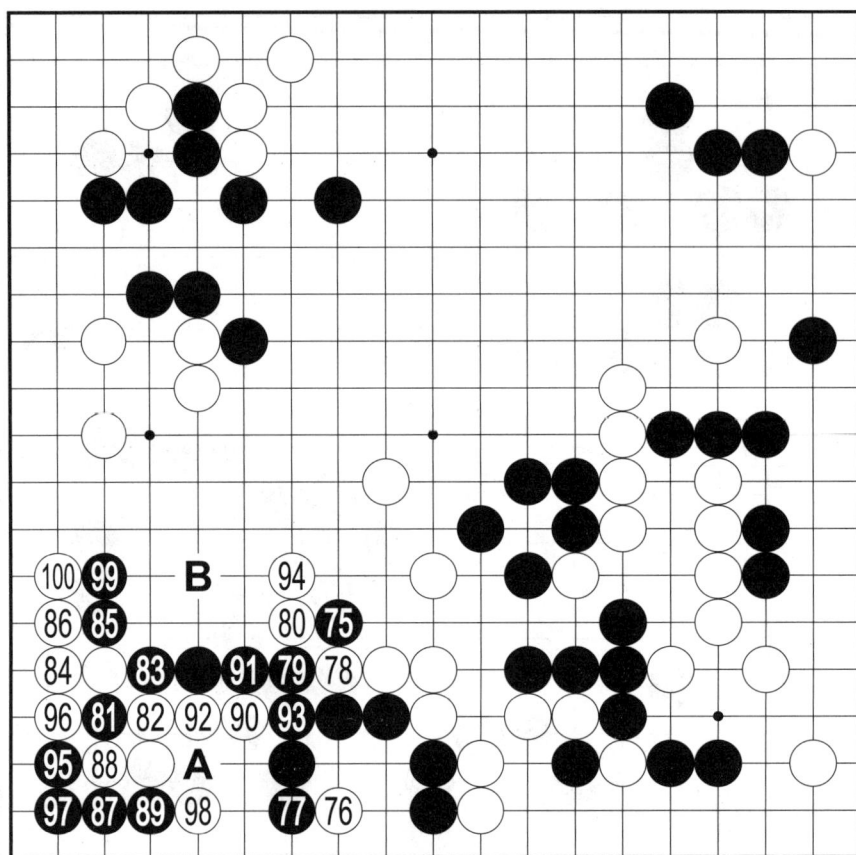

第 6 谱（75—100）

黑 75 跳虽瞄着中腹白形弱点，但留有白 78、白 80 冲断的手段，应 94 位或 80 位飞出为妥。白 76 点时，黑 77 挡随手，应在 A 位碰纠缠左边白棋更紧凑。白 76 与黑 77 交换后白得便宜，白再从中腹冲断，白棋好调。

黑 81 靠入角部是此前一直潜藏的手段。白 94 长确保中腹白棋走畅，黑 97 粘后角部留有活棋。白 98 扳稍显随手，黑 99 得到先手利。如此来看，白 98 走 99 位打，黑不得不在 98 位连回，这样白形更为厚实。

白 100 后，黑不愿被白在 B 位点方，但左下角黑有连回的大官子，二者兼得似乎难以实现，林海峰又施妙手……

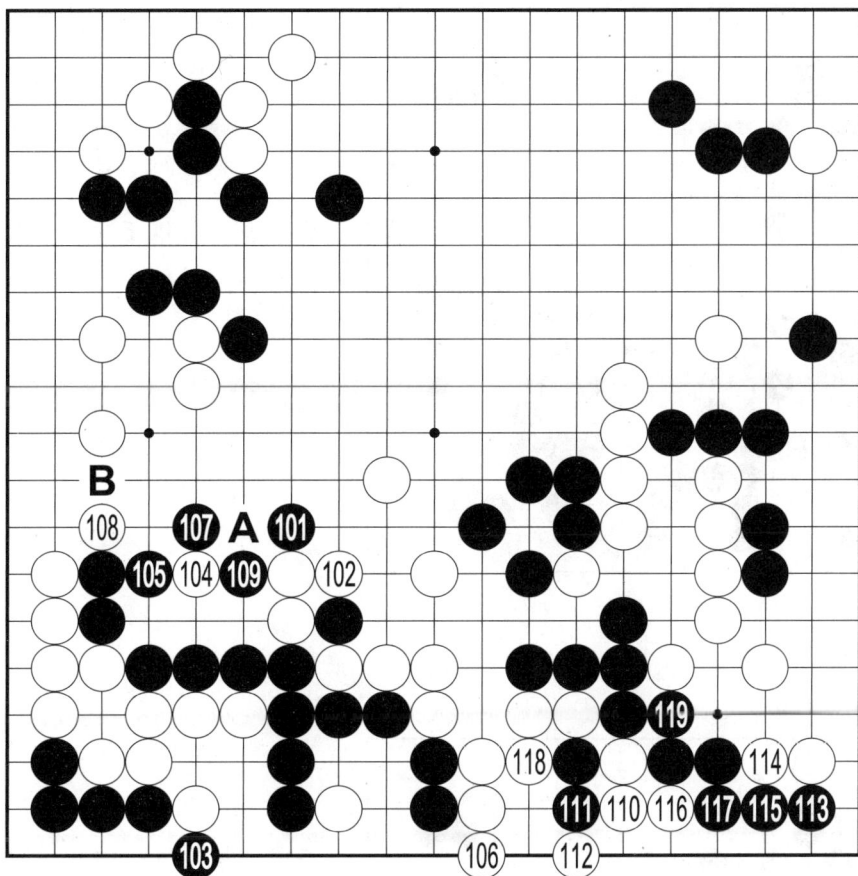

第 7 谱（101—119）

　　黑 101 靠，林海峰再施"鼻顶"手筋，既要防范白 104 点的强手，还要抢先手。白 102 拐吃是本手，做此交换后黑再于下方黑 103 扳过，黑角已活。白 102 如在 A 位扳，则黑在 109 位断腾挪。

　　白 104 点方时，黑 105 如在 B 位靠更佳，白 106 一路立是既含蓄又强烈的手段——此时 110 位立的价值巨大，但黑如在 110 位提吃，则白在 107 位长出，黑棋又是苦战。

　　实战黑 107、黑 109 委曲求全，白 108 先手扳后再从下方 110 位拉出一子。黑 111 多送一子，如此黑 113 靠时，白已不能在 115 位扳下。黑 115 如先在 116 位打后再挡，角上依然须苦活，形势依然落后。至白 118，白吃得二子还得先手，此役白大获成功，局面已遥遥领先。

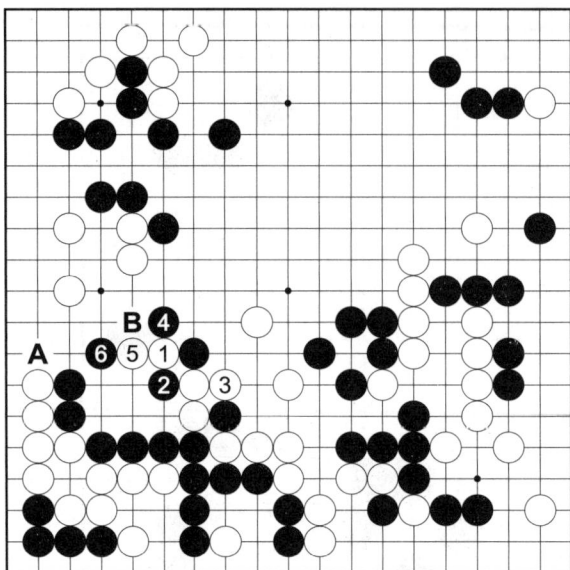

变化图 7-1

黑顶时，白1扳强烈，黑2断，白只有3位拐吃，以下黑4打后再6位顶，是黑棋强烈的组合拳！A位扳下和B位吃见合。行棋至此，白只有割舍二子，黑大得。

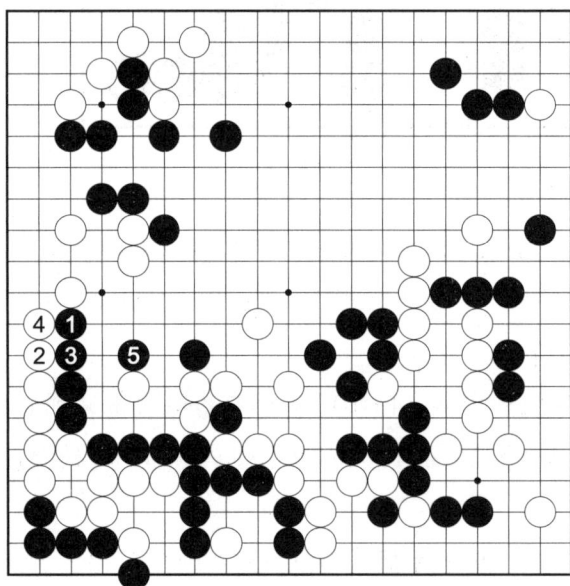

变化图 7-2

实战白棋点方时，黑应如1位靠腾挪，白只有白2、白4连回，黑再5位封锁。相较于实战，黑棋的目数和厚薄都要好不少。此处失误是黑棋的败因之一。

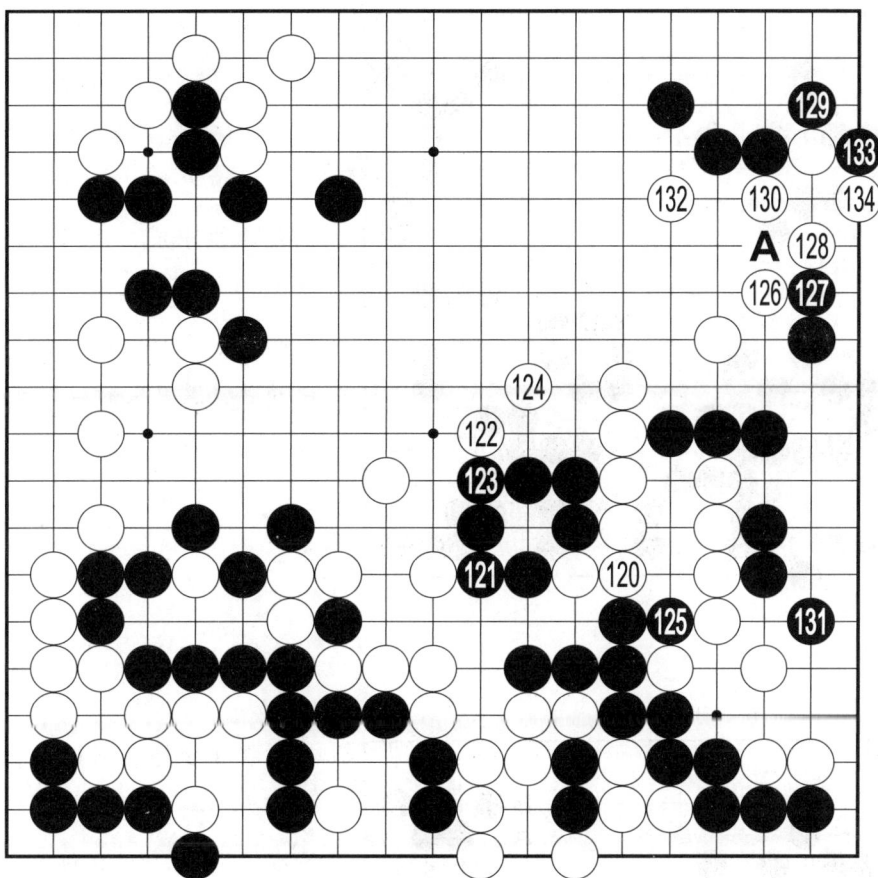

第 8 谱（120—134）

白 120 粘，黑 121 只得团眼，白 122、白 124 走厚中腹，黑 125 后手做活，委屈之极！此时白棋盘面已足可倒贴目了。

白 126 尖下，乘胜追击，一边压缩右边黑棋眼位一边破空，右上角白一子正好被有效利用，可谓"春风得意马蹄疾"。白 128 扳是强手，黑最强下法是在 A 位断，但白自有反击之策。黑 129 挡稳重，白 130 虎是先手，黑还得在 131 位补活。

白 132 跳时，黑 133 打过强，白必然要虎住做劫。此劫黑重白轻，白方胜势悍然不动。

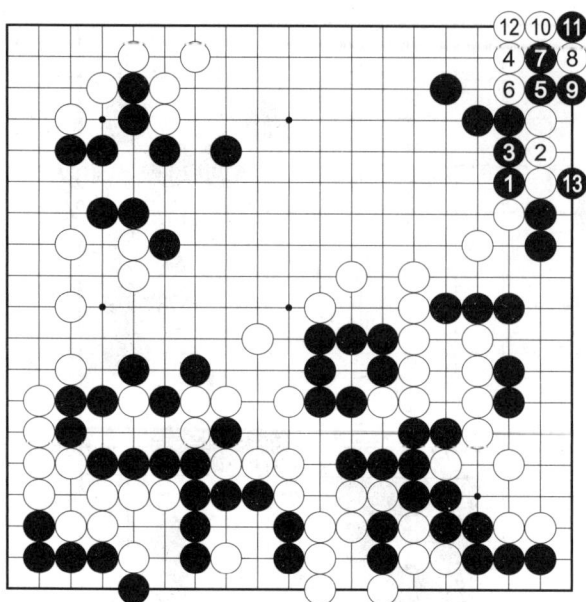

变化图 8-1

黑1断强硬，白2粘是平实的好手，黑3补断并紧住白气，白4飞是盘活角部的要点。

以下黑5、黑7分断，白8托是活棋手筋，黑只有通过打劫相搏，白棋本身劫居多，对白而言，白棋负担很轻，一旦白劫胜，黑目数落后更大。

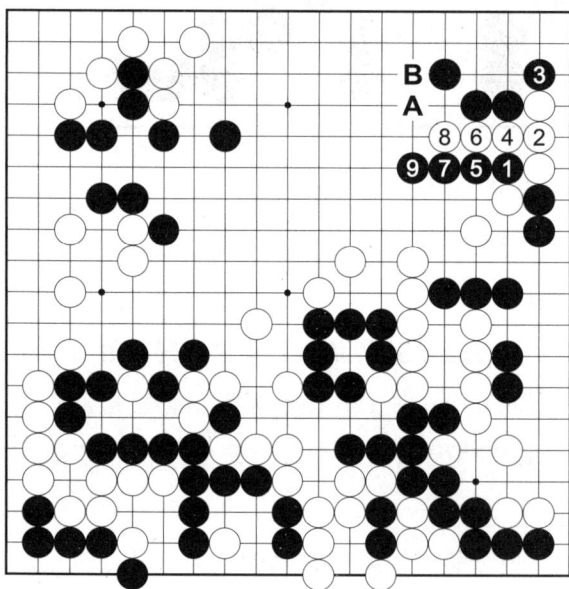

变化图 8-2

黑3如挡，则白冲出，至黑9为"一本道"。以下白无论在A位尖或在B位靠，皆完全善战。

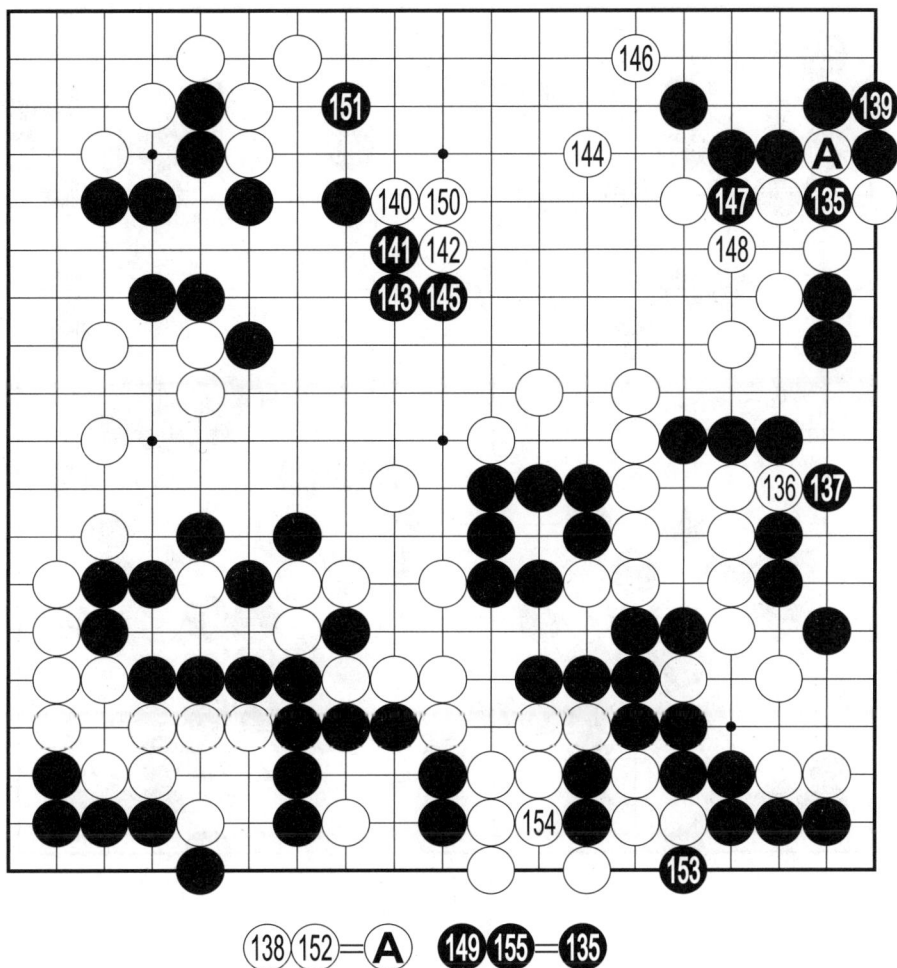

第 9 谱（135—155）

黑 135 奋力提劫，但白棋本身劫太多，周围棋形也厚，之后黑 139 只得粘劫了事。

左上黑棋虽然出头，但白仗着中腹通厚，吴清源"表演"的时刻到了。

白 140、白 142 碰了再扳，此处白棋如织网，黑越强硬，网勒得越紧，黑 143 只有隐忍退回。白 144 飞好点，黑 145 非拐不可，不然被白棋贴住，白将成不少空。白 146 脱先飞下，黑角又受攻击，黑 147 只得冲完再提劫。白 150 粘，黑 151 跳不得不为，白棋顺势走厚并有不少围成目的潜力，此时黑已回天乏力。

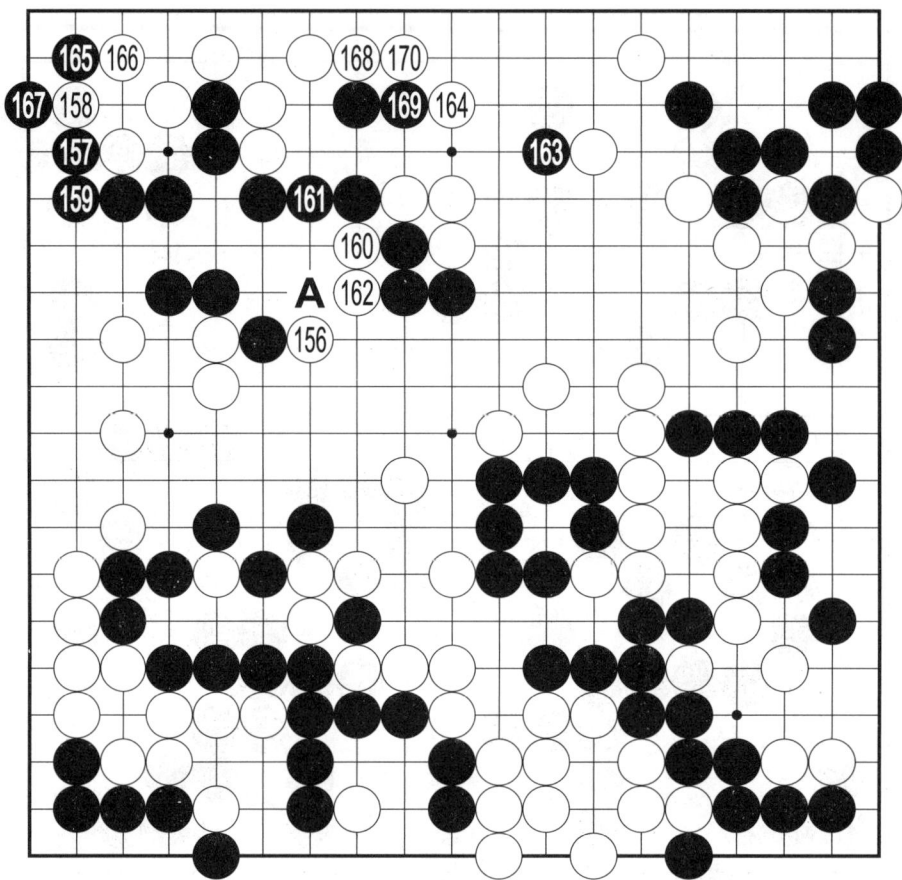

第 10 谱（156—170）

白 156 夹，是当下局面 AI 推荐的首要选点。

黑在 A 位挡固然是本手，但若还不反击，无疑是温水煮蛙。黑 157、黑 159 扳粘瞄着白棋上方及角部弱点，不过，黑方棋形的弱点也暴露出来了。白 160 断！乃师出手毫不迟疑。

黑 161 不得不接，不然上方一子被断不可忍受。白 162 贴回，中腹黑三子被断，在中腹难觅活路。黑 163 碰最后一搏，白 164 跳下最稳亦最善，轻松化解掉黑棋最后的反击。

黑 165 夹是先前扳粘留下的余利，白 166 虎后再白 168、白 170 从二路渡过，至此局面尘埃落定。

黑1挡是本手，以下白2先从右上挤压黑角，白4、白6走厚后，黑7跳入必然，白8跳，黑9挡后，白10再走厚角部，黑11再挡的话白12再打，白棋全局胜势牢不可破。

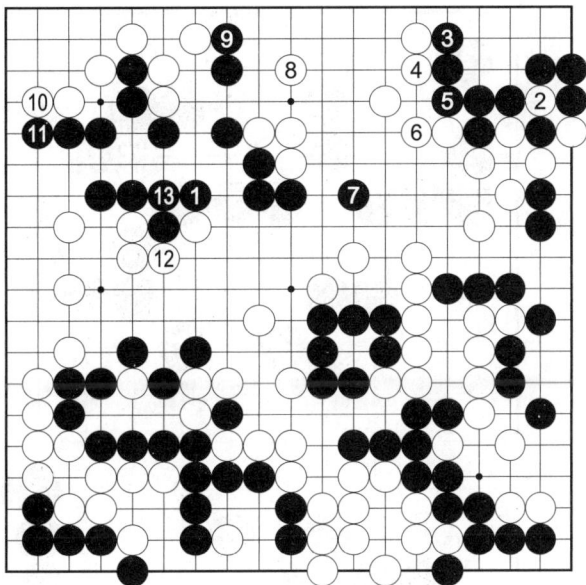

变化图 10-1

黑1碰，可谓最后的胜负手。白2如顺手扳住，黑3断，平地起波澜，白不得不谨慎应对。

以下白4打后再在6位双为最强下法，黑7小尖是巧手，以下黑9打后再黑11虎是后续手段。此时A位断和B位长的手段变得严厉起来，而一旦此处有变，角部C位点就显得更为严厉。这些因素合起来，黑棋绝对大有文章可做。实战白脱先跳下，平淡的着法将危机轻松化解。

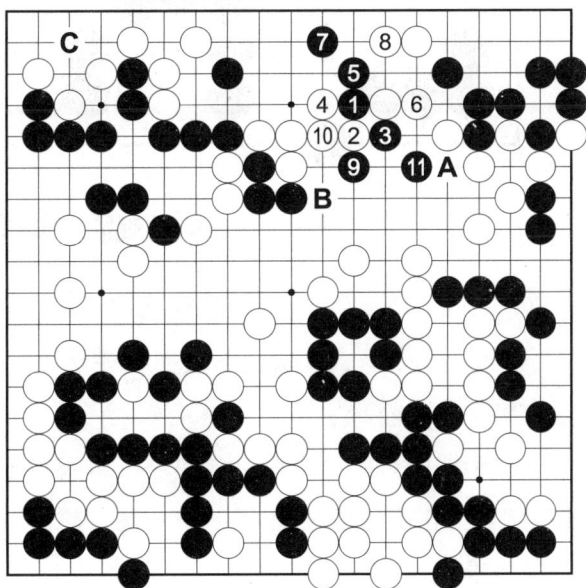

变化图 10-2

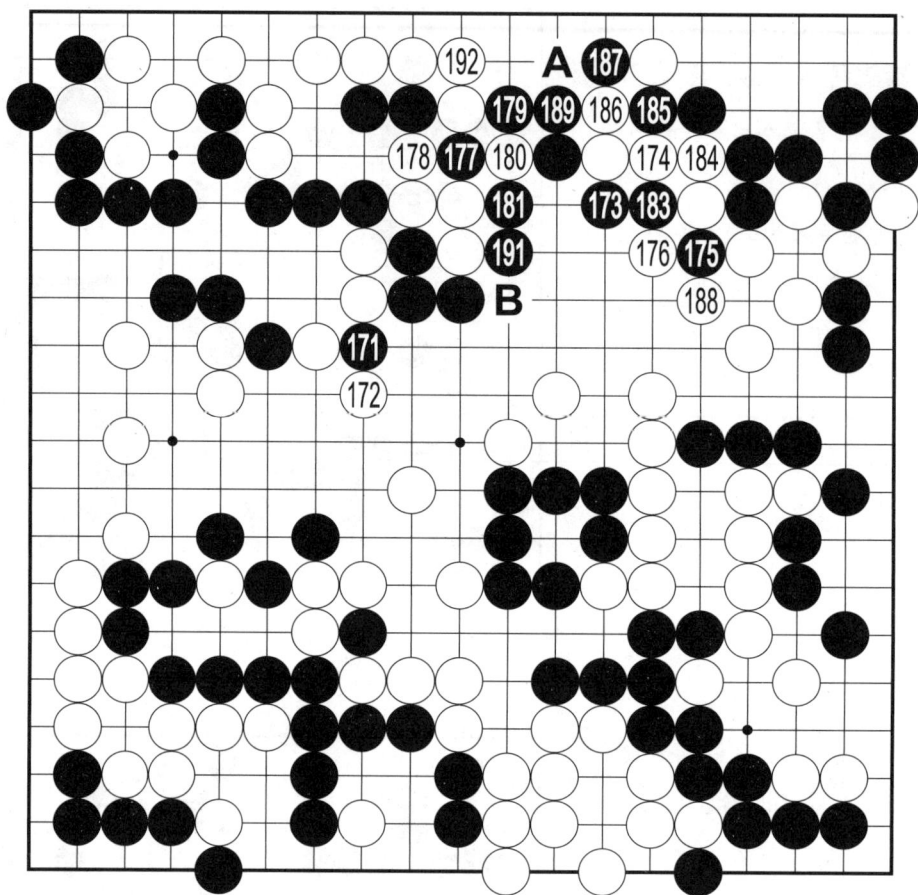

182＝177　190＝175

第 11 谱（171—192）

　　至白 192，A、B 两处断点黑棋无法兼顾，此时白棋盘面已大幅领先，黑棋只得投子认输。

　　"手谈标昔美，坐隐逸前良。"本局对于少年林海峰来说，虽是不完全发挥之局，但白棋层见叠出的精彩攻防，想必在林海峰的心中，将燃起他对围棋至臻追求的火焰吧。

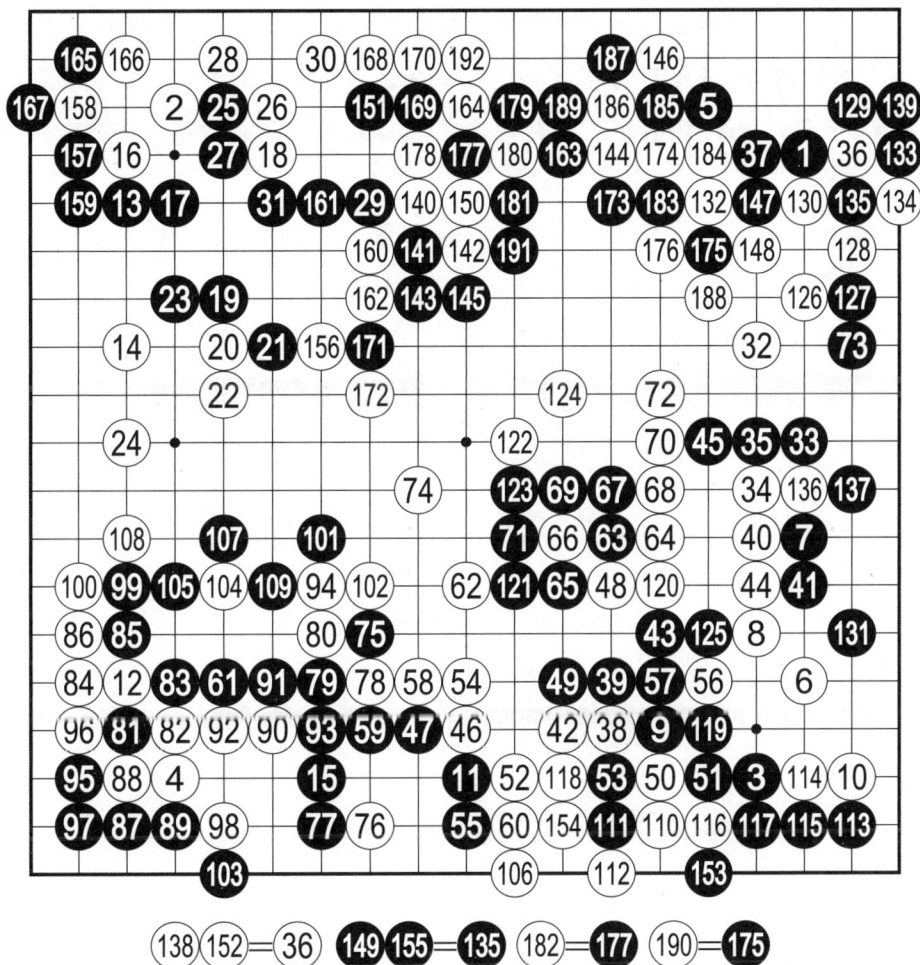

全谱（共192手，白中盘胜）

二枚腰、常青树、不死鸟……林海峰先生的绰号不可谓不丰富。

在20世纪七八十年代，六大超一流棋手冠绝一时，其中五人师出木谷道场，只有林海峰师出吴清源麾下，众人皆道木谷门下群英荟萃，而吴门林海峰亦是冰雪常青。

林海峰的围棋生涯丰满而隽永，年轻时挑战坂田荣男时，恩师吴清源送给他"平常心"三字，林海峰遂以厚重之风折断了"剃刀"坂田荣男的利刃。1965年，23岁的林海峰从如日中天的坂田荣男手中夺得"名人"头衔，由此，林海峰连续十年奋战在"名人战"的角斗场上，两次达成三连霸，三次击败坂田荣男，并在三连败后四胜逆转石田芳夫，成就了围棋史上首次七番胜负的大逆转。

　　1977 年，林海峰又零封大竹英雄，跨越了新旧名人门槛，共获 8 次"名人"头衔。此外，林海峰还五夺"本因坊"头衔，其中 1983 年三连败赵治勋后，以四连胜逆转胜出，获得"二枚腰"之名。棋士生涯六十余载，林海峰共夺得冠军 35 个，"大三冠"头衔 13 座。

　　金庸先生讲《射雕英雄传》中郭靖本来是一个虚构人物，直到见到林海峰之后，突然觉得世上还是有郭靖这样的人物存在的。

　　吴清源大师的围棋生命，在林海峰先生的身上得以重生……

第八章　自乐悠然方颖悟

加藤正夫　吴清源

○以知天命之年的吴清源，面对炙手可热的青年棋士

○濒临苦局亦是从容，谈笑间，风烟俱净，道法自然

○多年以后，成为六超之一的加藤正夫，一定会铭记这样的时刻

○一局战罢，醍醐灌顶，与神对弈，是棋士生涯最为难忘的经历

　　加藤正夫，日本六大超一流棋手之一。1959 年入木谷门下学棋，1964 年入段，1978 年因在各项围棋大赛中成绩优异，被日本棋院推选为围棋九段棋手。

　　加藤正夫棋风刚勇，擅长正面对杀，一度被棋界称为"天煞星""刽子手"，这些狰狞雷厉的名字，无不是其棋风的体现。20 世纪 90 年代后，加藤正夫转为平稳细致的棋风，在锱铢必较的官子战中屡获优势，人送"半目加藤"。

　　加藤正夫是大器晚成型的棋手，直到将近 30 岁时，才斩获自己的首个围棋大赛冠军。在此之前，他曾先后 8 次在各大赛事的决赛中功亏一篑。1979 年，加藤正夫以闪电般的速度攀上棋坛顶峰，成为日本棋院炙手可热的"五冠王"。

　　1965 年，第四期"名人战"循环圈中吴清源七战皆败。此后吴清源已有好几年不曾出山，但他在社会上依然有着极高的声望与影响。1967 年，当吴清源找到日本经济新闻社的社长表示愿意参加"王座战"的比赛时，社长不但表示强烈欢迎，而且当场就决定提高吴清源在"王座战"中的出场对局费和奖金数额。

　　1968 年，第六期"职业十杰战"打响，吴清源对战加藤正夫。本局黑贴 5 目半。当时加藤正夫是崭露头角的新秀，年仅 21 岁，因进入"本因坊战"循环圈而备受瞩目，其凌厉猛烈的棋风，是不易对付的狠角色。

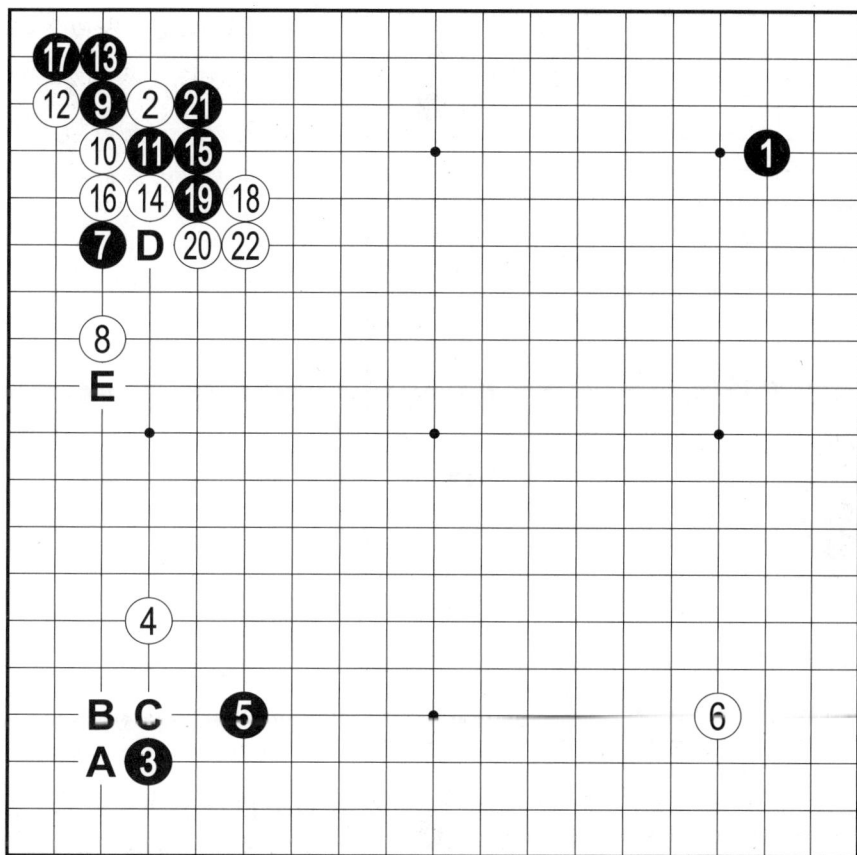

第 1 谱 (1-22)

加藤正夫面对高高在上的吴清源，崇敬之情自不必说，恐怕也在暗暗鼓足了劲头竭力迎战吧。黑以对角小目起手，吴清源白 4 又施出喜用的手段——二间高挂，黑 5 如脱先，白在 A 位托，黑在 B 位扳，白在 C 位断后将形成序盘战斗，故黑 5 稳重飞补，这样白 6 占角，白棋步调快速。

左上白 8 紧逼后，黑 9 托后形成曾风靡一时的定式，不过通常下法白 22 都是在 D 位粘，否则黑棋以后有 D 位断的余味和 E 位碰的借用。

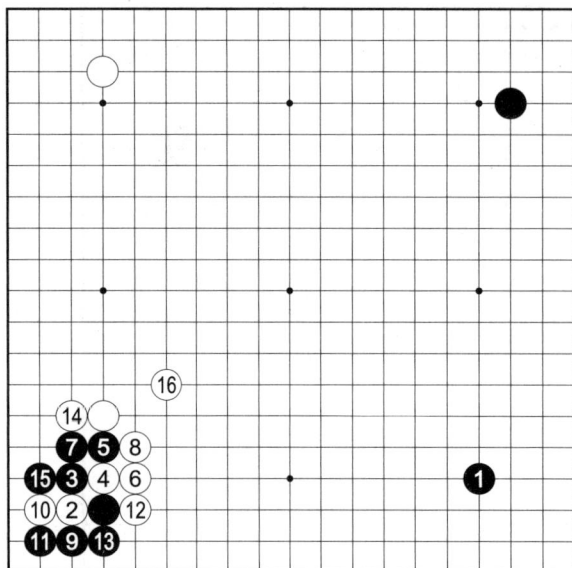

变化图 1-1

黑若脱先，则白 2 靠严厉，以下扭断后头绪纷繁。黑 5 打后再黑 7 粘，至白 16，白舍弃两子取势，局面两分。

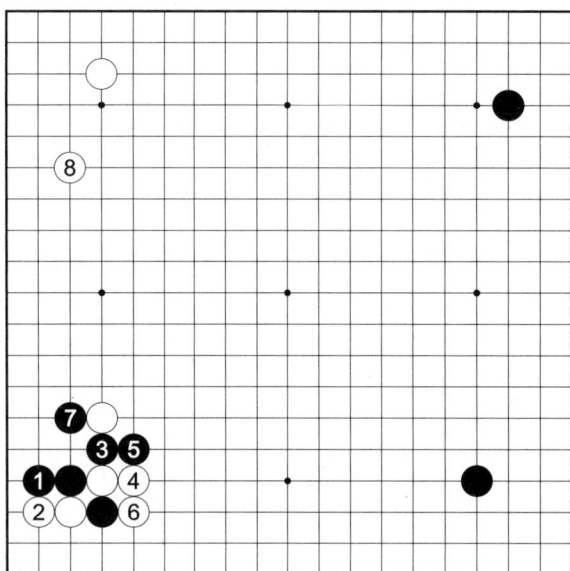

变化图 1-2

黑 1 在角内立也是一变。白 2 挡后黑 3、黑 5 打出，至白 8 守角也是两分之型。

黑1在二路打也是一策，之后白4打后再弃二子，白得到先手可走别处大场。白形厚实，黑在A位打吃不大，白照样可再脱先。此图为AI首荐的两分之型。

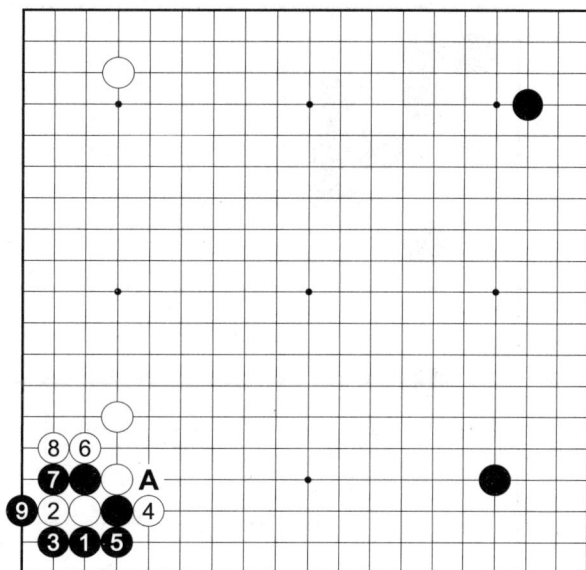

变化图1-3

左上白棋紧紧逼迫时，相较于实战托角，黑1靠是AI推荐的新下法，值得品味。

白如在3位退，则黑8跳出头。白2、白4扳积极，黑局部安置后再抢先9位打入。

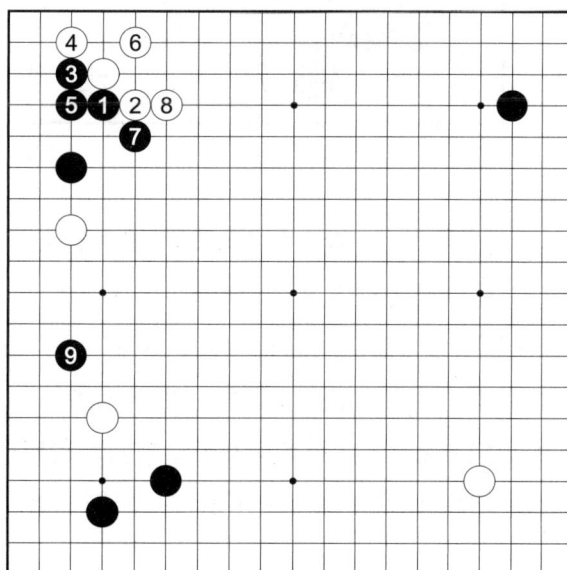

变化图1-4

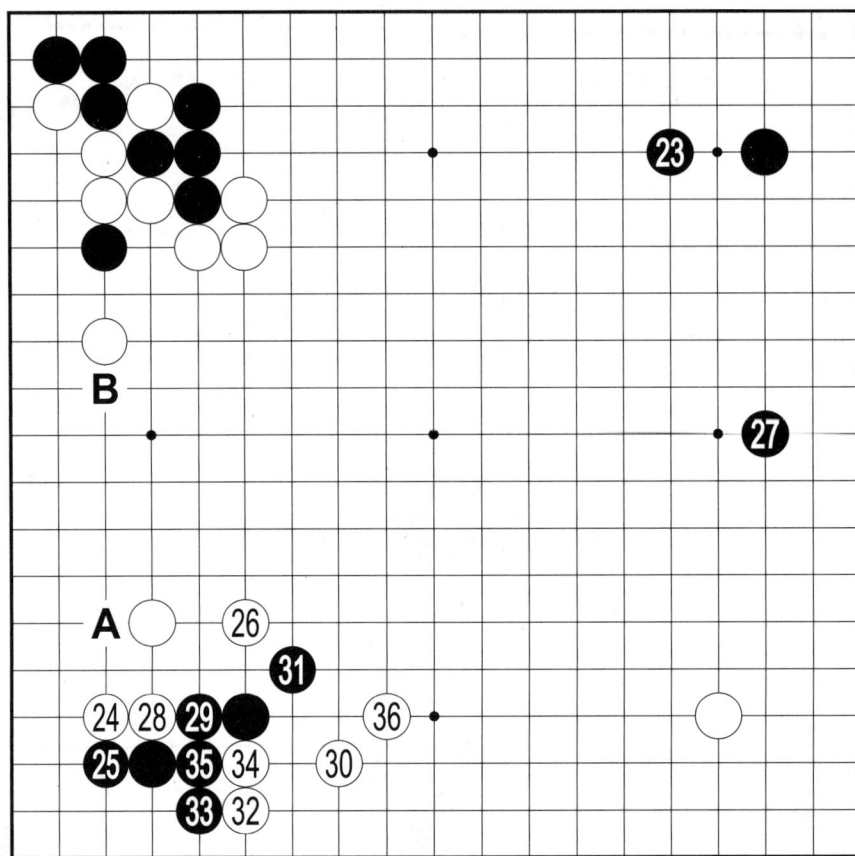

第 2 谱（23—36）

白 24 飞是吴清源在二间高挂下的后续手段，白 26 跳起，左边形成模样，黑 27 拆边另起模样，以示抗衡。

白 28 贴时，黑 29 顶强硬，生出 A 位靠的手段，但自身也生出白 30 位夹攻的手段。黑 31 虽是本手，但步调稍嫌缓慢。

白 32 飞后，白 36 尖是好点，掣肘左边黑棋，同时也是对左边白模样的照应。此处若被黑棋飞压，左边黑棋打入白模样将变得轻松。

不愿被白在1位逼，黑可抢1位飞。但此后白也有严厉手段，不得不防。

以下白2扳后再在4位立下，白6碰是与之关联的手段，黑7长，则白8、白10扳打后，再白12跳。黑应在A位与白在B位交换后再打拔白8一子活角，如直接从13位挡，以下白14、白16可吃住黑角，黑大亏。所以黑7在B位夹为好手，白可扳到7位也畅快。

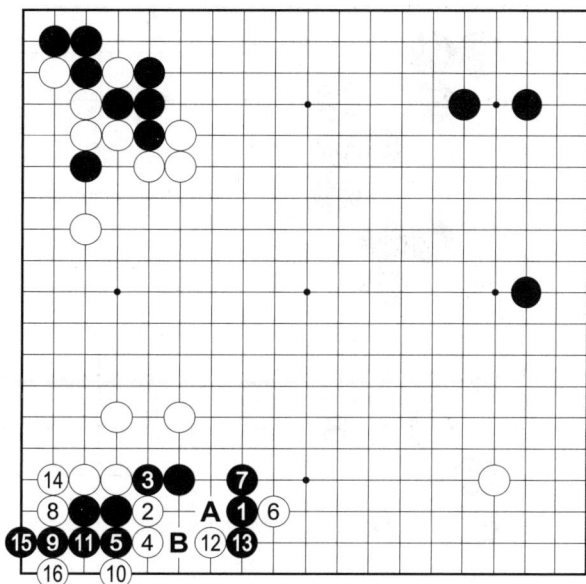

变化图 2-1

白1逼时，黑2、黑4可以先深入白阵。

左边黑棋三手轻松破空，下边又得以盘活黑角，是严厉的进攻节奏。

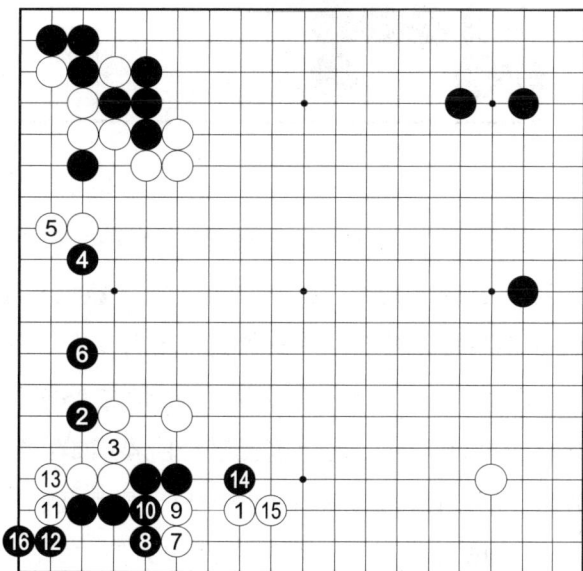

变化图 2-2

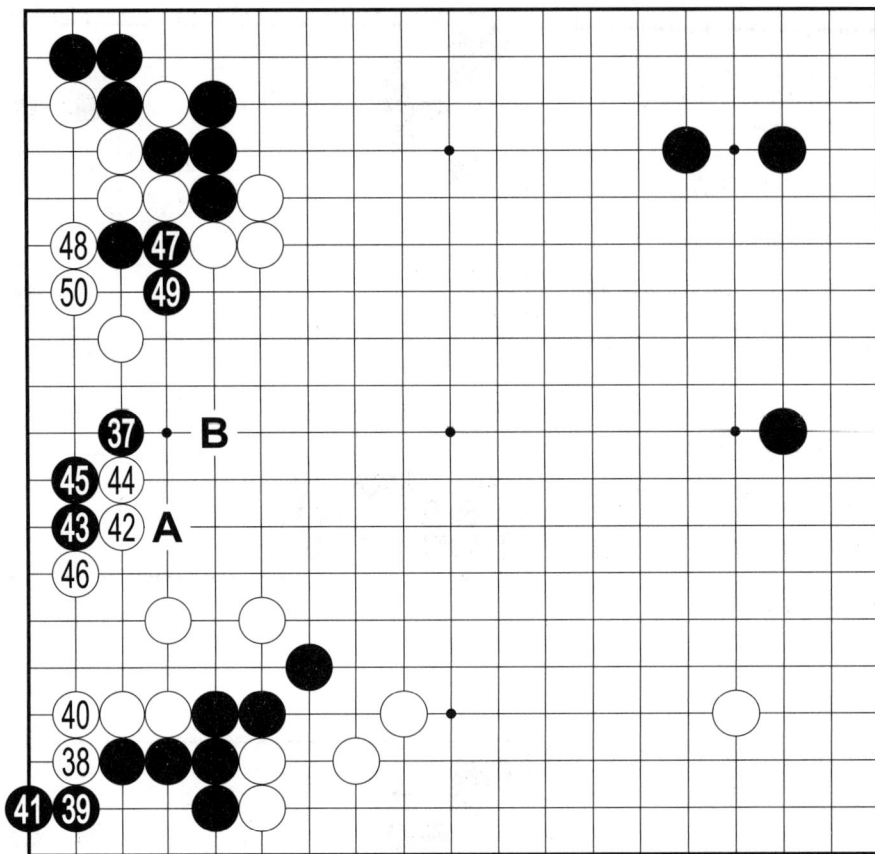

第 3 谱（37—50）

黑 37 深深打入左边，显然是瞄着 47 位的出动，但就步调而言，恐不如变化图 2-2 的手段简明。白 38、白 40 扳粘机敏，这里是白棋的绝对先手，黑 41 不得不立角补活，不然将遭到攻击，更将连累左边黑棋治孤。

白 42 夹击，黑一子受攻，黑 43 二路托是局部腾挪好手。白 44 顶，恐怕除吴清源外无第二人会这么下。白 44 如在 46 位扳，黑在 A 位夹即轻松转到外围，所以白 44 顶不让黑棋脱身，是强硬的手段。

白 46 扳后，黑可在 B 位跳出，但"好战分子"加藤正夫岂肯善罢甘休，黑 47、黑 49 将黑子拽出，在治孤时反断白棋。白 50 连接，此时黑有 B 位跳的手段。

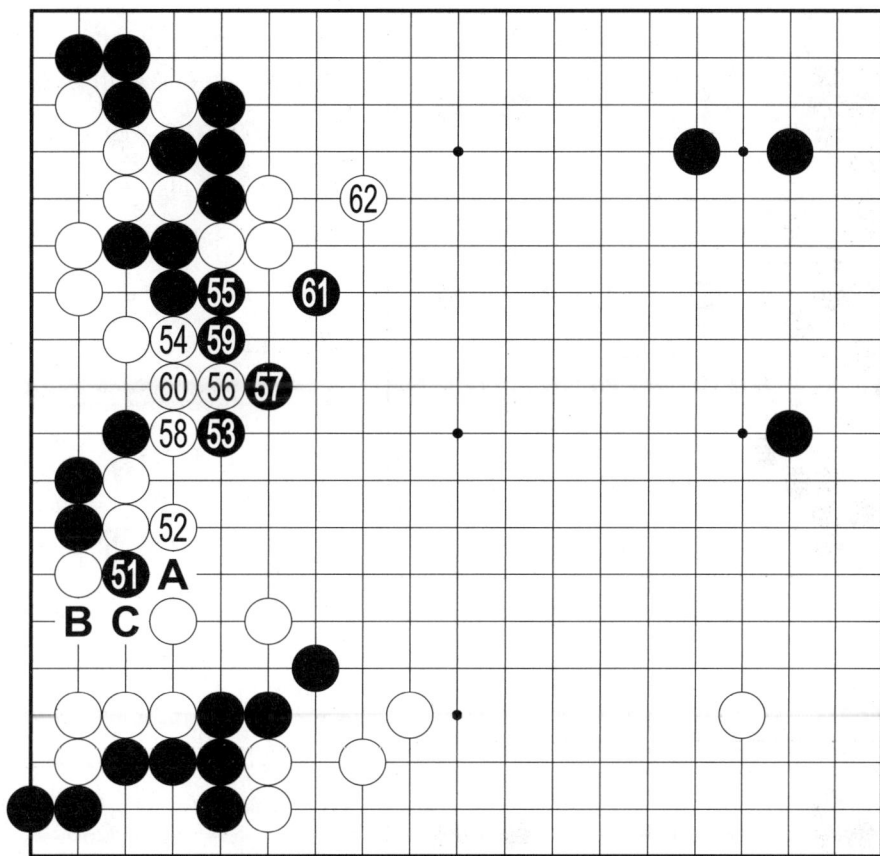

第 4 谱（51—62）

黑 51 断，年轻的加藤正夫欲在白势中强势反击，一逞乱战功夫。黑 51 是一招强手，A 位打是白棋最易想到的应对，这样黑棋利用此处的先手和余味，可以更好地处理上下两块黑棋。

然而加藤正夫等到的却是白 52 曲。在激斗中，吴清源总有出人意料的手段。

看似白让步送黑吃子，但黑如在 B 位打吃，白在 C 位挤吃，黑若提，白在 58 位可一举擒拿住黑棋。此时黑棋只有 53 位跳出。

白 54、白 56 施出连环手段，黑不得不跟着应对。白 58 虎，将黑棋全部拿下。黑 59 打后在 61 位补棋顺带攻击白棋，其中黑 59 与白 60 的交换使白走厚，同时黑又自紧气，不便宜，应保留直接在 61 位跳。白 62 立即跳出，"天煞星"加藤正夫又将目标对准了上方白四子。

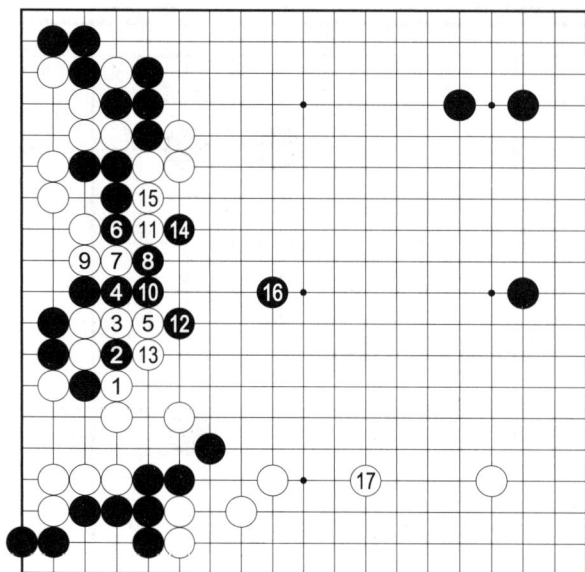

变化图 4-1

白 1 如打吃，黑 2 打是后续手段，白如单提则被黑包打，心情不快。所以白 3 打，黑 4 得以先手打出，再压 6 位，白 7 挖，黑 8 如外打，至黑 16，黑弃四子飞入中腹，黑虽得逃出，稍显狼狈。

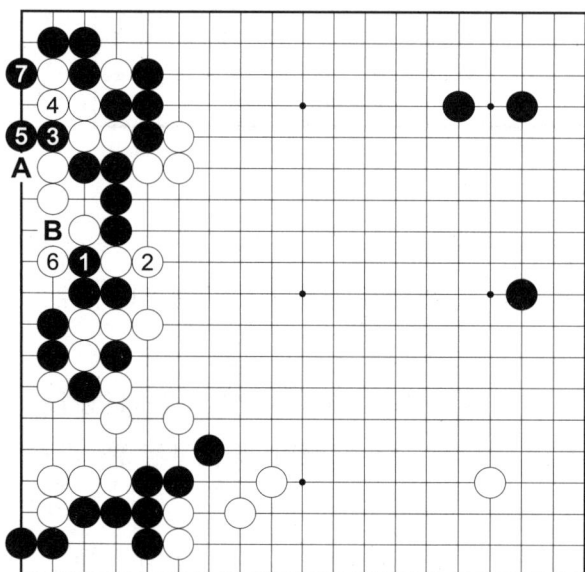

变化图 4-2

上图黑 8 如改为本图 1 位打，黑 3、黑 5 断后立是强手，可吃住白数子，比上图略好。白 6 不可在 A 位打，不然黑在 B 位打，白崩溃。

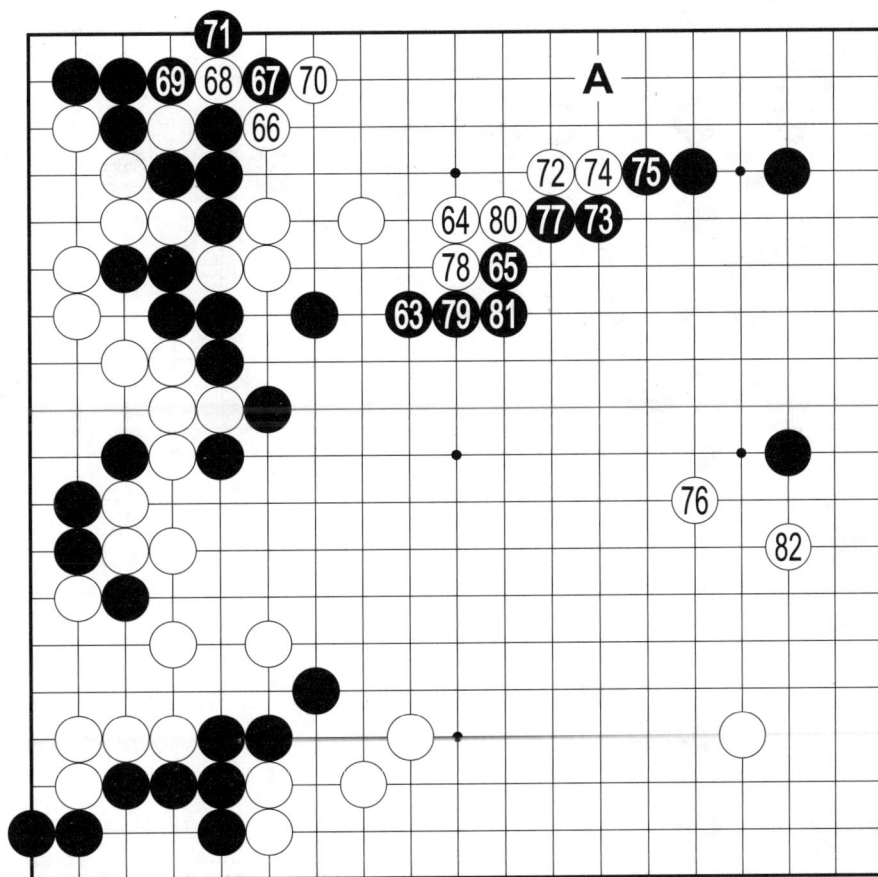

第 5 谱（63—82）

黑 63、黑 65 吹响攻击号角，白 66 至白 74 是吴清源一流的定型下法。

黑 75 顶后，白如在 A 位跳下，不仅实空扎实，棋形也厚实。白 76 侵消黑模样，黑 77 顶后，白 78、白 80 冲挤简单定型。白 82 再抢一手，强硬！吴清源可以说将年轻的后辈选手加藤正夫逼到毫无退路的境地。

白 76、白 82 两手若在 A 位跳下，完全是好局面。也许是吴清源在全盛时期下惯了不贴目的白棋，面对黑棋 5 目半贴目依然以最强手应对；又或许是面对声名鹊起的新锐，想领教领教年轻后辈"天煞星"的杀力也未可知。

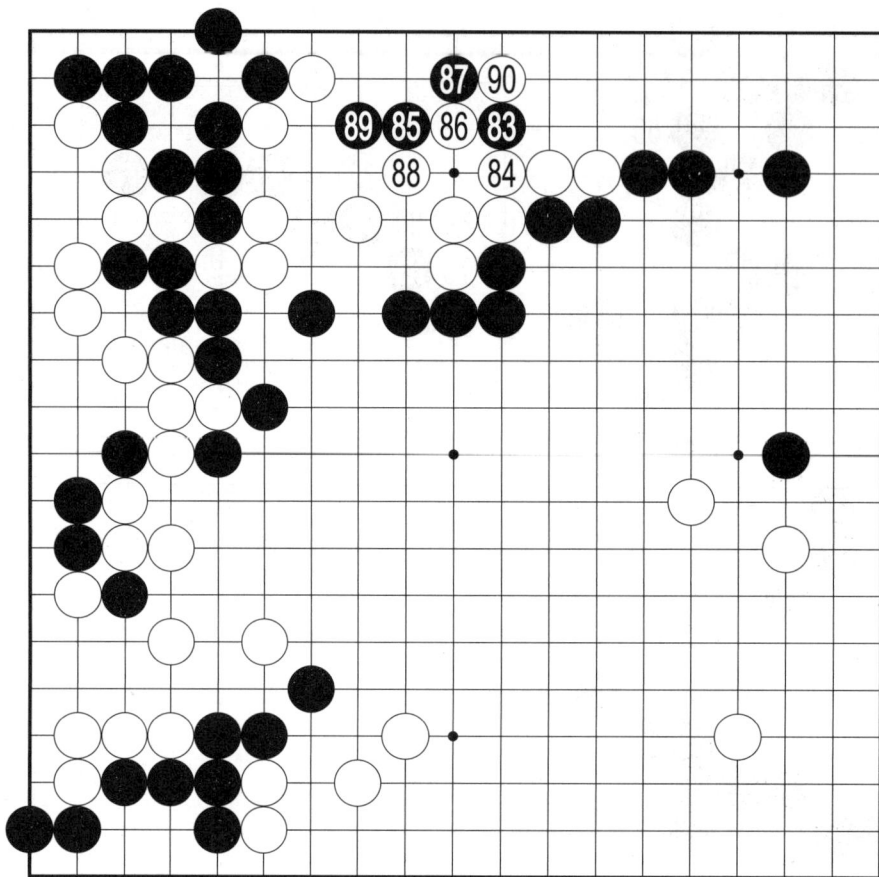

第 6 谱（83—90）

　　白棋连脱先两手，黑 83 点刺，白 84 粘后，黑再跳。再好的脾气都忍不住要反击，何况是"天煞星"！局面迎来第一个胜负处，白空瞬间危机四伏。

　　白 86 挖是鬼魅之手，或许吴清源早已看到这样的脱厄巧手。至白 90，赫然出现劫争！事实上，白 86 虽是成劫手段，但黑 89 长正好下在白的眼形上，白 90 成劫后，白大块的负担也很重，白 86 应在 90 位夹为佳。

黑1长，是冷静而酷烈的
手段，白2跳阻渡，黑3尖，
白虎后形成局部对杀，至白
16，黑棋有严厉手段。

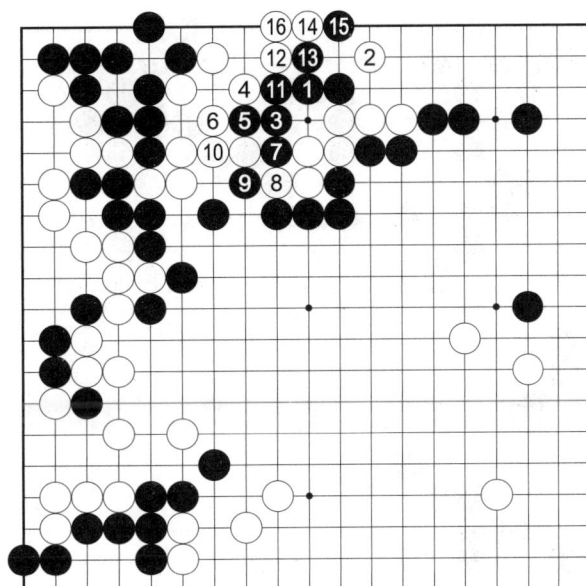

变化图 6-1

接上图。黑1先冲是好次
序，接下来黑3、黑5连续扑
成劫，黑7断时，白只得消劫，
以下形成转换。黑角可做活，
局面黑稍优。

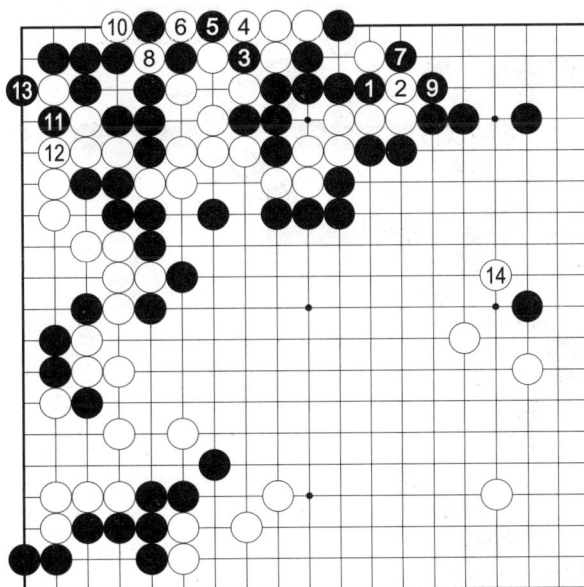

变化图 6-2

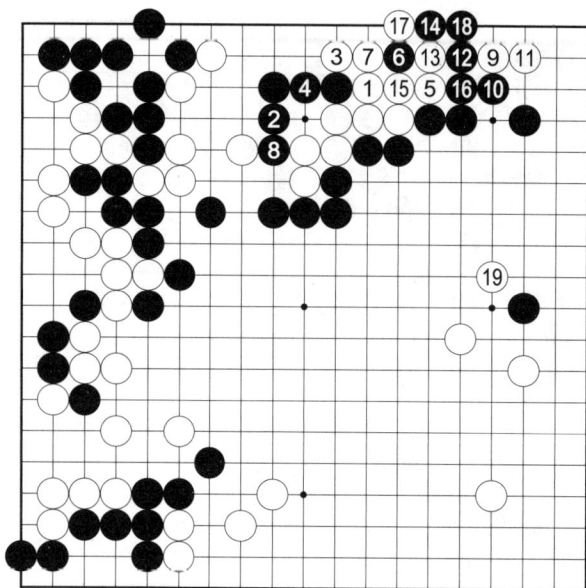

变化图 6-3

黑在白空中跳后，白1挡看似是愚形，但却是强烈的下法。黑2并是强手，之后黑6破眼后再黑8冲，白9以下定型手法是典型的"AI流"，白13、白15巧吃一子成活，白17为先手，黑18如粘，白19可抢到飞压。看似白棋活得委屈，但白得先手压缩黑模样，双方得失相抵，局面依然均势。

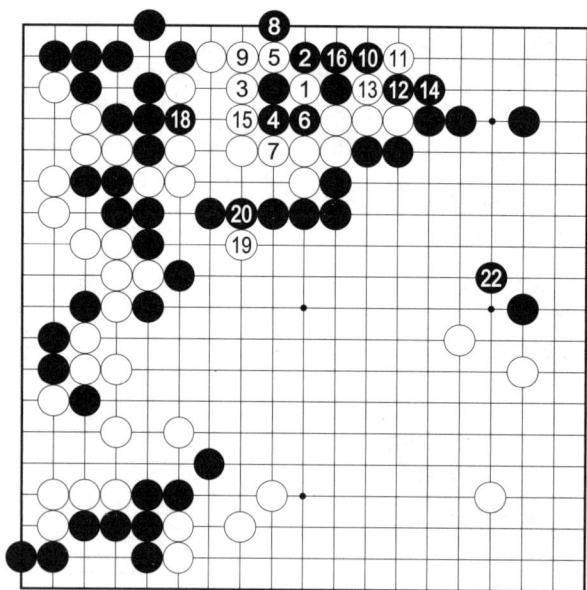

变化图 6-1

⑰＝① ㉑＝❹

白1挖也是当下局面的治孤一法。但直接在白3位顶更好。以下白可巧手两眼做活，活得虽然委屈，但算上此前已连续脱先的两手，局面依然呈均衡态势。

第 7 谱（91—104）

一劫激起千层浪，局面一下子变得紧张起来。各种战斗和转换也随之纷至沓来，极度复杂难解。黑91提劫，白92可先在99位退，这样白在右边有转身和突袭的余地。

黑95跨时，白迎来良机！此时白棋可以考虑消劫，虽然右边二子被打穿，但白拔干净后消除了后顾之忧，右边可放手一搏。实战白96选择继续打劫，局面变得复杂起来。"天煞星"的战斗能力果然名不虚传！

白98点是冒险的巧手，通过冲击角部制造劫材，并接应左边。此手试探黑棋的应手，体现出吴清源极强的胜负意识。黑99打正确，白100、白102将劫争进一步复杂化，黑103粘强手，加藤正夫不顾一切地战斗。

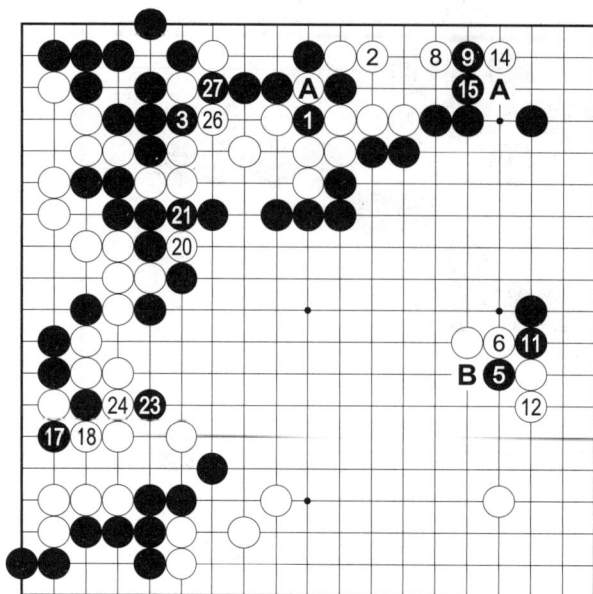

④⑩⑯㉒㉘＝Ⓐ　❼⓭⓳㉕＝❶

变化图 7-1

上方因劫争引起的变化非常复杂，选几例说明。

实战黑91在1位提时，白2若退，此时黑不可粘劫，不然白在27位粘后黑数子被吃。以下双方形成激烈劫争，因有白2一子，白可从右边渗入黑空。白8跳时，黑若消劫则白在A位飞刺可在角上盘活。进行至白28，以下黑可从B位贴出继续寻劫，白压力不小。

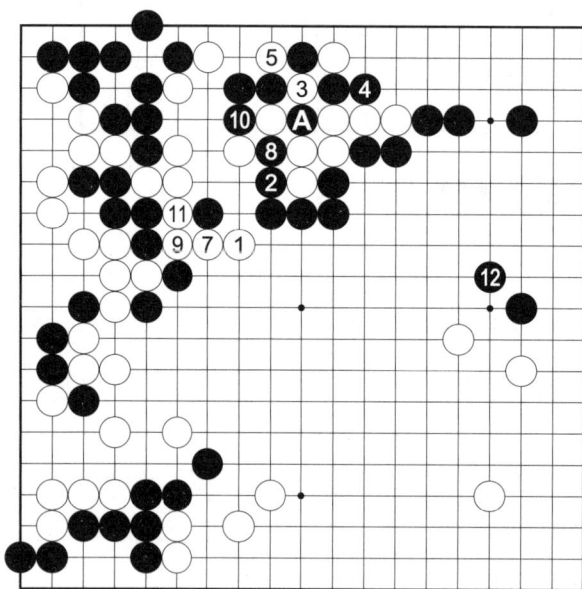

❻＝Ⓐ

变化图 7-2

实战白在1位刺时，黑2拐较实战或许更严厉。白3提劫，黑4长，白吃住左边五子，黑提通上方还抢到黑12尖，形成转换。黑空多且扎实，白翻盘很困难。

黑1跨时，白迎来转换良机。白2如消劫，黑3扳下还需在5位加补一手方可安定，不然白在A位扭断后借用很多。

白6连回后，上方和中腹一带黑棋薄味凸显，白在B位尖就令黑棋很头痛。此时局面已接近不少，黑7需要打入拼搏了。

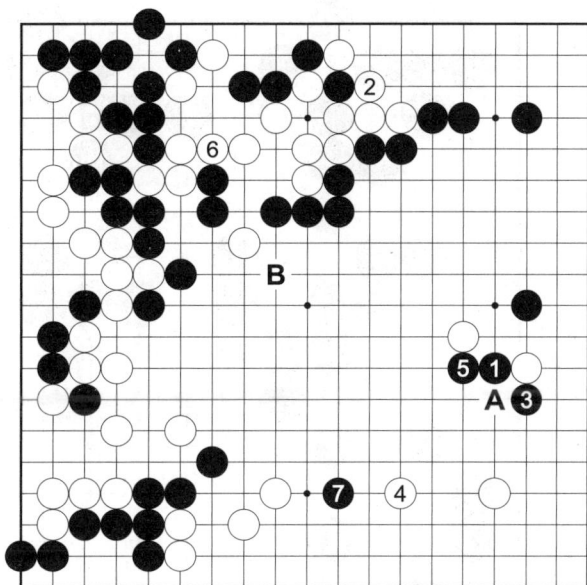

变化图 7-3

黑2如粘，白棋只得从3位冲出，以下黑棋只需切断白棋与左边大块联络即成功。至白23，白棋后手活角，黑盘面20目左右，黑胜势在望。

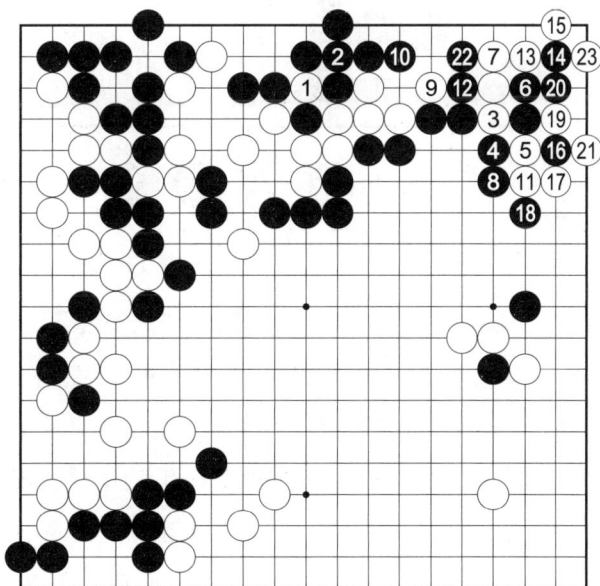

变化图 7-4

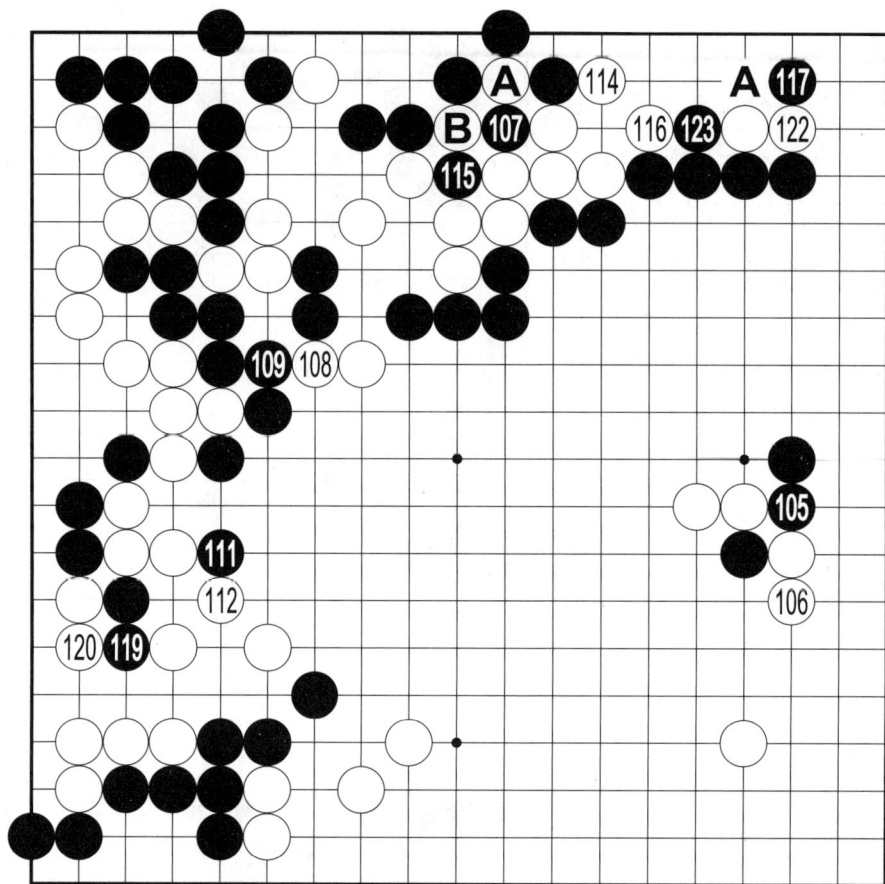

第 8 谱（105—125）

黑棋倚仗全局劫材丰富，"天煞星"加藤正夫在上方应劫毫不退让，意欲以劫全歼白棋。盘上劫材多寡一目了然，白棋压力很大，但看吴清源的应对，似乎不慌不忙，成竹在胸。

黑 105 寻劫，黑棋在左边一带的劫材也颇为恼人，吴清源都一一应住，如空城楼上悠然弹调的孔明，琴音幽幽，丝毫不乱。

白 122 冲是本身劫，黑 123 反冲后白气变紧，故白 122 应在 A 立或许更好。黑 125 粘劫，加藤正夫似乎势在必得——这条白龙已擒缚在手，白又有何计呢？

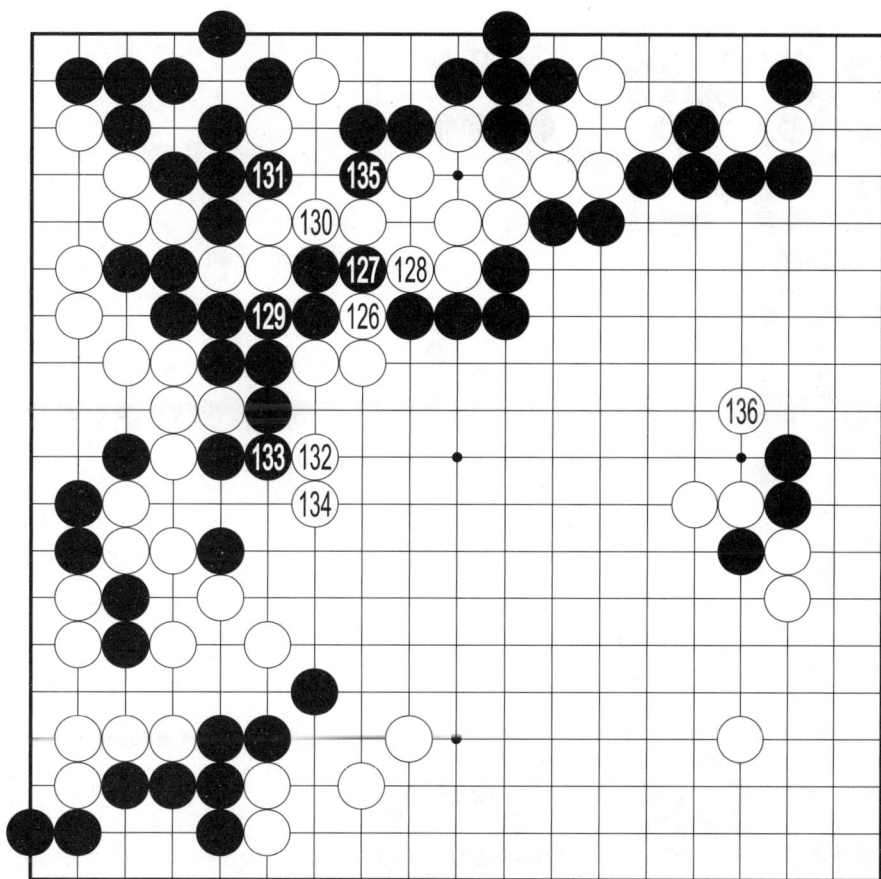

第 9 谱（126—136）

"山重水复疑无路，柳暗花明又一村。"白 126 冲，至白 130 断开黑左边一块，顿生头绪！

黑 131 冲或许是加藤正夫经过细算后的对杀手段，但却出现了严重的失误。这样的失误不是计算出了问题，而是对此后局面的整体判断出现了偏差。

白 132 跳封，黑 133 只得粘，白 134 长后，黑 135 挤，形成白缓一气劫的局面。看似白棋对杀不利，但白封锁中腹后抢先跳到 136 压缩右边黑空，白棋卸掉上方沉重负担，轻装出行。

"莫听穿林打叶声，何妨吟啸且徐行。竹杖芒鞋轻胜马，谁怕？一蓑烟雨任平生。"此处应对，白棋大有当年东坡居士的雅淡与从容。吴清源穿行林间，重启征途。本局黑棋有很大可能拿住上方二十余颗白子，收获不可谓不丰硕，但放眼全局，白以上方缓气劫作牵制，下方白势壮观不已，胜负亦未可知。

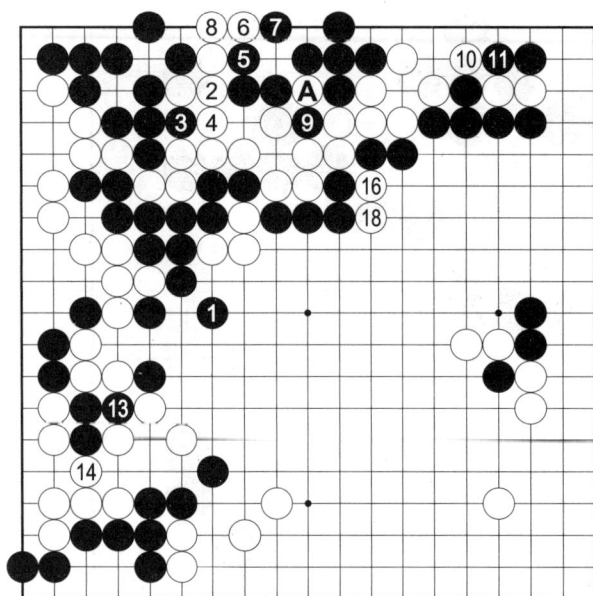

变化图 9-1

⑫⑰＝Ⓐ ⑮＝⑨

黑 1 若尖出拒绝被封锁，白 2 粘，上方形成激烈对攻。黑 3 冲后，黑 5 挡紧要，白 6、白 8 扳粘必然，黑 9 提劫后双方展开更激烈的劫争。

黑 13 打，白不得不应，黑 15 提劫后白无劫材，白只得 16 位断寻求头绪，黑粘劫后，白 18 贴出作战。

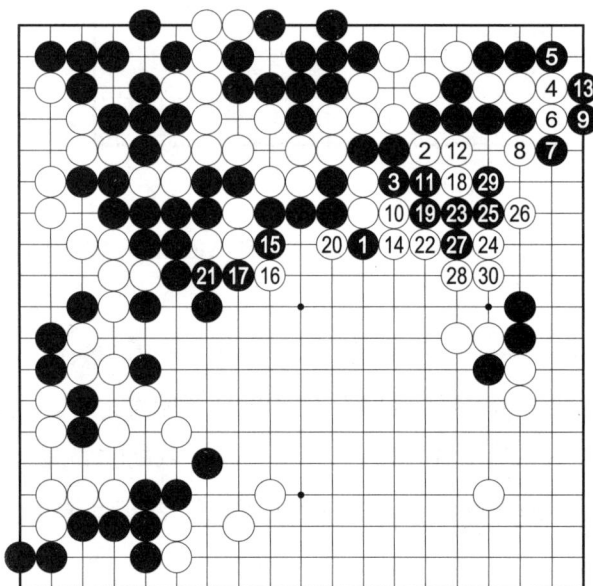

变化图 9-2

接上图。以下白棋利用外围断点腾挪，至白 30，白棋上方损失惨重，盘面大差。黑得先手，可打入右下白阵侵消，白想全歼黑棋很难，如此黑棋大优。

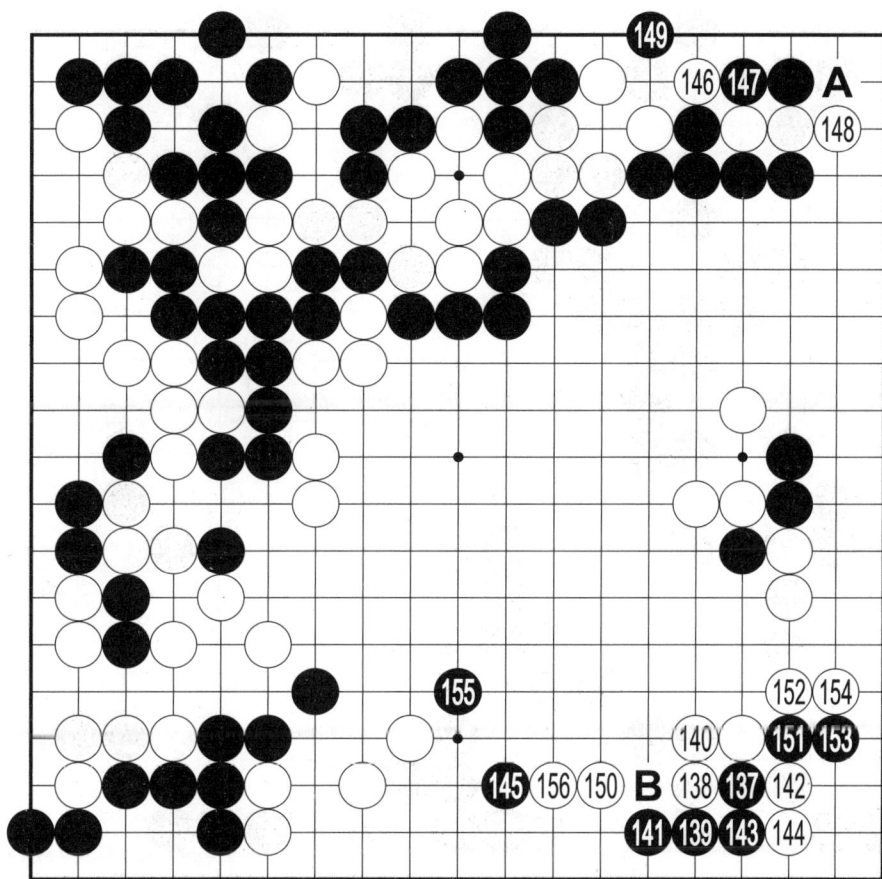

第 10 谱（137—156）

因加藤正夫没有走出更强硬的手段，白封锁外围实现转身。通算上方战斗，虽然白棋有所亏损，但亏损控制在可容忍的范围。现在盘面黑好大约 10 目。

黑 137 托角，是侵分好点。此时黑棋在上方加补一手固然安全，但局面已容不得黑棋如此安逸了。此处黑棋目的明确，即不让白棋成大空便有望争胜。至此，全局迎来第二个胜负处。

白 146、白 148 在下方激战之时不忘试黑应手，白 148 长时，黑 149 点，黑不给白棋任何出棋可能，但白三子松了气，以后在 A 位拐还是先手，右边明显得利。黑 149 还是在 A 挡住为好。

右下应对受上方的缓气劫牵制，双方心知肚明。白 150 跳时，黑应在 B 位强硬冲断。黑 155 飞看似轻灵，但遭白 156 顶，下方黑四子被擒。这一带应对，加藤正夫的步调有逐步出离之感，大前辈追击的步伐紧迫而勇敢。

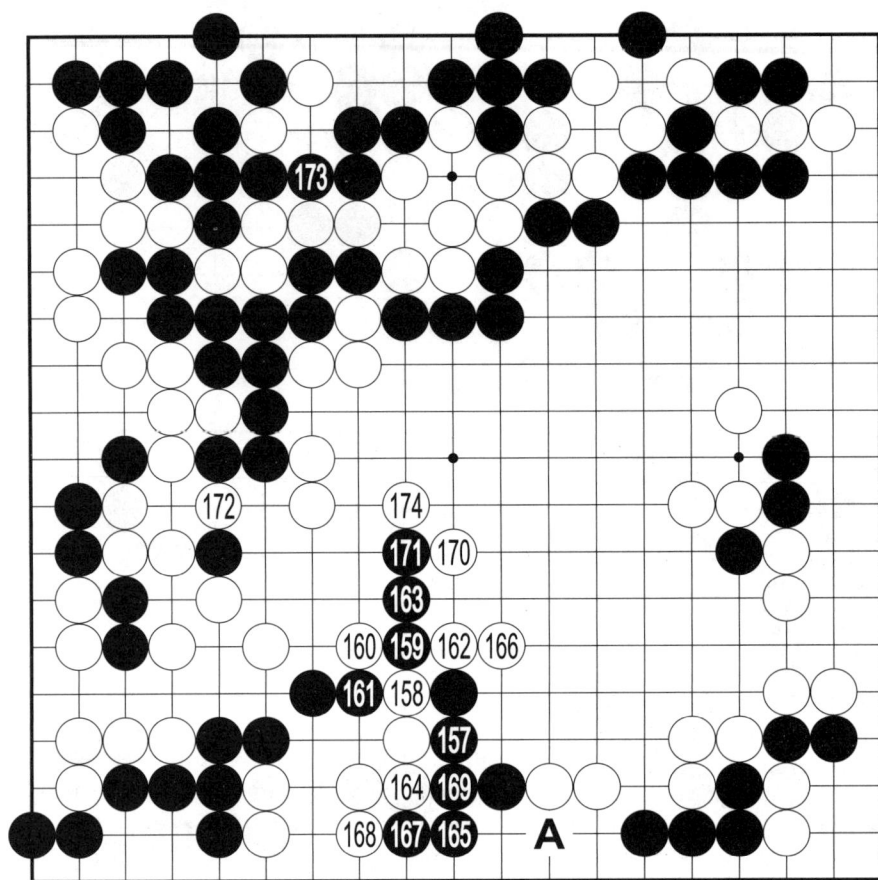

第 11 谱（157—174）

后半盘，双方在棋盘下方再次掀起一波白刃战。黑 157 如走在 169 位，则左右逢源，效果或许更佳。白 160、黑 161 相互切断后，双方都无路可退。

白 162 断打后，白 164 团是局部要点，长气兼破黑形。吴清源施以连环强手，与年轻力壮的加藤正夫搏杀起来，丝毫不落下风。黑 169 团有误，看似紧住白气，但忽略了白棋后面的强手，在 A 位虎或许更明智。

白 170 跳，黑 171 长气，白 172 打，这一打让黑棋颇感难受。白引爆上方大劫对黑棋来说始终是个大负担，但下方对杀也很棘手。加藤正夫思忖再三，黑 173 打吃上方。白 174 扳头后，黑三子棋筋已难逃被吃的命运。

至此，下方黑棋处境骤然艰难。这一带与其说是加藤正夫失误连连，倒不如说是吴清源聊发少年狂，骁勇无比。

棋盘下方陷入乱战，头绪纷繁复杂，黑棋未能走出最好着法。下面结合 AI 逐一分析战斗要处。

实战白在三路顶阻黑联络是好棋。黑 1 并是棋形要点，白 2 冲时，黑 3 再挤，好手！白 4 扳与黑 5 交换后再白 6 挤是好次序。至黑 25 形成转换，局面两分。双方手段、次序都很精妙，值得品味。

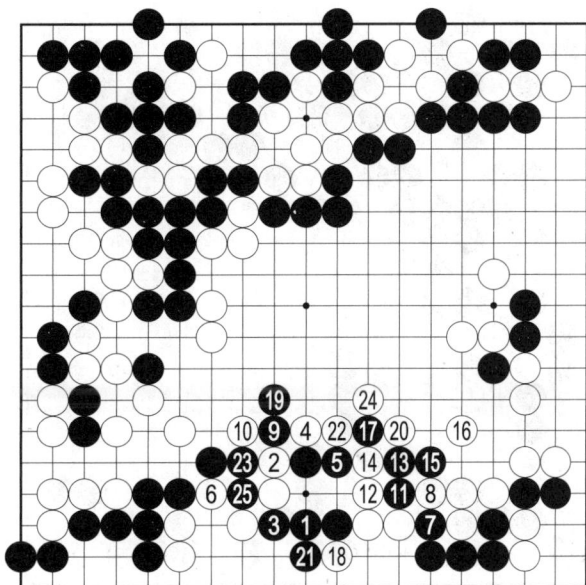

变化图 11-1

白 1 扳时，黑如断则稍显冲动。AI 推荐黑 2 跳更具远观和深算。

白 3 靠补最善，以下黑 4 倒尖又是好手，此时白如让黑渡过，黑自然可以满意。白 5 立阻黑联络，黑再从中腹动手就更从容了。以下黑 6 先扳再粘，之后黑 10 先双再大飞联络，相较于实战，黑棋自然可以满意了。

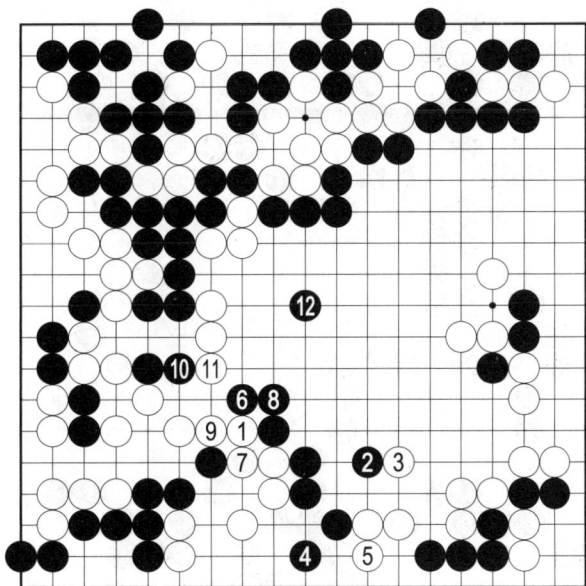

变化图 11-2

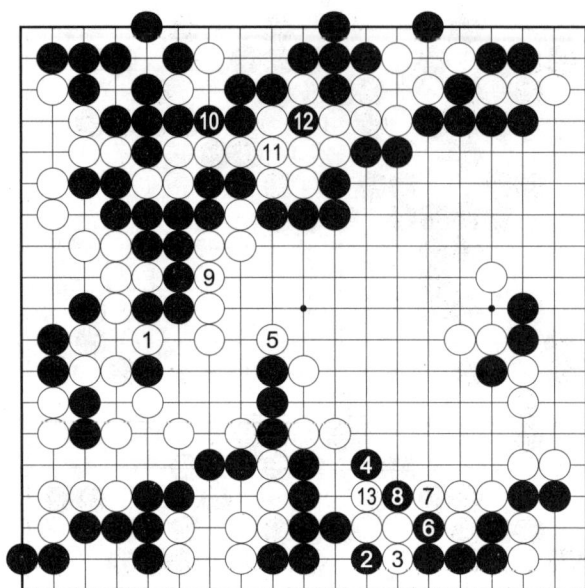

变化图 11-3

白1打兼收气时，实战黑紧气遭白在5位封锁，局面瞬间失去悬念。

AI建议，黑2虎后再4位跳，是此时局面的要点所在。黑在这里动手，与中腹三子的出动暗相呼应。白5扳吃，以下黑6、黑8冲断，白9紧气打生死劫，再白13寻劫……

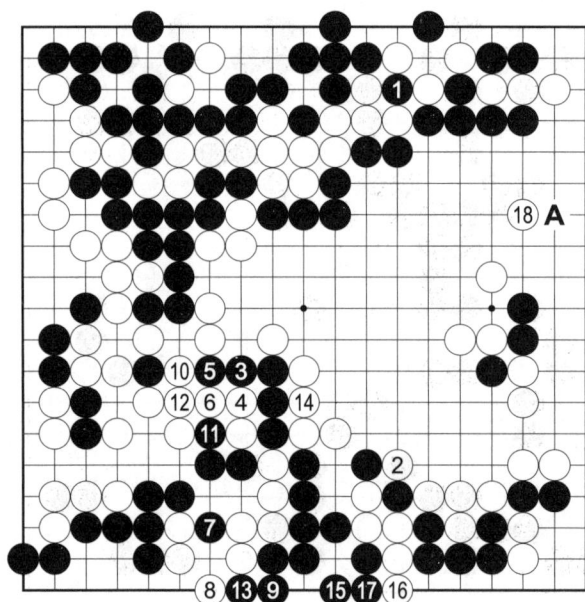

变化图 11-4

接上图。此劫过重，黑1只有消劫形成大转换。

以下黑3、黑5时，白4、白6紧气重要，黑竭力盘活下方，但白得先手飞到右边，白棋胜势已不可动摇。本图黑虽难挽局面，但尚存残机，总好过实战被白棋完全封锁。

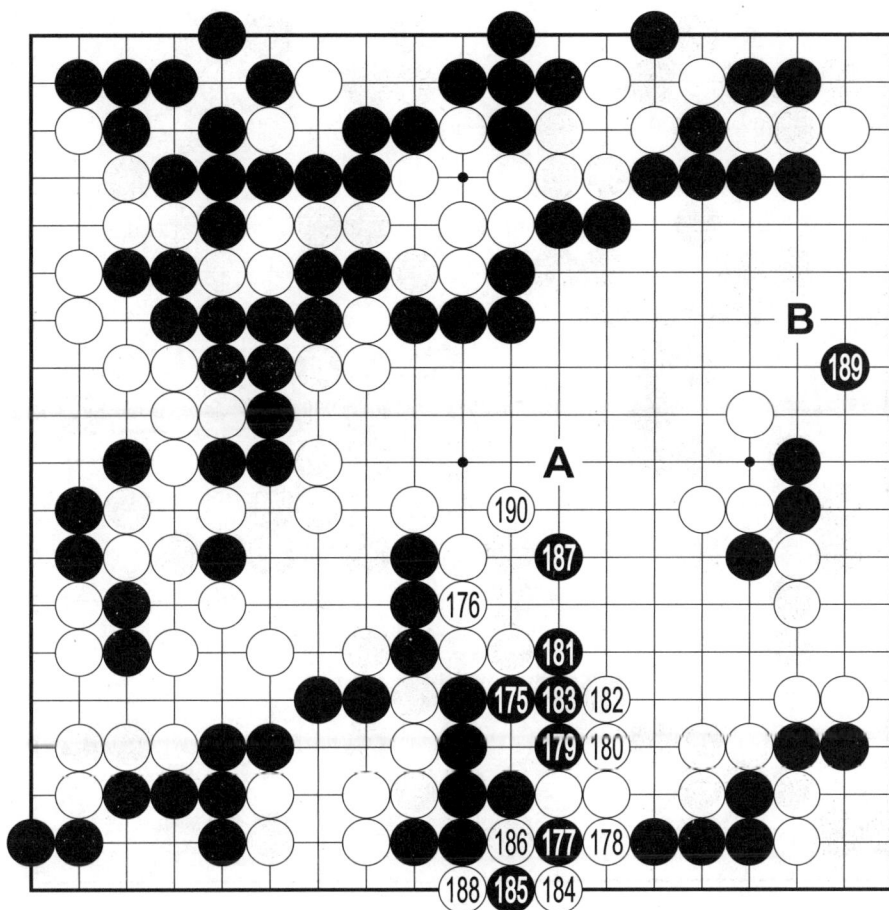

第 12 谱（175—190）

　　黑三子被吃，下方黑棋出逃仓促不已。黑 175 贴时，白 176 厚实包封，黑棋大块出路一片渺茫。

　　仗着白棋周围厚实，吴清源强手连发。白 184 打吃，黑 185 撑劫，黑怎么打得过？黑 187 只有仓皇奔逃，白 188 悠然消劫。此时黑如在 A 位跳出，白在 B 位飞下即大胜。

　　此刻加藤正夫很难不急火攻心，黑 189 干脆飞，捻一枝稻草，做最后一搏！

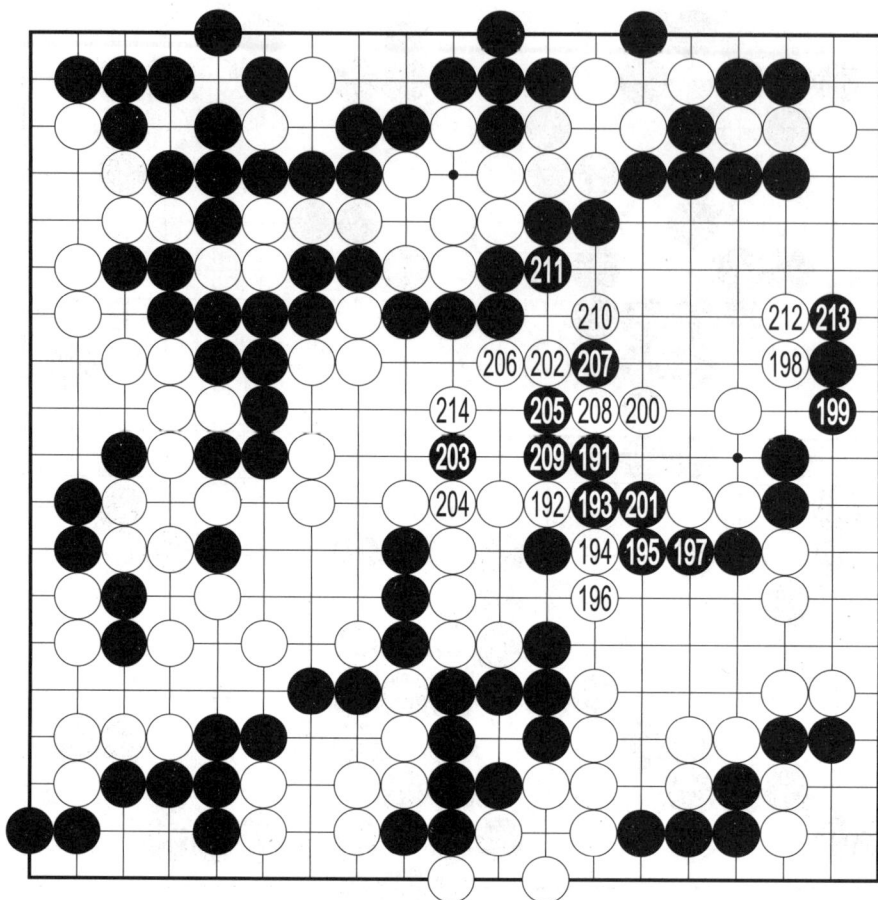

第 13 谱（191—214）

　　黑 191 飞再寻活路，白 192、白 194 冲断毫不留情，吴清源已计算清楚。

　　白 198 尖后在 200 位跳，白形厚实。黑 201 死命粘上是最后的玉碎之举。

　　白 210 打，黑不敢再逃，不然黑棋难以兼顾上边黑棋与出逃之子，极易崩溃。

　　以下白全部以最强应对，至白 214 夹，白方尽皆纳下黑棋"敢死队"所有成员。

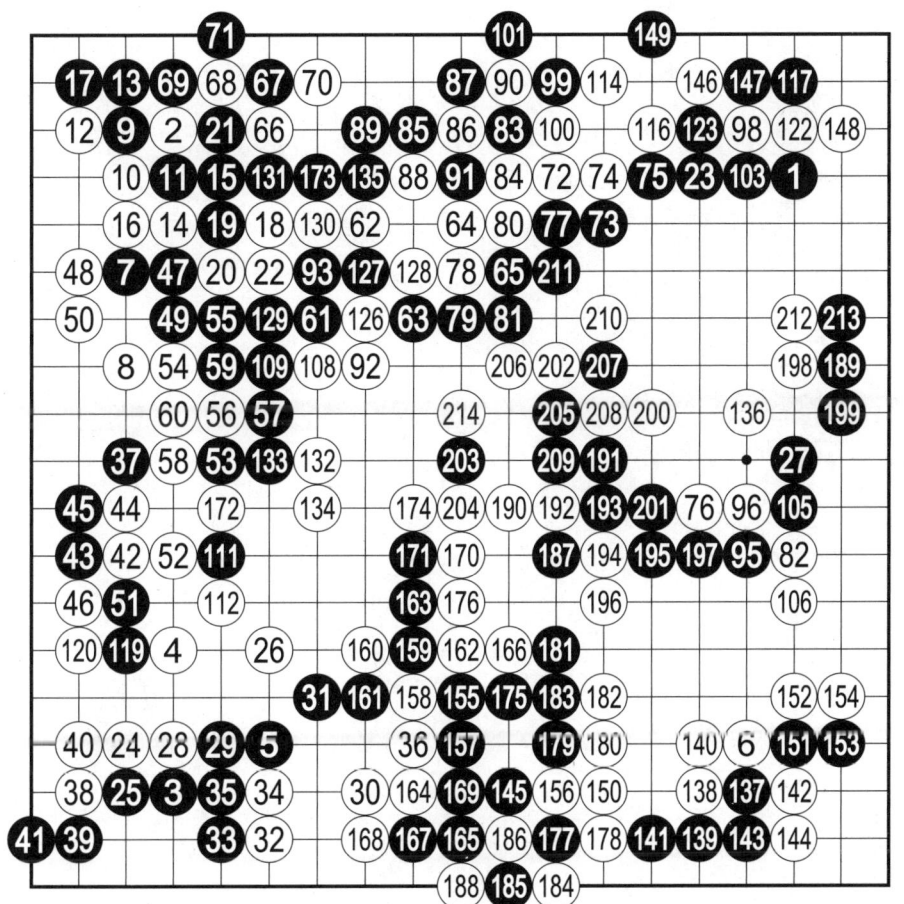

总谱（共214手，白中盘胜）

最终白中盘胜。

　　纵观本局，"天煞星"加藤正夫的冲击力自然非凡，在上方的纠缠激斗中，让大前辈吴清源吃了不少苦头。但不要忘记，在经历了那么多濒临绝境的时刻，吴清源早已淬炼出了绝佳的胜负心态，最终都力挽狂澜，拿下快意好局。

　　多年以后，成为六超之一的加藤正夫，一定会铭记这样的对弈时刻。一局战罢，醍醐灌顶，与"神"对弈，恐怕是其棋士生涯最为难忘的体验和经历之一吧！

第九章 云惊波骇 月弥星布

第 20 期 "王座战" 激斗藤泽秀行

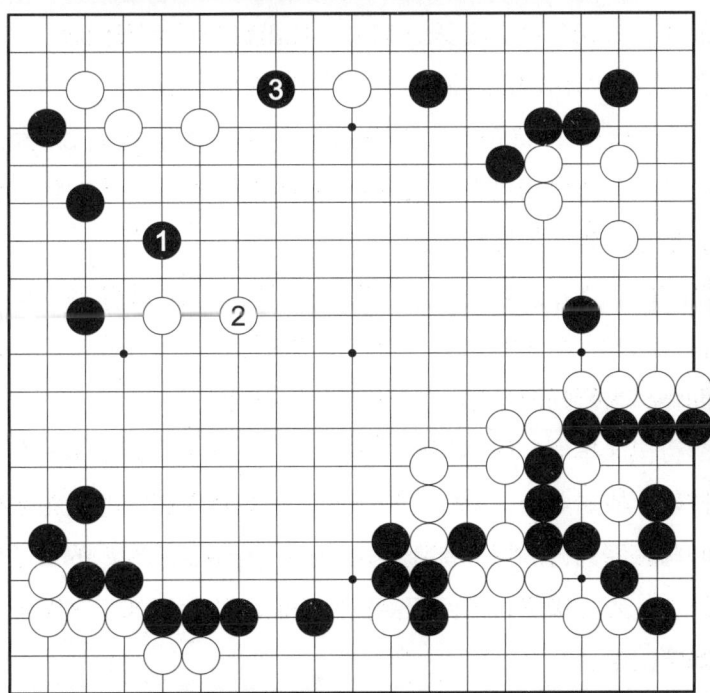

吴清源　藤泽秀行

- 本局是两位围棋艺术大师的经典杰作
- 吴清源演绎教科书般的实战攻击教材
- 若秀行着子似赵松雪小楷《洛神赋》，雍容华贵、人间极品
- 则吴氏棋风如王右军行书《兰亭序》，清灵妙逸、飘然出尘

天宝三年，公元 744 年夏天，李白与杜甫在东都洛阳相遇。

两人见面时，李白早已名满天下，杜甫刚崭露头角。

"诗仙"邂逅了"诗圣"，那一年，李白 43 岁，杜甫 32 岁，李白不仅在年龄上比杜甫大 11 岁，而且在诗坛辈分上整整先于杜甫一个时代。两人一见如故，倾心而谈，那是盛唐一段诗坛佳话。

1972 年 9 月 11 日，第 20 期"王座战"吴清源对战藤泽秀行。藤泽秀行生于 1925 年，正好小吴清源 11 岁。不过，彼时吴清源 58 岁，已经走在"山的另一边"，而藤泽秀行尚值壮年，正值自己的全盛时期。

藤泽秀行棋风华丽、棋感超群，被誉为"前五十手天下第一"。开局的优势助他所向披靡，战绩卓越，尤以"棋圣战"挑战赛六连霸的光辉战绩最为夺目。

吴清源与藤泽秀行的棋风都属轻灵一路，若说藤泽秀行的着子似赵松雪的小楷《洛神赋》，雍容华贵，人间极品；则吴清源的棋风如王右军《兰亭序》般轻灵妙逸，飘然出尘。

藤泽秀行曾书"无悟"二字，他自己释言：我终于懂得，终我一生，也不懂围棋。这时，我想到了"无悟"这个词。此生不可能达到"悟"之境界，得不到"悟"，那就以"无悟"之身继续精进吧。身为职业棋手，我们也是什么都不懂，因为是向着无限的方向前行。我唯一知道的，就是我什么都不知道。

与吴清源大智若愚，不谙世事不同，藤泽秀行快意人生，活得潇洒自在。

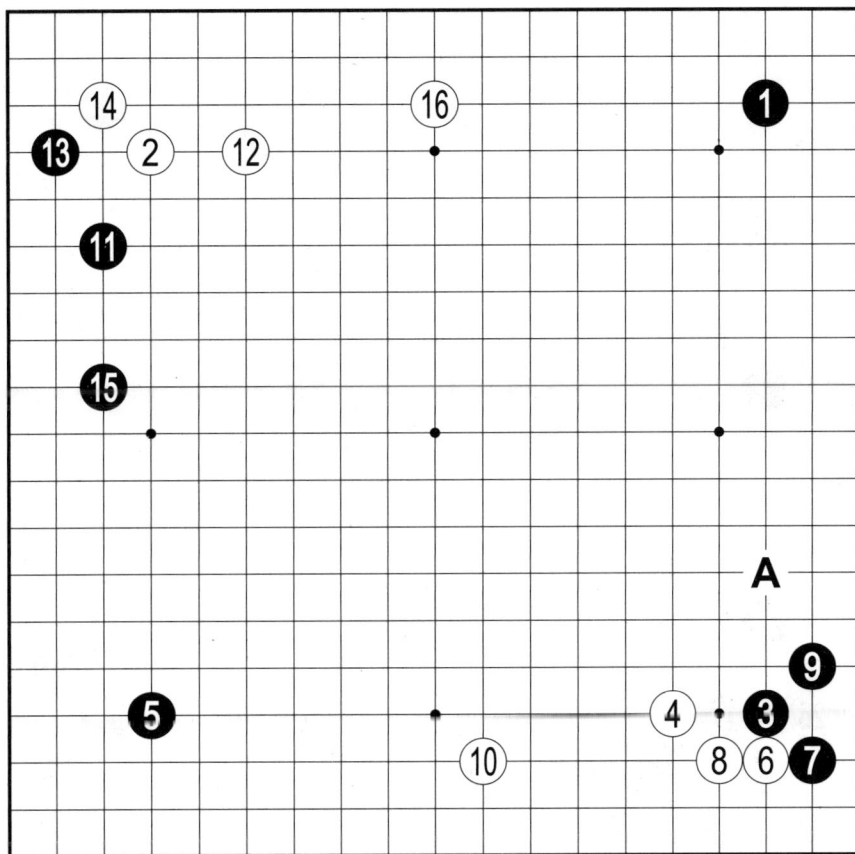

第 1 谱（1—16）

　　面对如日中天的藤泽秀行，年近花甲的吴清源此番执黑先行，以"三三"与小目的配置起手。在 1972 年的一段时期，执黑的吴清源总喜欢这样的开局，在少年时期喜欢星位的他，之后也在尝试其他各种各样的风格。

　　右下的托退定式延续了数百年，在最早的日本古棋中，黑棋便以 9 位虎居多，后来人们觉得过于保守，演变成了在 A 位拆，但 9 位的弱点一直存在。在 AI 赋能的当下，9 位虎仍是其推崇的一手，如那手著名的"秀策之尖"，历久弥新而余音不绝。

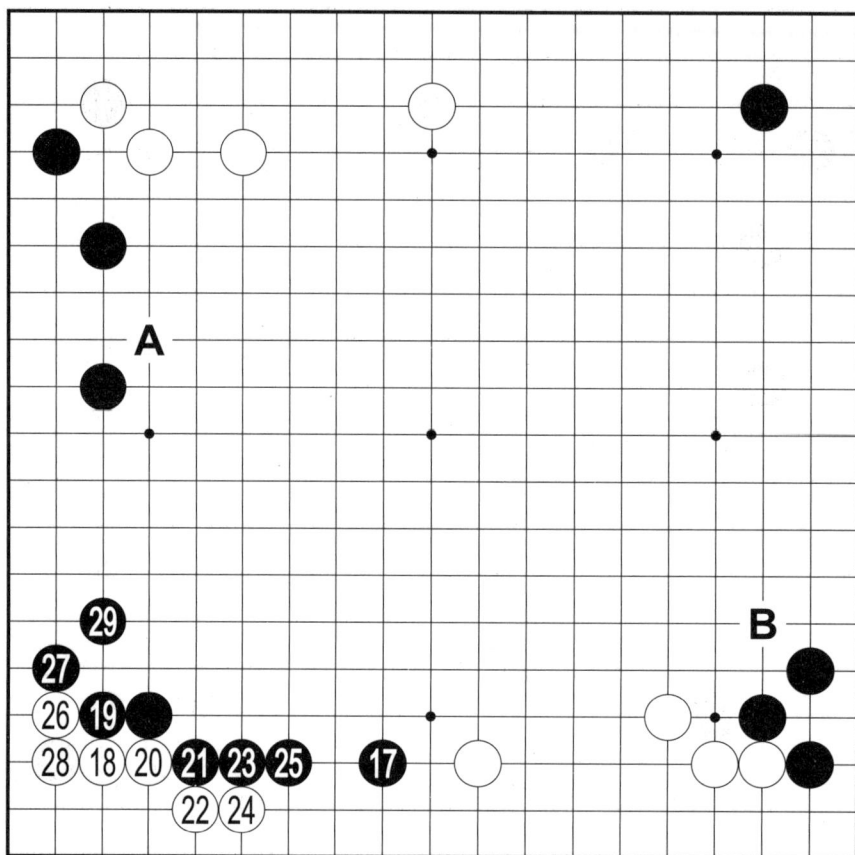

第 2 谱（17—29）

黑 17 攻逼过来，白棋点三三的下法，在这个时代，即便是四周没有黑子，白棋都将毫不犹豫地点入，何况是在本局这样的绝好配置下。在当时，过早地点角很难不被认为是坏棋。黑 17 如在 23 位守角或更实在。

AI 时代的星位点角斗量车载，触目皆是。点角之后，抢先而不扳粘为要义。但在本图这样的局面，白 26、白 28 扳粘却极为必要，一是扳粘后，左边黑棋在低位，黑棋发展前景不大；其次白如遭黑扳到，需要后手补活，痛不欲生。

以下白在 A、B 两点都可压缩黑棋，白棋满意。

黑 1 肩冲是局面好点。白 2 贴必然，黑 3 再从右边飞起，准备接下来在 4 位跳。白 4 飞即"敌之要点我之要点"，至白 10，双方以快速积极的步调展开。

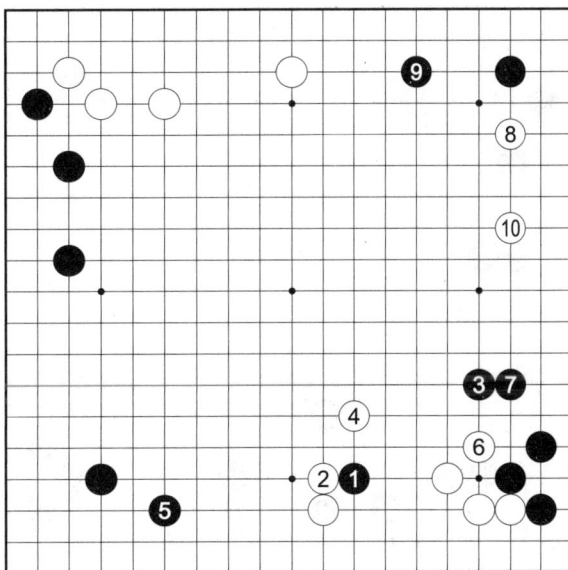

变化图 2-1

黑 1 肩冲时，白如在下方挡，黑 3 长，白 4 飞过，交换黑无不满。接下来黑棋在右边展开，白跳出后五路压，黑得实地，白取厚势，两分。黑右下厚实，白 12 下法积极。

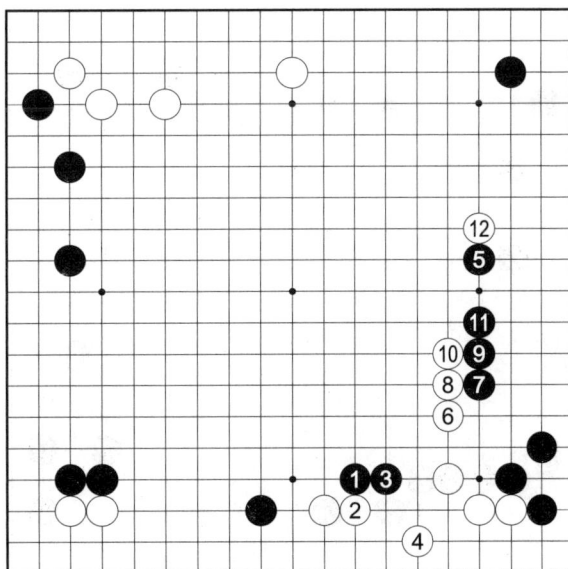

变化图 2-2

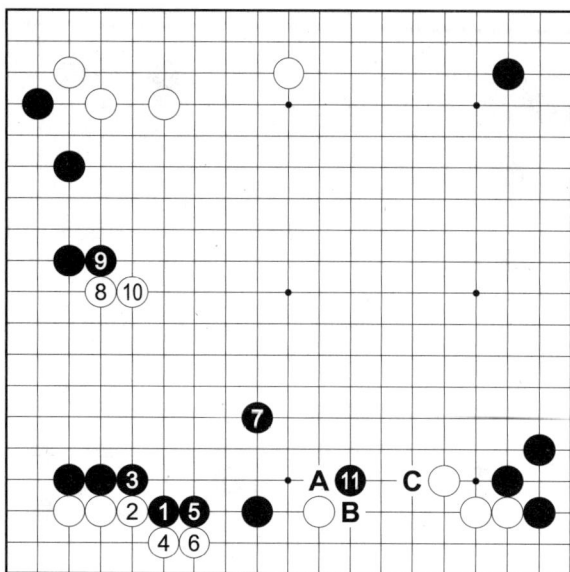

变化图 2-3

关于点三三的攻防，黑 1 飞不同于实战扳下。白 2 至白 6 后，黑 7 跳撑大模样，白 8 不得不肩冲。黑 11 肩冲下方，白颇感为难，若在 A 位贴，则黑倚仗左边厚实可在 B 位贴下作战；若白在 B 位爬，则黑在 C 位靠，黑棋皆无不好之理。

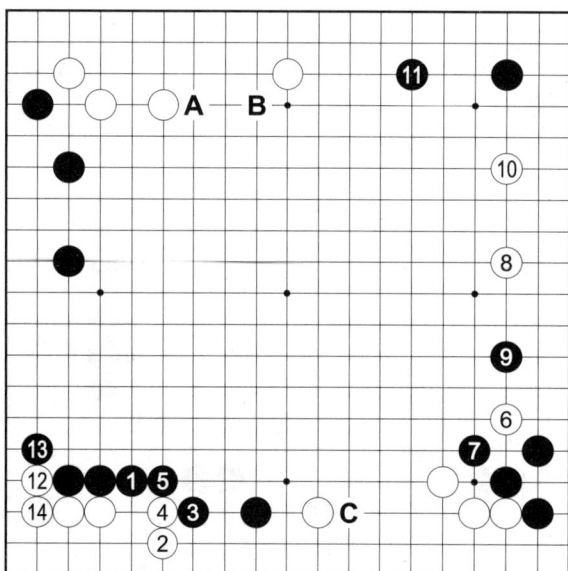

变化图 2-4

黑 1 长也是一法，白 2 飞，黑 3 封锁，此后双方如图展开。白左边扳粘价值巨大，接下来 A、B、C 都是黑棋的好点。

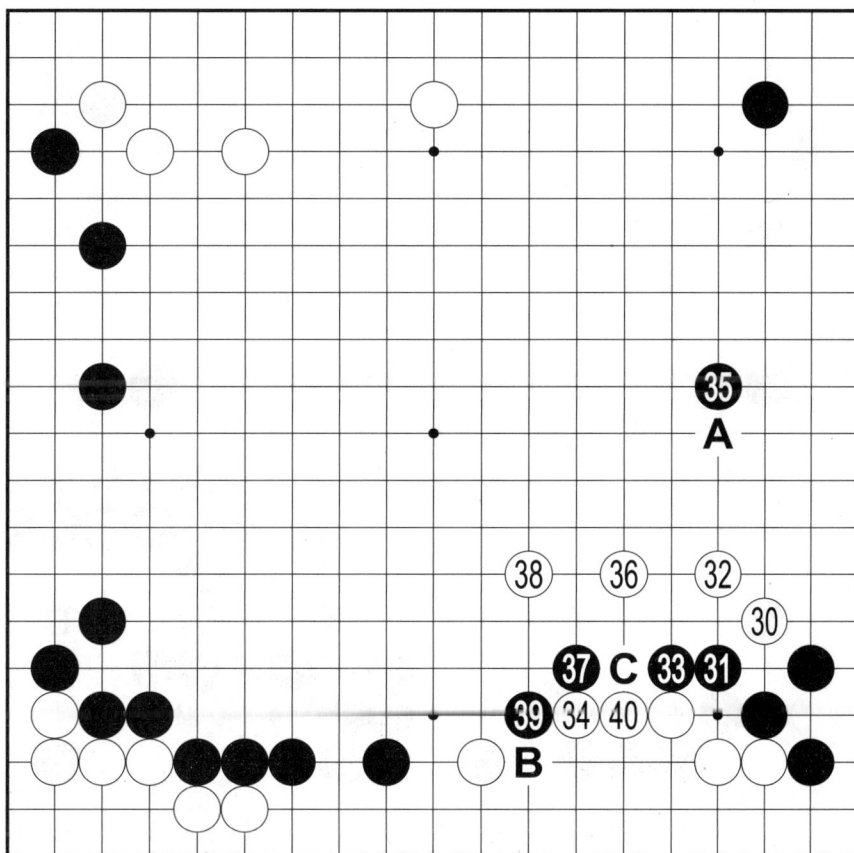

第 3 谱（30—40）

白 30 点，黑 31、黑 33 出头，白 34 顺调跳补，黑 35 还可再进一路在 A
位逼迫。白 36 跳出后，黑 37 靠分断两块予以攻击。

白在腹地连跃两手，黑 39 扳下强烈，白 40 只得接，黑如敢在 B 位冲下，
白将从 C 位冲出分断两块，不辞一战。

序盘伊始，对局双方在边角之地拼力纠缠，一招一式，尽显功力。

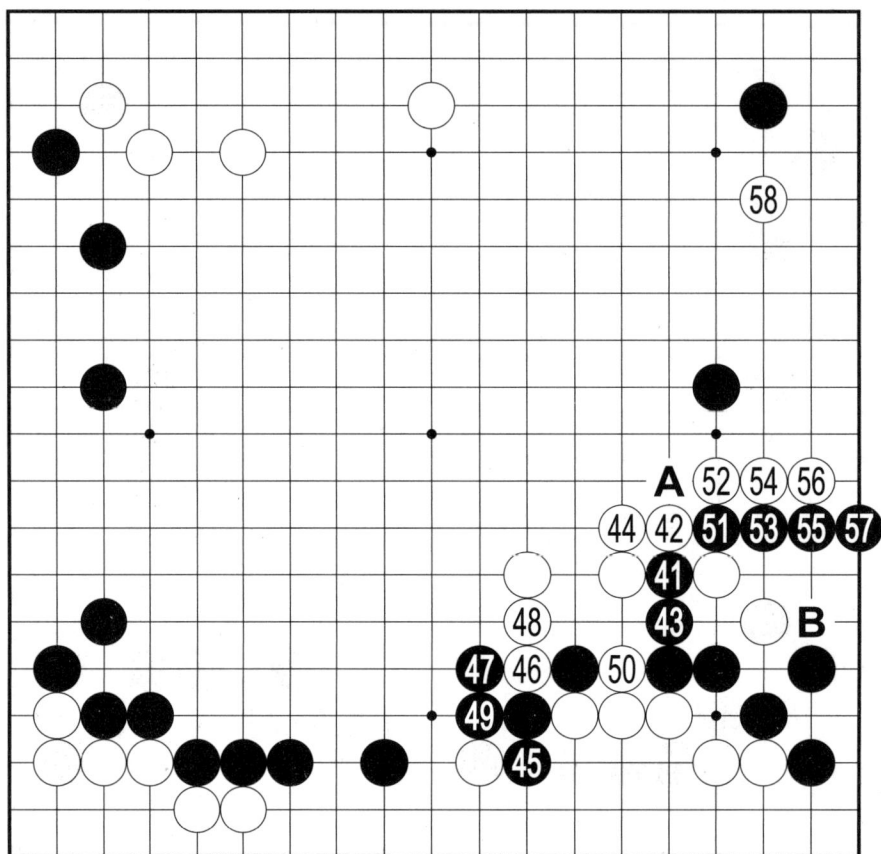

第 4 谱（41—58）

　　黑 41 挖，吴清源亮出手筋，白 42 外打必然，经黑 43 与白 44 交换后，黑 45 得以挡下，之后白 50 冲吃连通后，黑 51 得以断开白二子，黑棋两边皆得实利。黑 57 下法巧妙，目数和味道最好。白 58 打入分割上方黑棋，这一战无疑是黑棋大得。

　　本谱白棋问题手其实有二：其一，白 44 粘看似补厚有必要，但黑 45 得以冲下获利，白 44 可挡在 45 位，虽有 44、51 位两处断点，但对白影响都不是太大：黑如在 44 位断，则白在 A 位长；黑若在 51 位断，则如本图打下后再 A 位粘即可。两处断点都不如下方冲下严厉。其二，白 50 吃一子是缓手，不如在 B 位对黑施压，之后再回手吃也不迟。

白1挡，即便黑从2位断，白3长可避其锋芒。

以下黑4打时，白5打紧要，黑8与白9交换一手后再10位打是要领，如此黑12正好成为顺手劫财。以下变化分两图说明。

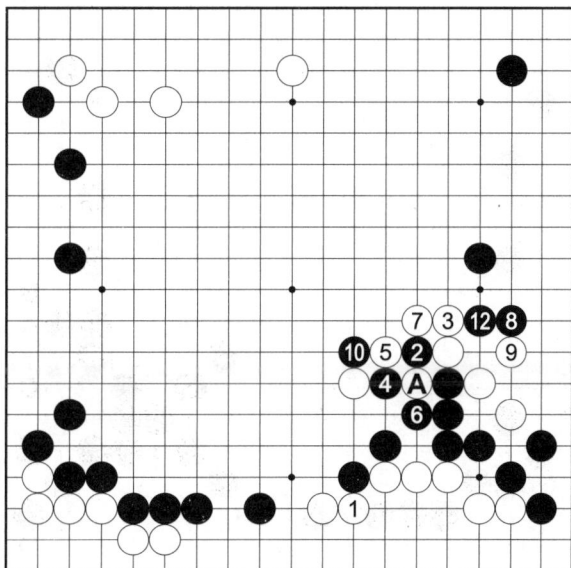

⑪=Ⓐ

变化图 4-1

白1如应劫，黑2提后再4位长出，白5长，黑就简单活角，白9需补棋，黑10跳出堂堂正正，双方大致两分。

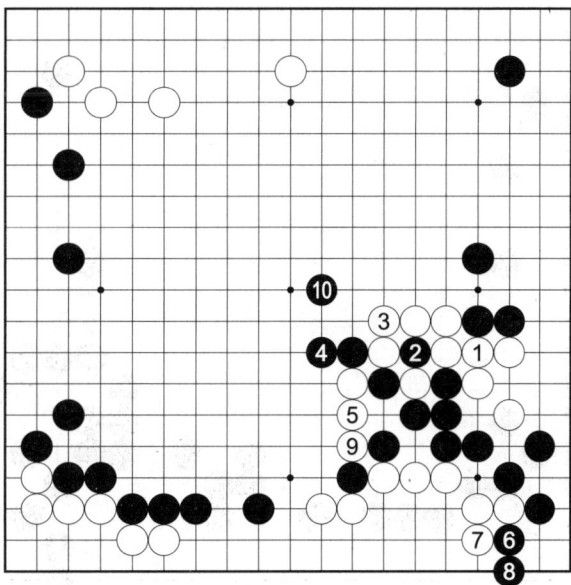

变化图 4-2

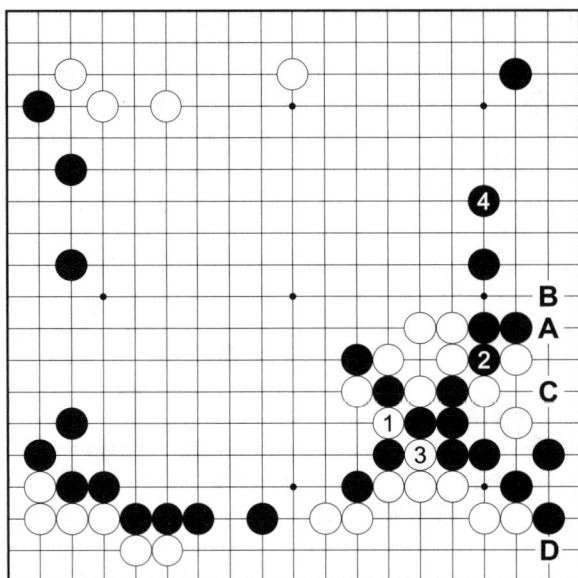

与上图相较，白1干脆拔吃或更简捷。白3断吃厚实，黑4守边后，以后白还有在A位扳，黑在B位挡后，白在C位虎的余味。以后白抢到D位扳，黑棋也不轻松。

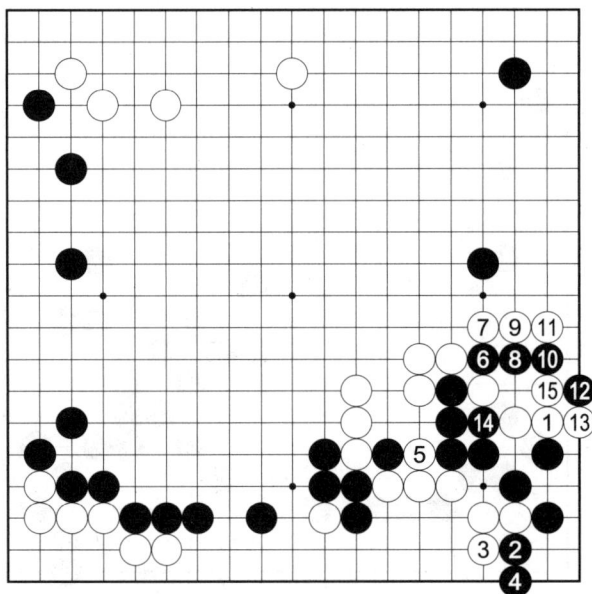

变化图 4-3

与实战白50简单在5位吃回相比，如在本图1位挡更显积极。

以下黑得扳角做活，白5吃后，若黑还在6位断的话，因有白1一子，黑须12尖，白13挡后，黑只得14位打，白15打可救回四子，黑已无应手。故多白1一子后，黑6再断纯属引火上身之举。

变化图 4-4

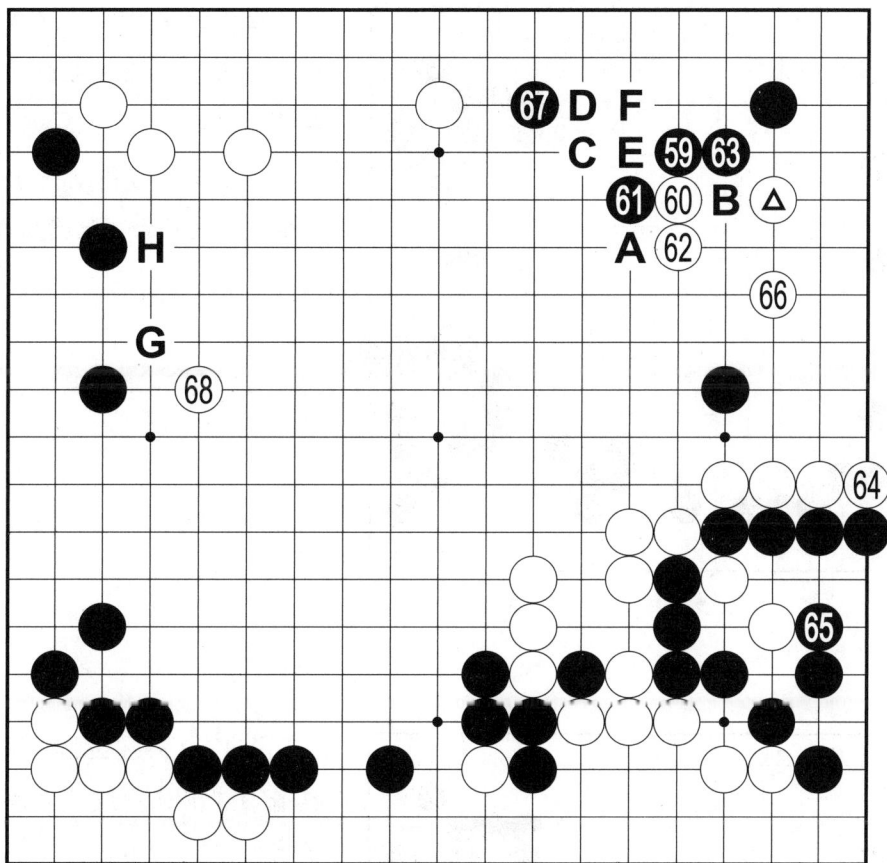

第 5 谱（59—68）

面对白△一子打入，黑 59 飞正确，白 60 靠顺势吞没右边黑子，黑 61 扳后再黑 63 退为必然下法。虽然黑有 B 位冲断的下法，但白 66 跳过缓，还是应在 A 位拐出，即便被黑在 B 位冲断一子，白棋弃掉便是。

黑 67 好点，白若在 C 位点，黑在 D 位挡，白在 E 位断，黑在 F 位挡，也没有什么大不了。白 68 镇头步调优雅，却不如径直在左边 G、H 两处点压来得简单干脆，如此白将与右边阵势形成完美呼应。

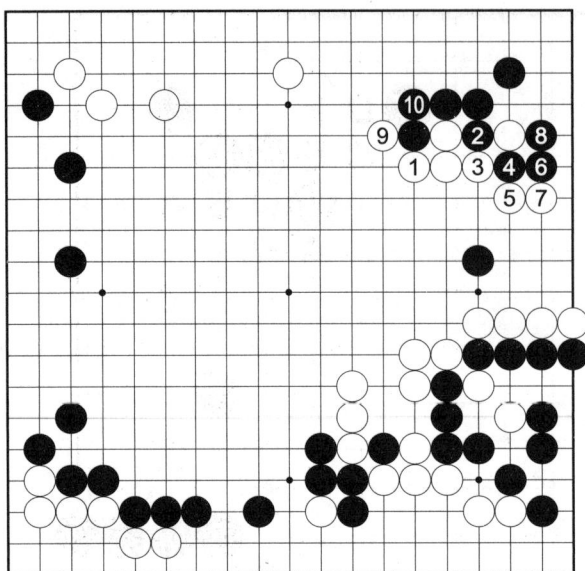

变化图 5-1

白1拐头紧要，黑2冲断
价值虽大，但白3至白7大方
弃掉亦不足惜。

白9后，可得到先手在左
边定型，此为白1远意所在。

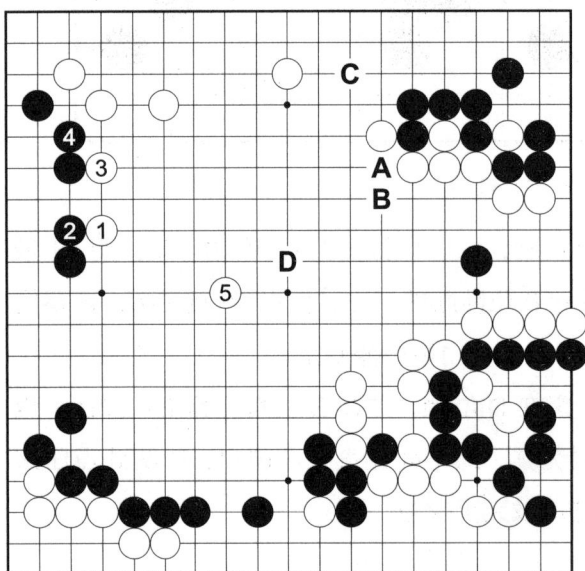

变化图 5-2

白1、白3是定型常用手法，
接着白5围住中腹，右边一带
虽有断点，但不足为惧。黑若
在A位断，白在B位打后推出，
中央将围成大空。

故黑将在C位飞徐徐推
进，或在D位一头扎进白阵舍
命一搏。

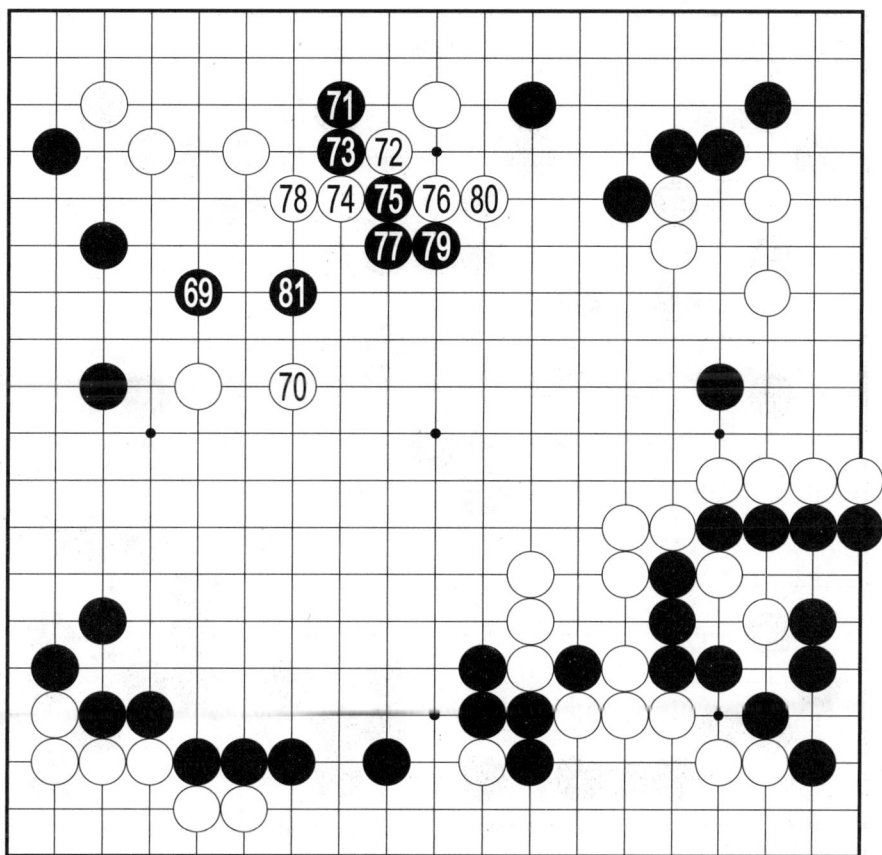

第 6 谱（69—81）

黑 69 自五路飞起，是无可挑剔的好点！如将此处置换成白子就很好理解了——中腹白棋立成大势。黑棋一面顺调攻击白孤子，一面消解中腹白势。之后黑 71 再打入，通过冲断牵制中腹白孤子，这是吴清源的一种高级战法。

黑 71 孤军打入对方营地后，再强烈冲断，一副搏命死士的姿态跃然盘端。黑 79 拐后再 81 位跳联络，棋形若有心情，那一定是愉悦的。中腹白二子瞬间变得茕茕孑立，无疑是受攻的对象。

棋盘上的艺术大师们，前赴后继，漫道耕耘。多年以后，身为名誉"棋圣"的藤泽秀行推出《藤泽秀行名誉棋圣的下一手》系列书籍，感染了无数职业棋士和围棋爱好者。那样精巧的思维，是否在这一谱的战法中，也汲取了参天大树般的养分呢？无论如何，本谱完全是精巧弃子而快意攻击的"活例"。

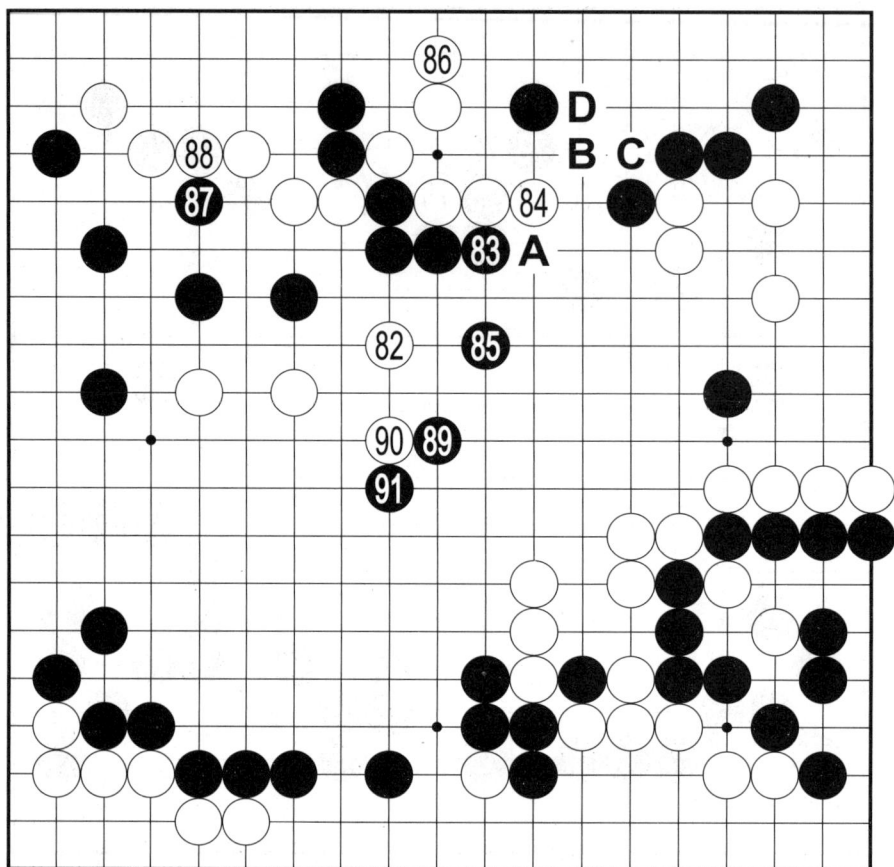

第 7 谱（82—91）

白 82 飞，有"明知山有虎，偏向虎山行"的气势，黑 83 先手贴后再回头镇在中腹，黑棋掌握主动权。黑 85 在 A 位紧贴，棋形也许更为紧凑厚实。

白 86 立下好脾气，失去 B 位尖的好时机。若白尖到，黑大致在 C 位粘，白在 D 位冲后，就不用在 86 位立了。

黑 87 刺好时机！经此交换加厚黑形，以下意图就不言自明了。黑 89 飞攻，再黑 91 扳，白棋苦战。

白1尖严厉，黑2粘，白3冲下先得目数再说，至于黑4的攻击，白5靠，黑6立下，白7大飞，中腹免不了一顿激战。

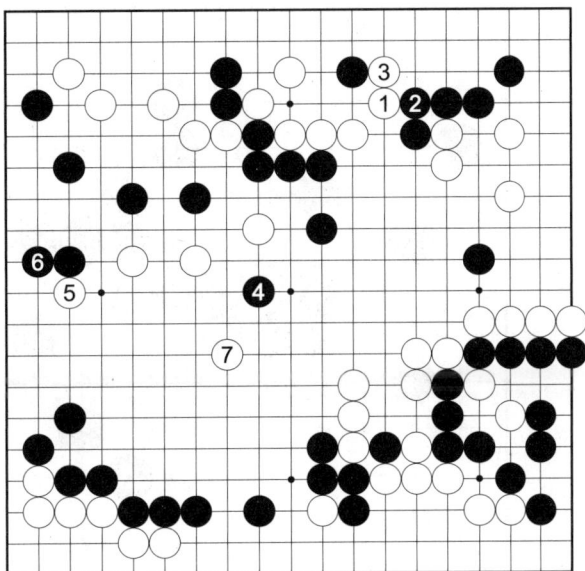

变化图 7-1

白1尖时，黑2、黑4连回不妥，白5尖断黑棋，黑大块顿显单薄，黑难免苦战。

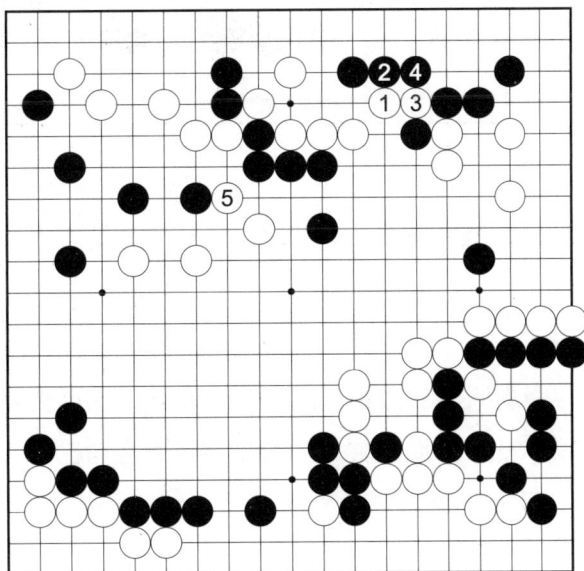

变化图 7-2

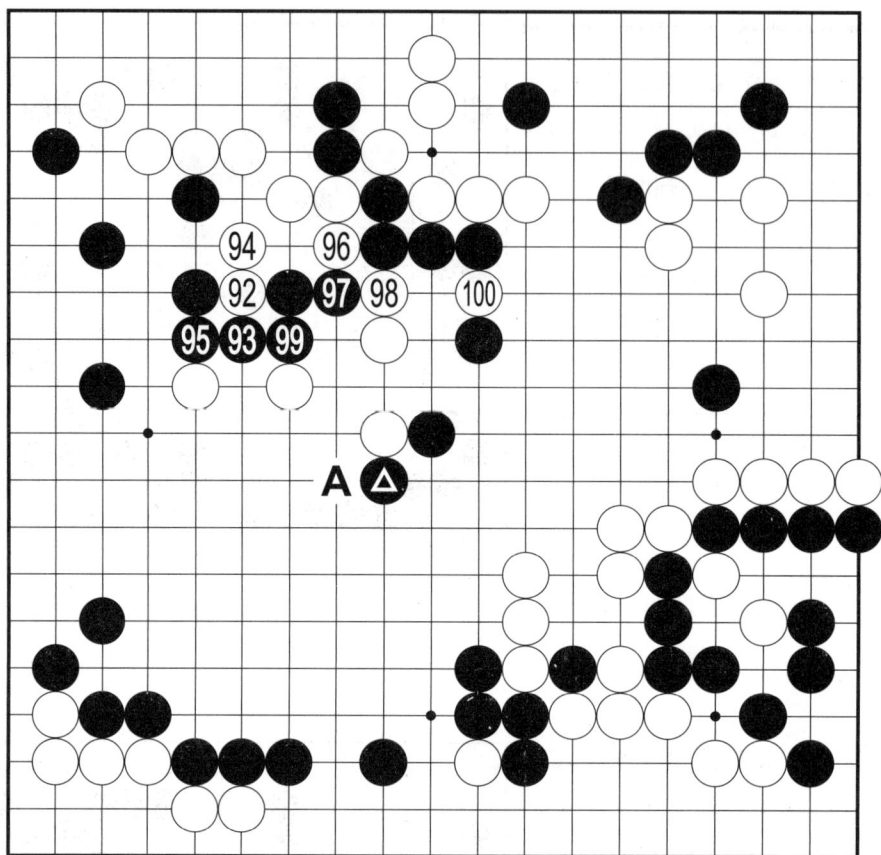

第 8 谱（92—100）

黑△扳时，白普通在 A 位连扳腾挪，白右边厚实，要安定自身并非难事。

白 92 挖太过凶狠，黑 93、黑 95 正确，白 96 冲已有变调之感，普通应在 99 位断。以下白 98 断后再白 100 挖，逼得双方都无路可退。

有人说，围棋是胜负师的游戏，而胜负师都是赌徒。藤泽秀行先生嗜赌如命，此时的局面就是一次豪赌！要么自己算准一举制胜，要么漏算对手强手而一泻千里。

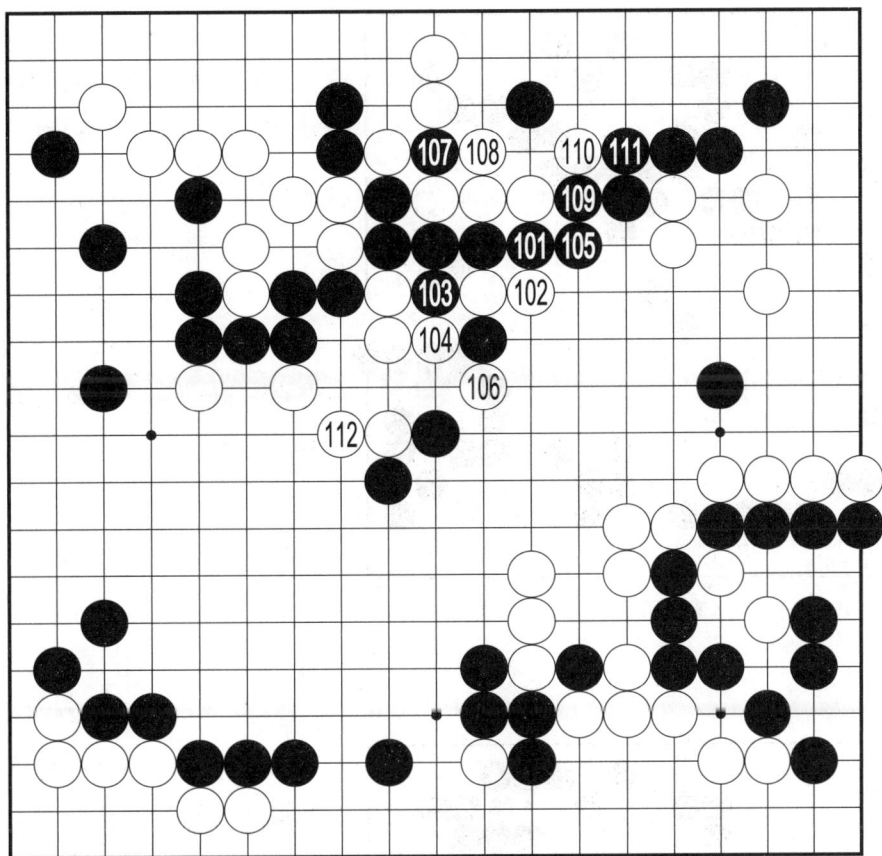

第 9 谱（101—112）

黑 101 以下冲出后成"一本道"，白 102 拼死冲出，黑 103 切断。白106 打后，看似通过一系列手段让黑棋不便逃出一子，然而白棋上下两块已陷入不能兼顾的窘势。

滔滔不绝的狂攻潮水漫卷在棋盘上方。正是早先黑棋在上方打入的"奇兵"，导致了这一幕幕不可思议的局面。

黑 107 扑后再 109 位顶，吴清源开始从上方动手。白棋上方味道很恶，藤泽秀行也顾不上了，白 112 补中腹，等待吴清源在上方出着，一赌胜负。

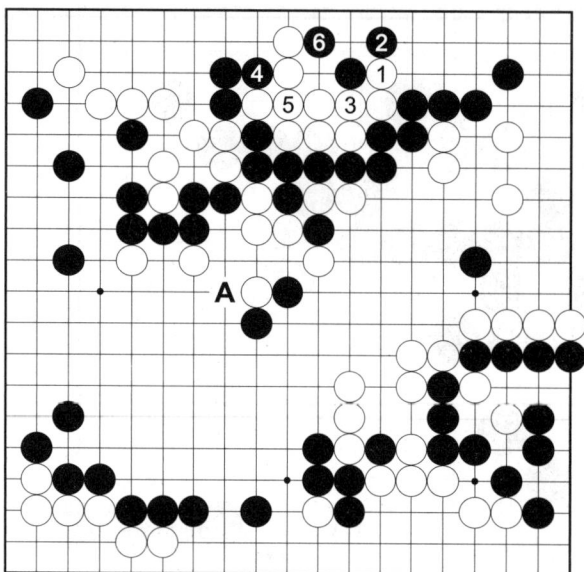

变化图 9-1

事实上，实战白在A位退是绝境下的好手。白1冲看似缓解了上方危机，但很可能加速走向败亡。

黑2扳是好手，白3粘不予借用是最好应对，以下黑4打后再黑6虎是连环手段。局部白不好动弹，很难对黑进行有效反击。

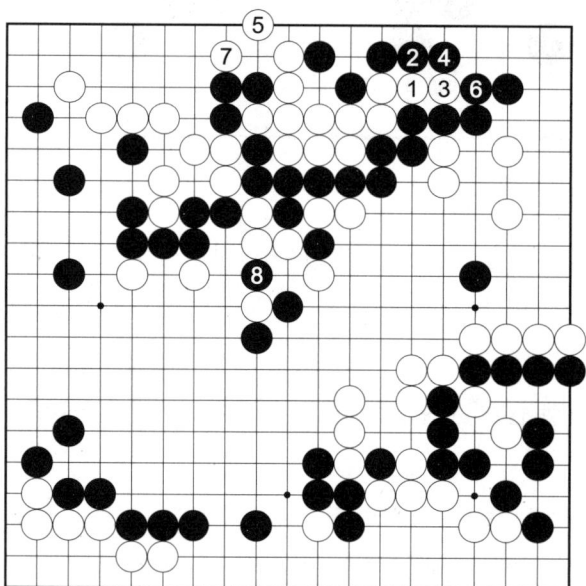

变化图 9-2

接上图。白1、白3冲后再白5、白7吃回为妙，黑上方安然无恙，再回手抢到8位打吃，白崩溃。

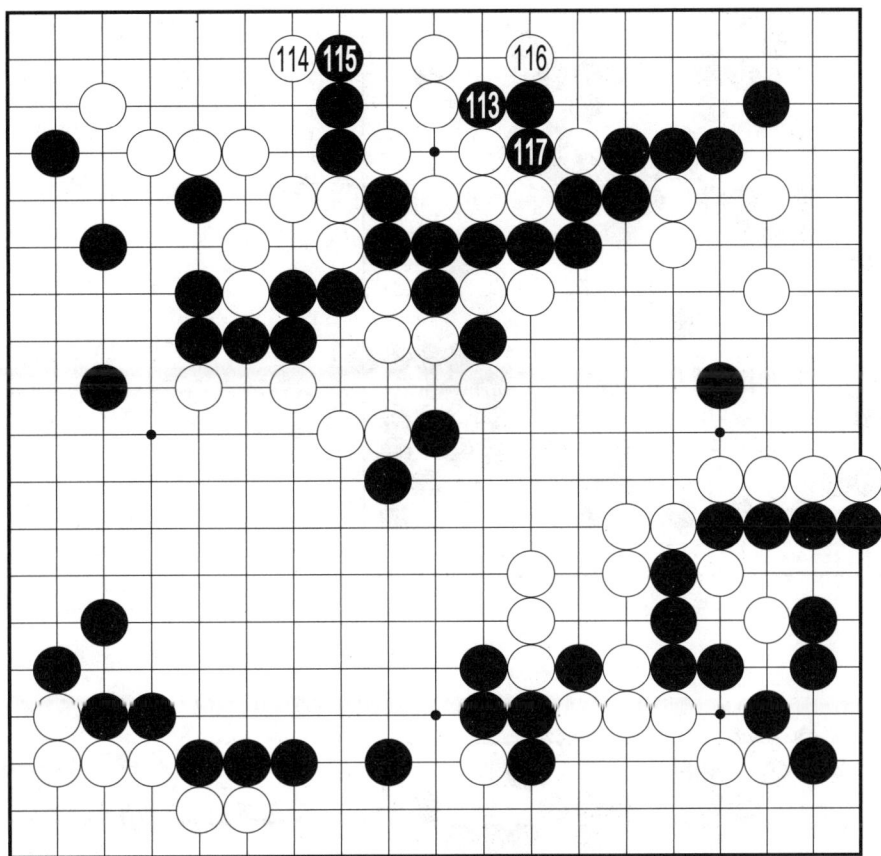

第 10 谱（113—117）

黑 113 破眼紧气，白已败势难挽，白 114 飞似乎误算。以下黑 115 冲后黑 117 打吃，藤泽秀行无心恋战，索性投子认负。

白 114 如在 115 位托，对杀更为有利，但即便如此，黑出手再动中腹，白棋同样不行。吴清源以一局快意淋漓的胜局，战胜当时全盛时期的藤泽秀行，在"王座战"赛上更进一步。

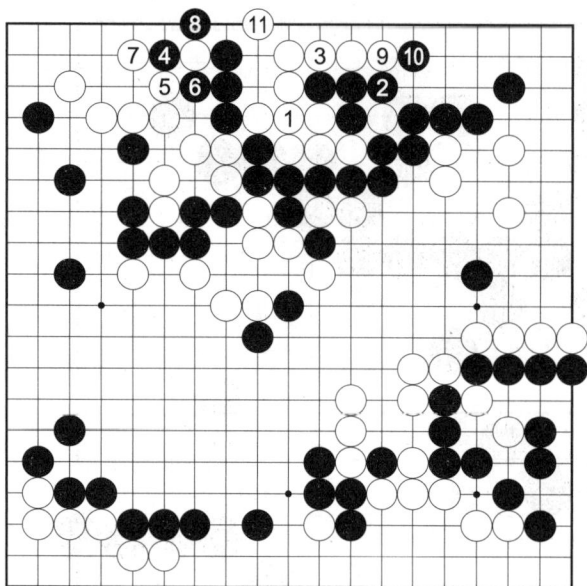

变化图 10-1

如延续实战未竟之局，白1接，再3位粘。黑4夹时，白5、白7只能紧气，以下黑8提后至白11尖是必然下法。

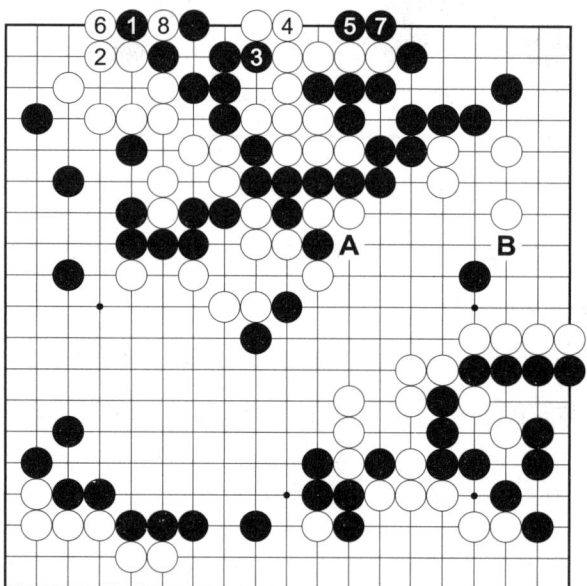

变化图 10-2

接上图。黑1扳时，白2只有退，黑3再挤收气，白4粘后，黑5点入是收气常用手筋，白6挡后再白8提成劫争（白如在7位挡则差一气被杀），A、B处都是黑棋的劫材，劫争黑轻白重，白已无以为继。

另外黑1如省略，直接在3位挤入同样是劫。

黑1挤时，白2托较实战
更优，但依然难挽败局。

如图黑3、黑5后，再从
中腹出动，至黑15，黑弈得清
清楚楚，胜利在望。

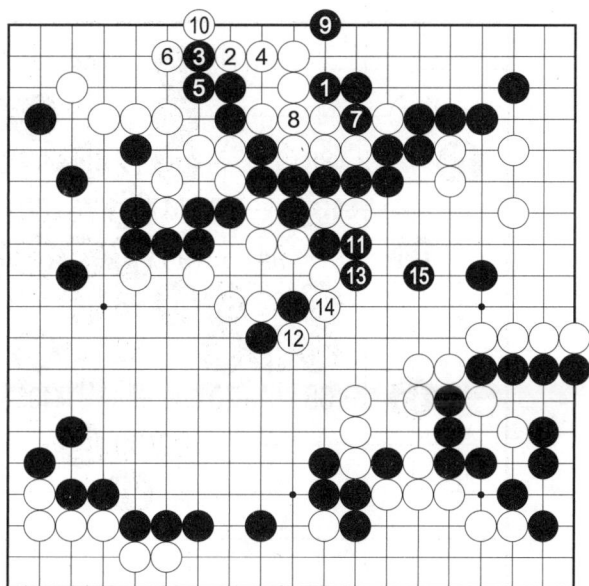

变化图 10-3

白1托时，黑还可2位打，
白如粘则黑在3位冲，故而白
3粘后成劫。之后白棋依然上
下难顾。黑14尖顶后，白痛不
欲生，难以为继。

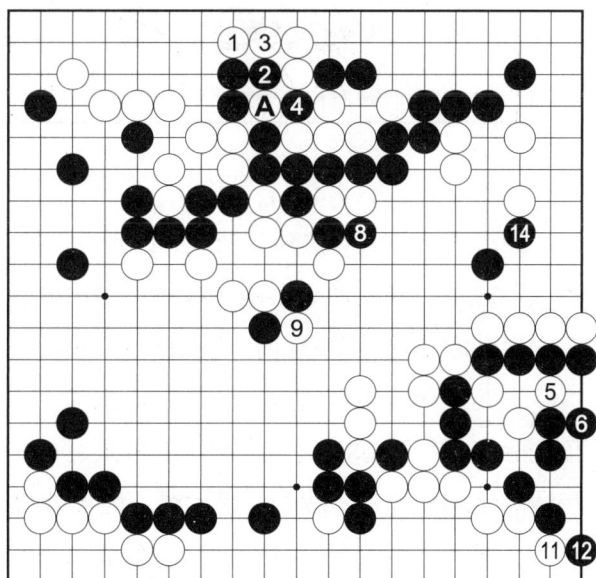

变化图 10-4

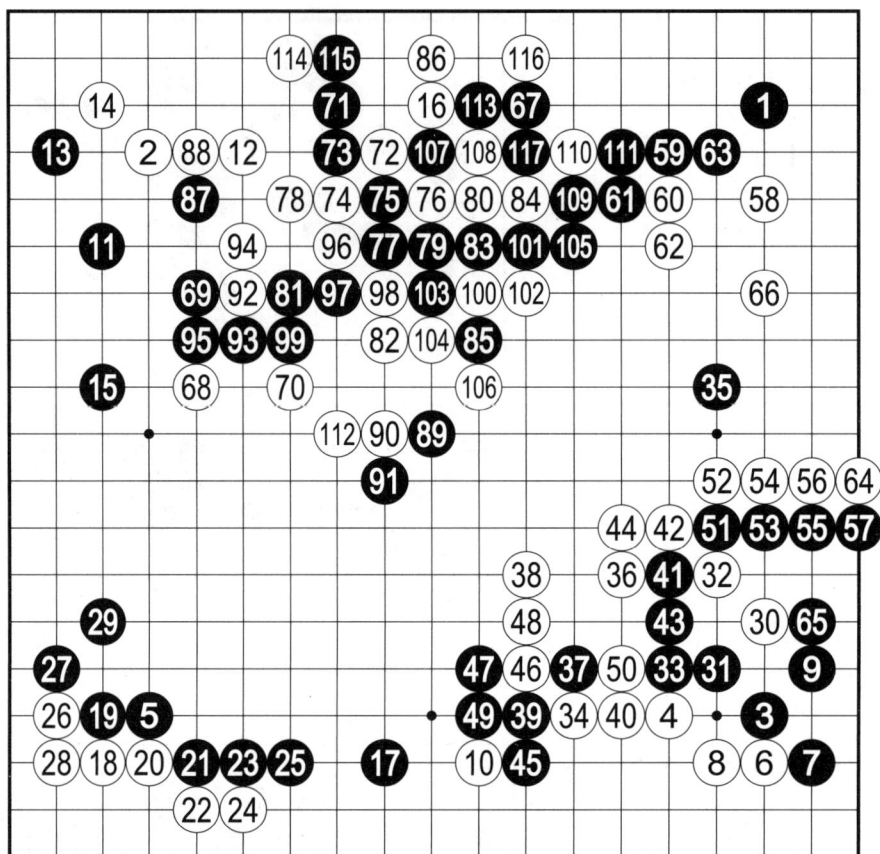

总谱（共 117 手，黑中盘胜）

藤泽秀行不仅夺得新闻社主办的首届"名人战"桂冠，若干年后，还摘得"棋圣战"冠军，并实现六连霸的壮举，还由此获得"名誉棋圣"的称号。藤泽秀行一生豪取 23 个冠军头衔，战绩彪炳，围棋生涯璀璨。

本局是两位围棋艺术大师的经典杰作。当逐渐隐去的吴清源，面对站在峰顶的藤泽秀行，本局吴清源在左上打入、弃子的一系列手法都堪称一绝，尔后吴清源掀起一波又一波的如潮攻势，堪称教科书般的实战攻击教材。

"棋道一百，我只知七。"这是藤泽秀行的名言。在围棋这项智力游戏里面，它美妙十足又令人敬畏，它在很多时候没有标准答案，它值得每一位棋士一生探索……

第十章 浩瀚当空舞

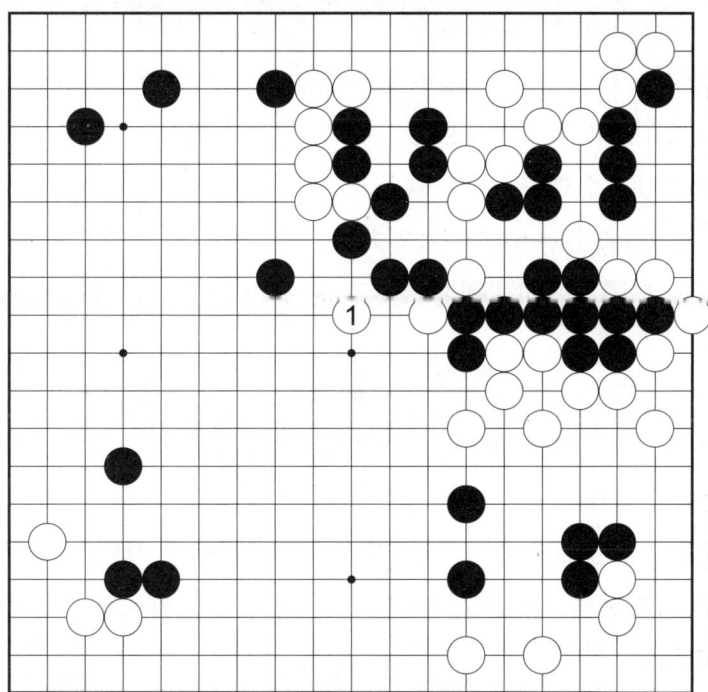

桥本昌二 吴清源

○ 一百岁后也要下棋，两百岁之后在宇宙中也要下棋

○ 放眼全局，重视整体，最朴素的着想方可生隐入神

○ 人生如棋，所有哲理都能在方寸间以棋的形式展现

○ 这些珍贵的珠玑里面，承担了人类共同的最深情感

最后一位登场棋手——桥本昌二。

桥本昌二生于 1935 年，虽不是声名显赫的著名棋豪，但一生也载誉无数：两次"王座战"冠军，一次"十段战"冠军，三次"NHK 杯"电视围棋淘汰赛冠军，并荣获关西棋院"名誉第一位"称号。

说起来，1953 年，桥本宇太郎九段夺得首届"王座战"冠军后，与升为六段的桥本昌二合影，当时新闻报道称之为"大小桥本"，桥本昌二的"小桥本"名号从此不胫而走。

1974 年，第 12 届"十段战"，桥本昌二 3 比 1 力克当时如日中天的坂田荣男九段夺冠。尤为难得的是，在第 29 届"王座战"中，年近五旬的桥本昌二挑战正当盛年的加藤正夫获得成功，时隔 22 年重得"王座"。

桥本昌二虽是著名的"长考派"棋手，下起快棋来一样出色。四夺"NHK 杯"电视围棋淘汰赛冠军，决赛战胜的不乏藤泽朋斋、大竹英雄、石田芳夫、赵治勋等数位实力超强的棋手。

在吴清源巅峰生涯的"十番棋"时代之后，各项新闻棋战层出不穷，其中包括快棋战。对于棋迷来说，快棋战节奏明快，悬念丛生，观赏性极强，其魅力无可替代。"NHK 杯"电视围棋淘汰赛便是日本历史悠久的一项快棋战。

"NHK 杯"电视围棋淘汰赛创办于 1953 年 NHK 电视开业时，由日本放送协会赞助，日本棋院主办，关西棋院协办。由代表日本围棋界的 50 名围棋职业棋手展开选拔赛，其中拥有男、女子头衔，以及名誉"NHK 杯"选手权的棋手可免选参加。比赛用时为每方 10 分钟基本用时，之后一次 30 秒读秒。

"NHK 杯"电视围棋淘汰赛起初是由无线电广播，棋手每走一步棋，播报员便通过广播报出每手棋的坐标。听众一边收听，一边在棋盘上摆出棋子的相应位置。在资讯不发达的时代，棋迷们也能同步观赏到精彩棋局，这是时代的留痕。

　　第 23 期"NHK 杯"电视围棋淘汰赛是吴清源围棋生涯末期的一个爆发点，也是其围棋生涯的最后高潮。在这次比赛中，吴清源干脆利落地执白连胜三局，闯入决赛。

　　在那个时代，能与吴清源对弈一局，对于包括桥本昌二在内的棋手来说，是梦寐以求的夙愿。

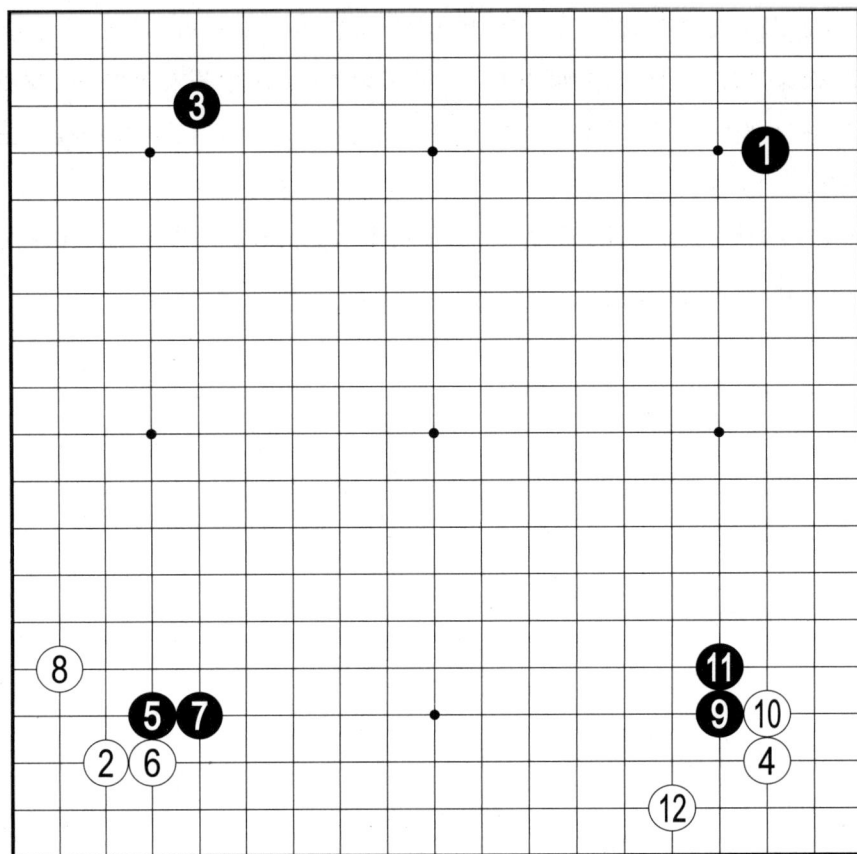

第 1 谱（1—12）

桥本昌二执黑落下小目和目外两手，看着白棋的两枚三三，陷入沉思。年逾花甲之年的吴清源偶尔落子低位，没有千篇一律的开局，而是探寻崭新构思的可能性。

这一年，已经 61 岁的吴清源参加"NHK 杯"电视围棋淘汰赛，执白 6 目半干脆利落地首胜加藤正夫。面对次轮对手，吴清源依然延续对阵加藤正夫时的布局，以两个三三起手。

而与传说般存在的吴清源对弈，桥本昌二自然倍感珍惜。面对白棋三三，桥本昌二选择了连续肩冲的方针，形成了同形不同向的有趣布局。

在 AI 视角下，肩冲三三时双方的应法之一：白 2 爬，黑 3 长后，白 4 再爬一手后再白 6 飞，如此白角部更为厚实，黑三子也不需再补，可脱先守角。

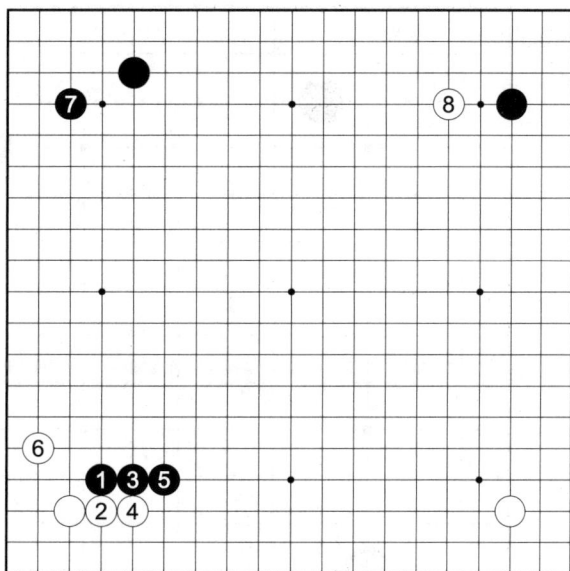

变化图 1-1

实战白如挡 1 位，以下白 7 分投攻两边黑棋。之后白 13 肩冲、再白 15 跳消解上方黑阵，以图均衡。黑 16 拐后，白紧逼，黑 18 拆后，白 19 五路碰，如此将成为"AI 味道"颇浓的开局。

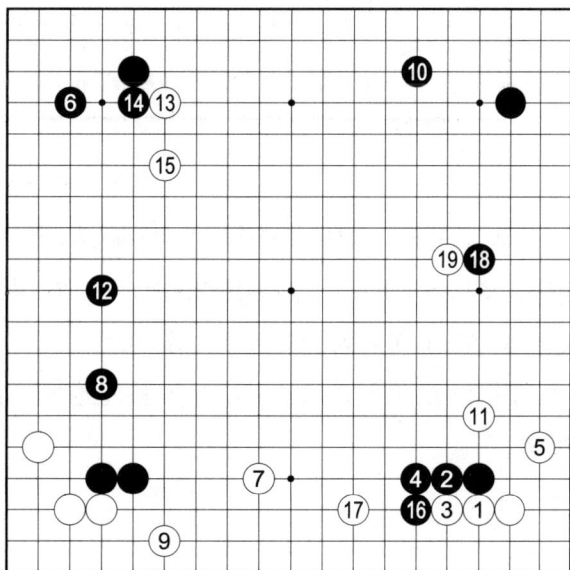

变化图 1-2

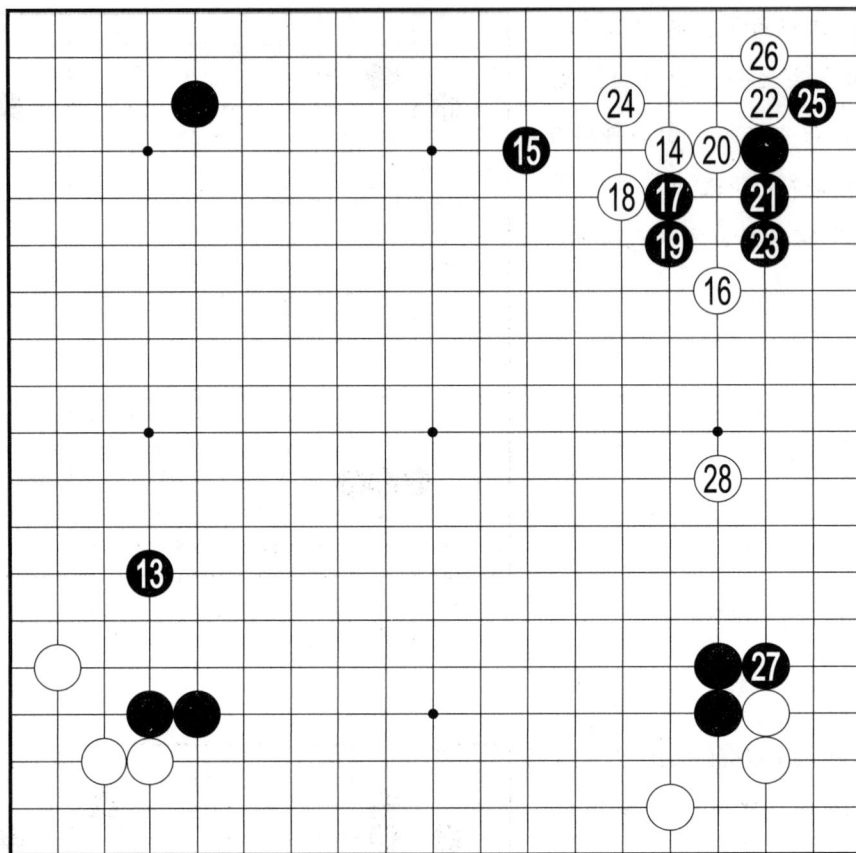

第 2 谱（13—26）

黑 13 补的同时扩张阵势，白 14 高挂，黑 15 二间高夹，白 16 飞形成"妖刀"定式。白 24 补断点，但遭黑 25 扳，白 26 退稍显委屈。白 24 应在 25 位立角，这也是 AI 出现后人们对局部定型的改观。

黑 27 拐价值巨大，白 28 拆兼逼绝好。白棋用意明确：打散全局，消解黑势。

对于黑棋二间高夹，对白棋的应对进行探讨。

人机大战之前，白1托的下法鲜见。但当李世石和 AlphaGo 首局甫一交手，人们惊讶之余发现了更广阔的空间。可以说，这是围棋人工智能带给围棋人最初的震撼。

对于白1、白3托退，并不如人们所认为的会走重自身并被夹击，反而因此使黑棋左右被牵扯。以下白5二路飞即是简单对应，局部黑棋不好出动。

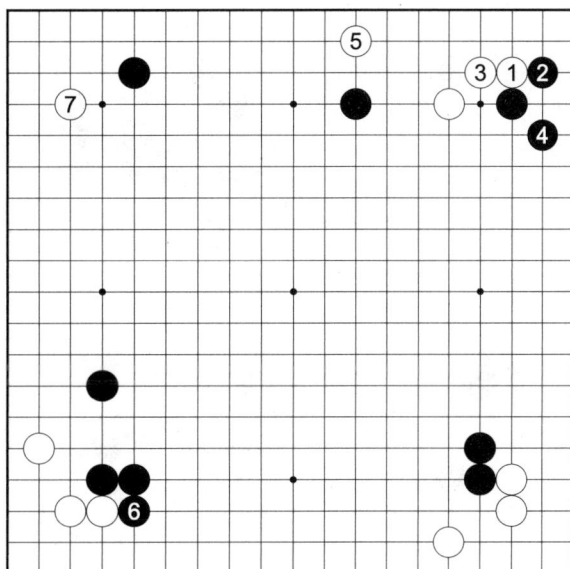

变化图 2-1

在 AI 的视角下，白1大飞依然是不错的应手。

以下，黑2单拆即是最简捷之策，如此白3挡后，黑4爬与白5交换，黑棋同样可以脱先。

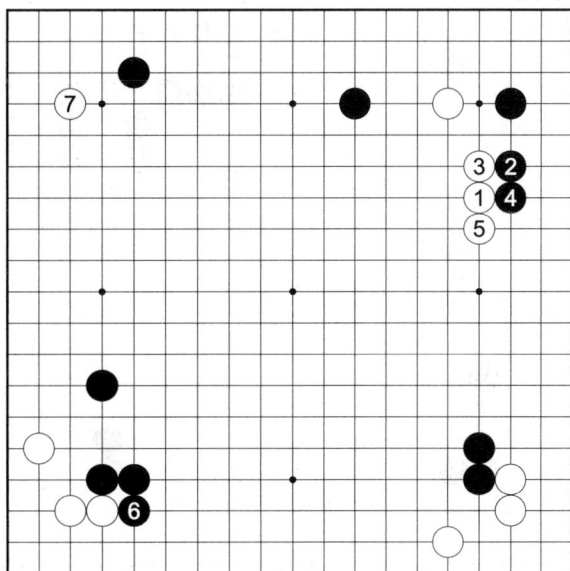

变化图 2-2

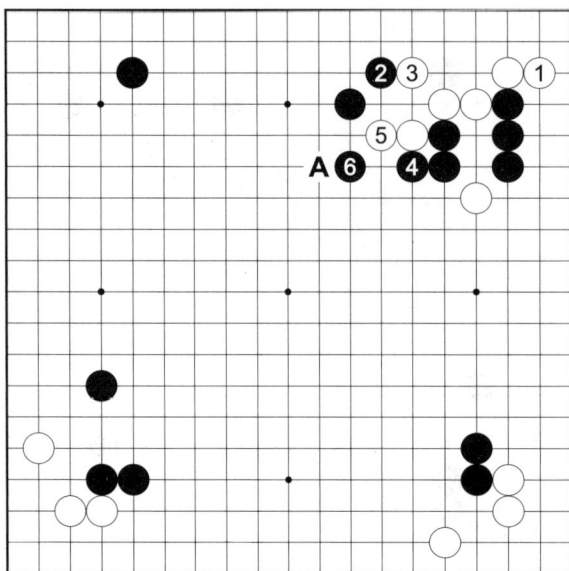

变化图 2-3

白1立，是AI视角下的"只此一手"，黑2尖完再黑4拐，黑6跳（或A位飞）封锁白棋，为此型常规下法。

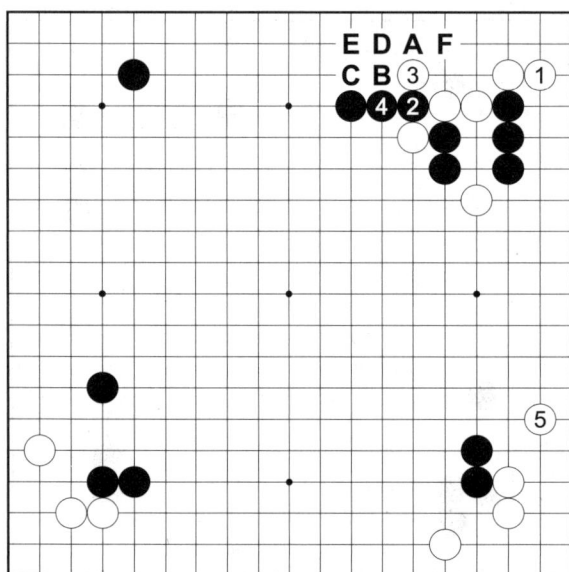

变化图 2-4

黑2如断，则白3打完脱先即可。此际白5飞最大，角部白形坚实，同时可徐徐渗入上边黑阵，黑二子渐生薄味。

以后，黑如得先手，可在A位夹定型，白在B位冲，则黑在C位挡，白在D位拐，黑在E位先手挡，白要在F位补，黑棋先手弃子封锁。

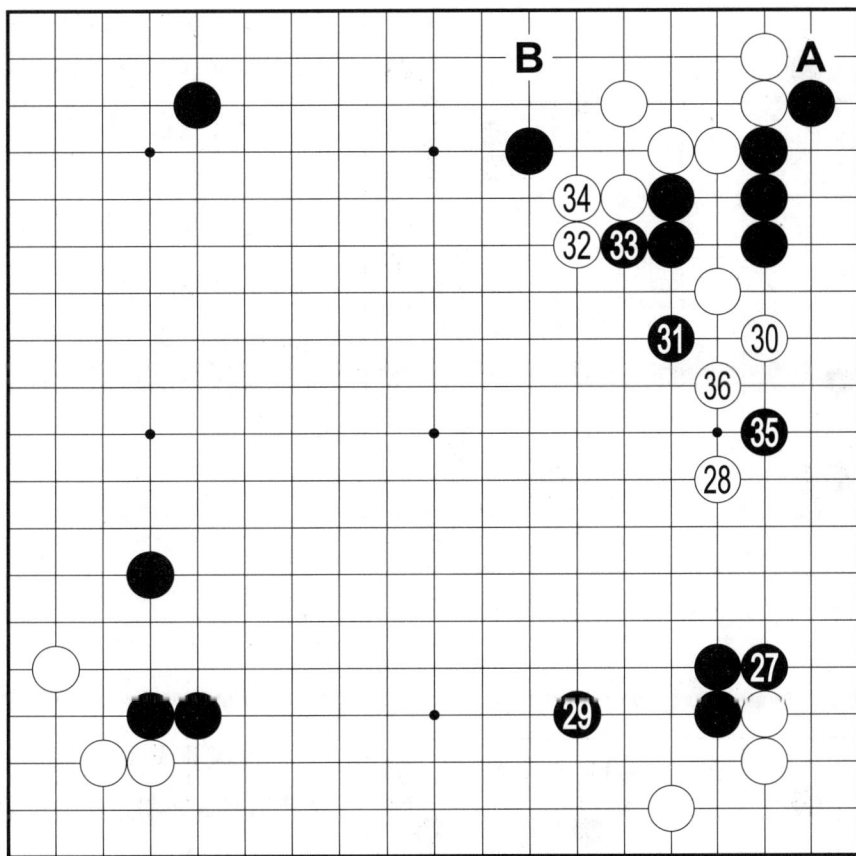

第 3 谱（27—36）

黑 29 安扎下方营地，遥相环伺右边白棋。白 30 尖攻击上方黑棋。此时黑在 A 位挡关系着双方的厚薄与目数，是可以考虑的一手，白大致在 B 位飞出。

实战黑 31 跳不走寻常路，一看便是桥本昌二苦心思考后的手段，如白冲断，黑则顺调出头。吴清源凝视盘面后下出白 32 尖。此一合较量好坏不谈，却包含着两人对艺术的精益追求。

黑 33 挤与白 34 粘是好交换，之后黑 35 正中白形弱点，白 36 尖也是好手。这一谱手数不多，计算量却不少。本局虽是快棋，想必二人在此局部花费了不少时间和心力。

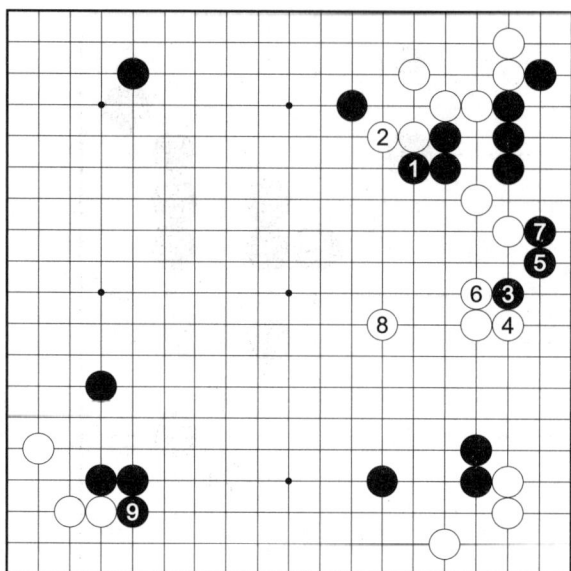

变化图 3-1

黑1如简单拐出，虽显直白，却是此际不错的一手。接下来黑3点依然是局部白形的要点。

白4如在6位挡，则黑顶后可二路爬过。黑5尖，白6挡，黑7再连回，如此白8须补一手，则黑能抢到9位拐，黑棋不差。

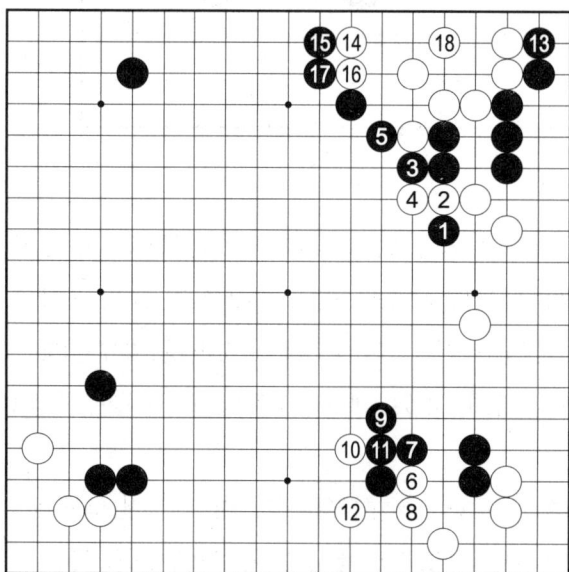

变化图 3-2

再细品黑1的用意。如白2冲则黑3必拐，以下白4冲，黑5打必然。

白6至白12出头，黑得先手攻右上白角，黑13挡后再黑15靠下严厉，至白18，黑可以满意。

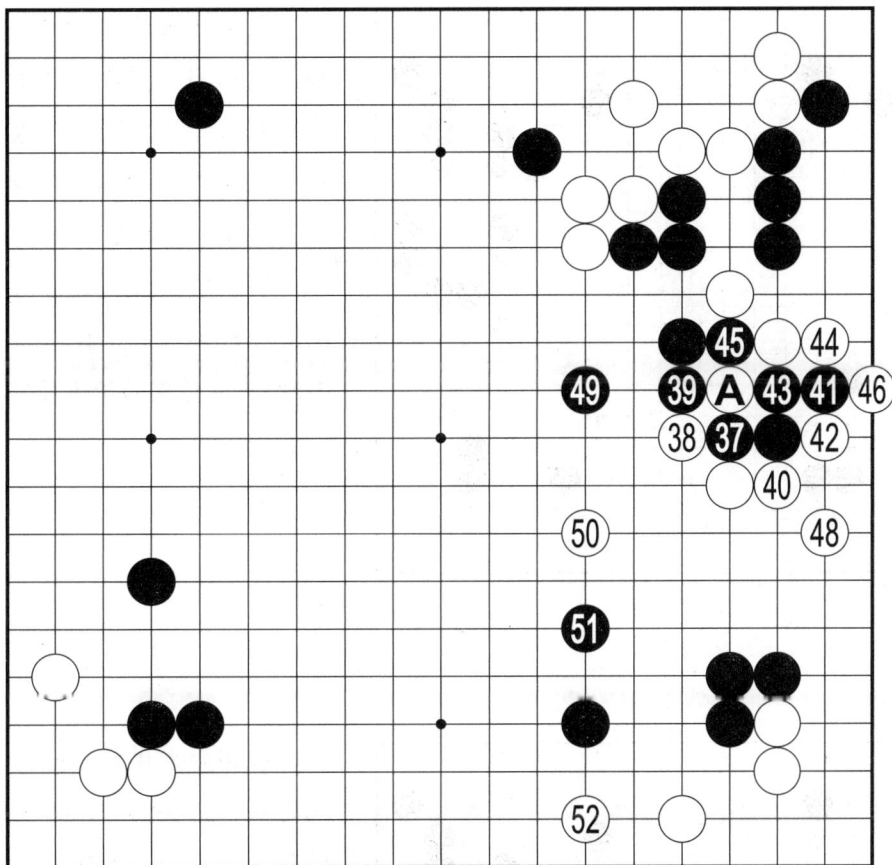

47 = **A**

第 4 谱（37—52）

白 38 挡，是吴清源强手尖出的后续手段，黑 39 断与其说是桥本昌二的计算失误，不如说是判断偏差所致的恶手。

为何？黑 39 切断看似必然，但遭白 40 贴，进行至白 48，白棋从二路渡过，黑子被打成一团不说，黑 49 还须补一手，如此白 50 飞出甚为畅快。白棋子力转到下方，下方黑四子也显得薄弱起来。黑 51 补，白 52 顺调跳出，此役白棋大得。

回头来看，靠近上方黑厚势的白棋三子并非重要的棋筋。黑如直接断反被利用，不如任其连通，以总体攻击为计。

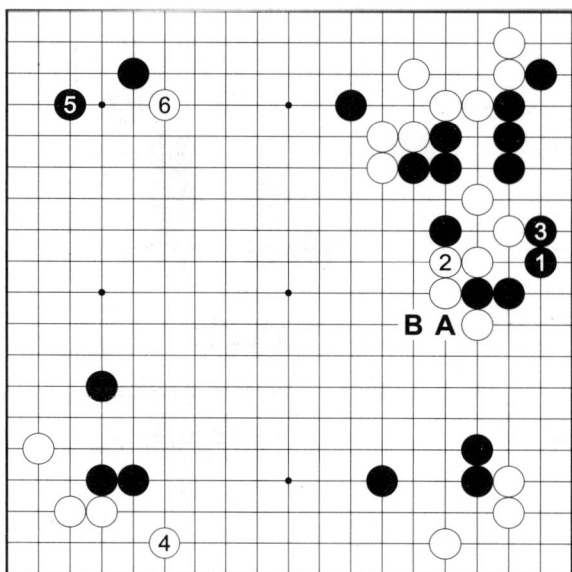

变化图 4-1

黑1尖是远算好手，白2如在3位挡则黑在2位断，对杀黑有利。白2粘，黑3渡回，局部定型告一段落。白抢4位飞，黑5守角都是大场。

黑5若在A位断，则白在B位打后再抢5位挂角，黑反而亏损。A位断的价值并不大。

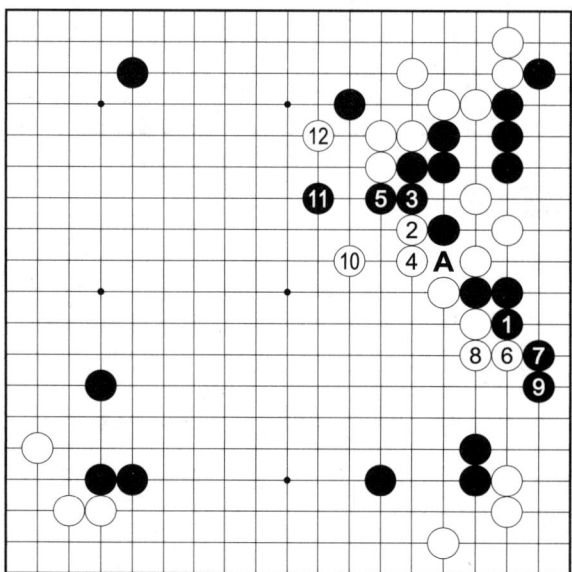

变化图 4-2

白挡后黑棋的另一种应对就是从1位拐，如此白也须先照顾A位断点。此时白2靠是好手，黑3顶，白4退，黑拐出。白棋要比白在A位粘，黑在2位双的棋形稍好。

以下白6连扳，黑二路渡回，白10再从中腹跳出，双方各自安定，右下黑形比实战要厚实不少。

实战白在1位打时，黑2如立下会如何？

黑2若强硬立下，将会有随时崩溃的风险。以下白3至黑6提为"一本道"。白7立又是最严厉手段，黑8不得不断，以下白大致有两种应手，A位打或B位粘，以下分别拆解。

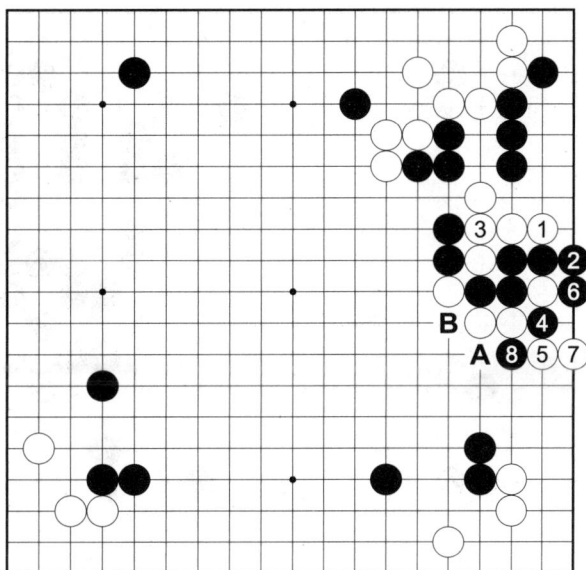

变化图 4-3

白1打，黑2粘，白3打必然，黑4与白5交换是必要次序，白7提劫后，黑只得找A位或B位冲的劫材，白将毫不犹豫消劫了事，黑棋大亏。

可见，黑棋立下将立马崩溃。

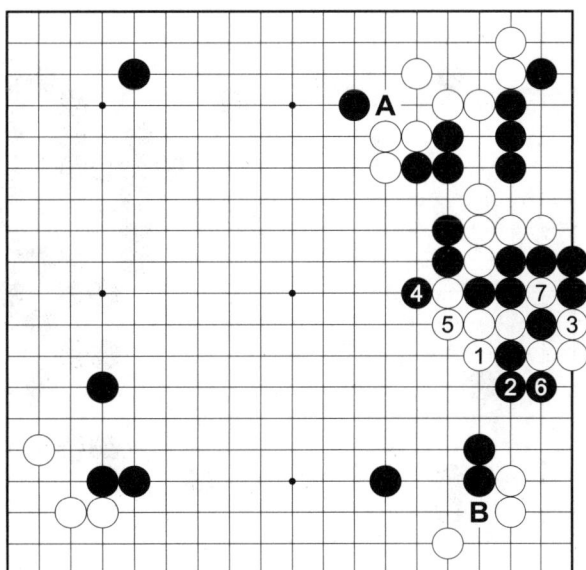

变化图 4-4

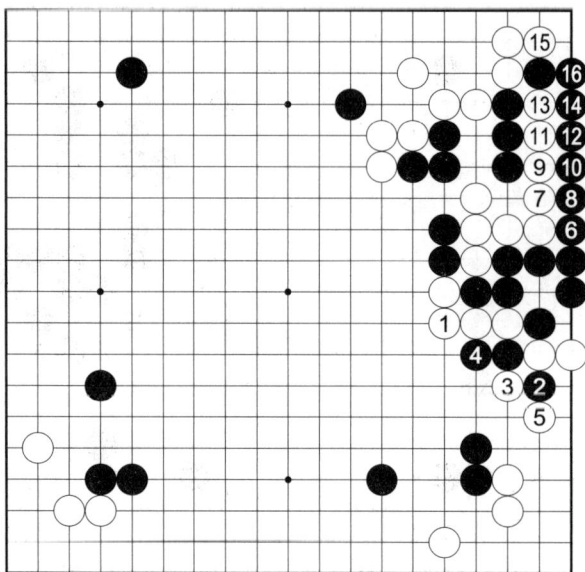

变化图 4-5

白1若粘，以下黑要杀气，须黑2、黑4弃子延气，再从6位一路爬收气，极度委屈！至黑16粘，局部可多一气杀白，但付出代价不言而喻。

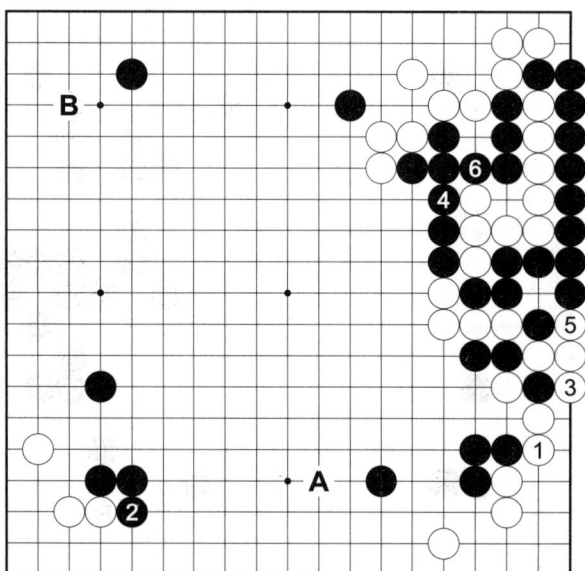

变化图 4-6

接上图。白1悠然连回，以后白3、白5皆是先手，黑不得不应，外围白四子已经连回。此时，白在A位逼或B位挂角都很大，黑棋同样面临崩溃。

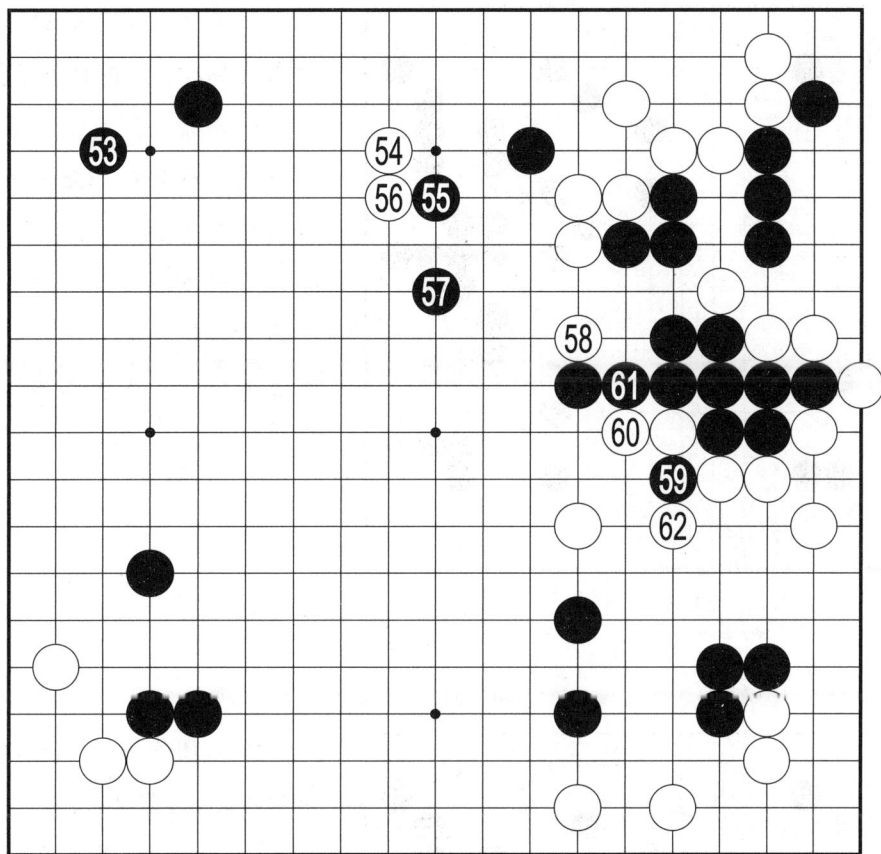

第 5 谱（53—62）

右边一役，黑棋大亏，但战斗依然得继续。黑53守角最大，白54打入上方，本局第二场战役打响。

白58靠在了十分微妙的位置，上方黑三子和右边一块黑棋变得窘迫起来，这是吴清源围棋才华的体现。黑59打，白顺手长，黑61错失良机，白62打吃后，黑棋更加困难。事实上，黑61如在62位挺头将十分严厉，黑可能将一举逆转成功。

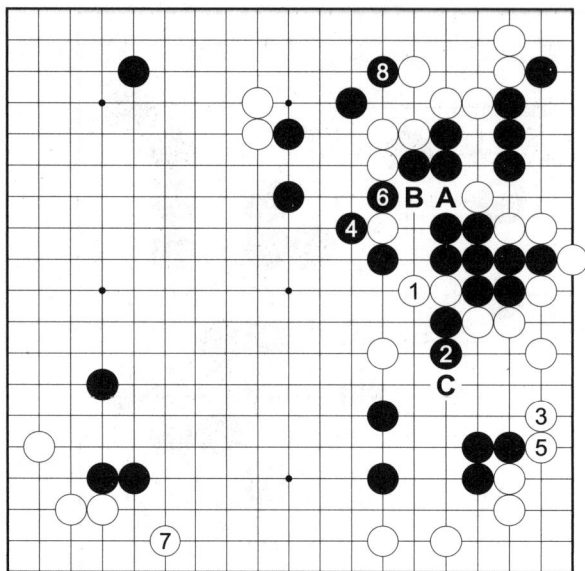

变化图 5-1

白1长，黑2挺出严厉，白在A位冲，黑在B位挡即可。

白3跳，黑4如执意在5位挡住，白有C位靠的妙手。所以黑4、黑6抱吃一子，白5连回后双方各自走厚为善，以下白7价值巨大，黑8尖后分隔上方白子。黑棋已扭转劣势无疑。

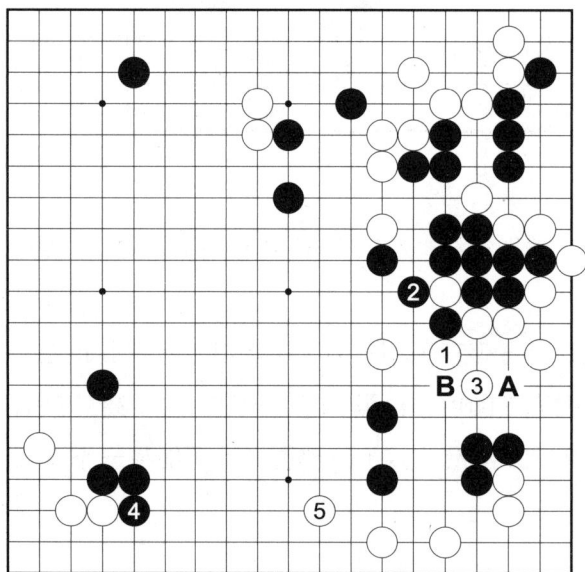

变化图 5-2

由上图可知，白1打较2位长出更好，黑2提，白3虎（白3如在A位也可，但黑在B位夹，白不舒服），黑如抢4位拐（此处一直是局面瞩目之处），则白5飞瞄着黑五子，白好调。

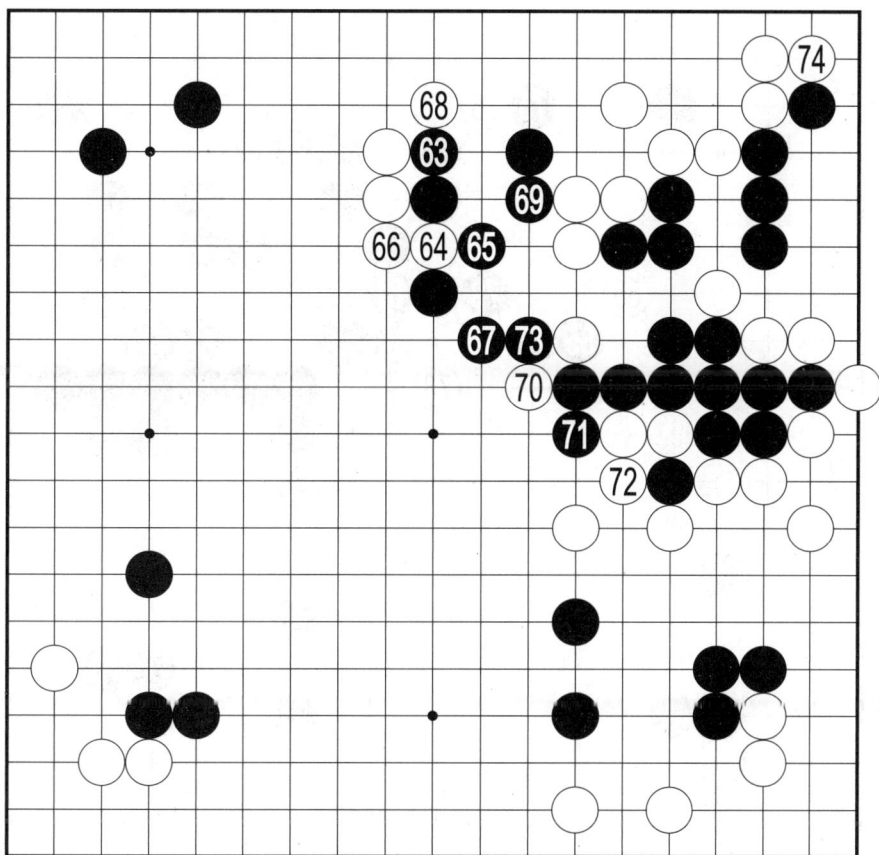

第 6 谱（63—74）

　　右边一带黑棋所获无几，桥本昌二难免心急。黑 63 贴住分割上方白棋。快棋时，面临不佳局面时求战总是不差的策略。白 64、白 66 挖粘机警，再白 68 扳得以先手走强自身。

　　白 70 又是巧妙手段，一团黑子气紧、形愚，动静不爽，颇为难受。黑 71 拐，白 72 顺手提掉，心情畅快。黑 73 断，白 74 再拐到角上，白棋走到的都是实实在在的目以及将棋形走厚，此乐何极！进行至此，白棋可谓春风得意马蹄疾。

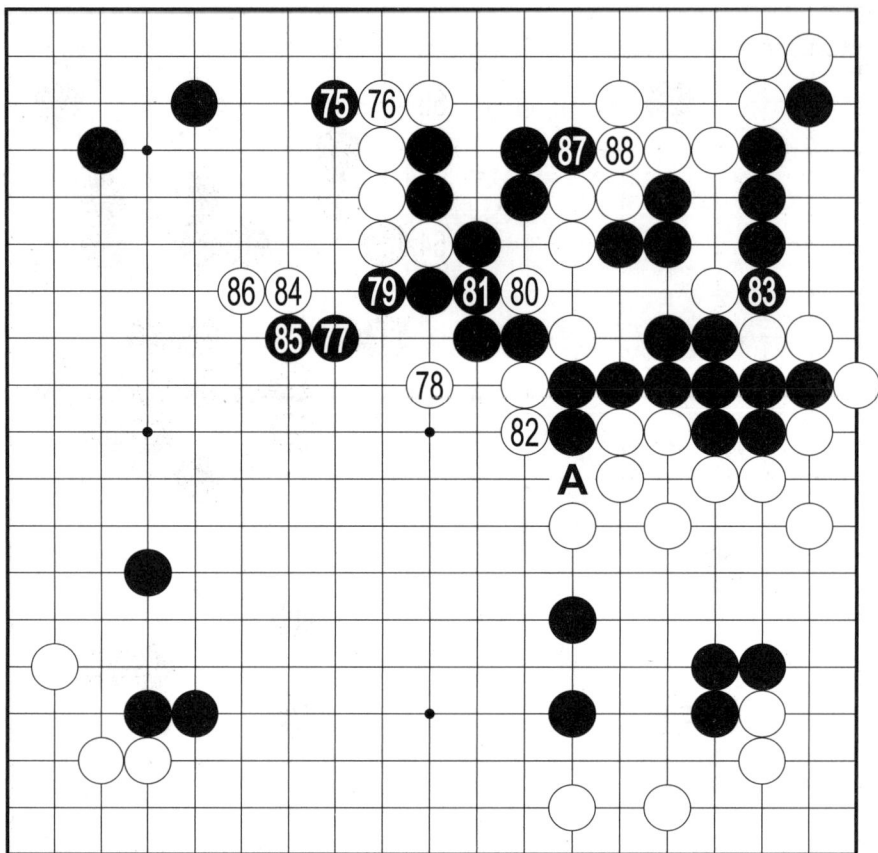

第 7 谱（75—88）

黑 75 刺后再 77 位飞，桥本昌二进攻的决心与姿态跃然盘上。吴清源弈出白 78 跳的好手，这是十足美妙的一手。桥本昌二看到此手，想必紧皱的眉头蹙得更紧了。

非攻非守，若即若离。白 78 这手未落时，黑中腹看似通体厚实，而此子掷于枰间，似来风起雾，盘心涤荡着一股氤氲不清的气息，令黑棋通体不爽。

黑 79 联络为本手，白 80 先手虎刺，再从 82 位贴住，黑不得不在 83 位断，白普通在 A 位加固棋形即可满意。实战白 84 再飞出，大优局面下吴清源弈得更为积极。

白1跳时，黑如2位冲反击，白从3位飞出即为良策。以下黑4须跳出头，白5飞再捞一票。黑棋实空大差，只有黑6、黑8分断白棋攻击上方。

白9跳后再白11夹，上方白棋不难处理，黑攻无所获的话，局面很难收拾。

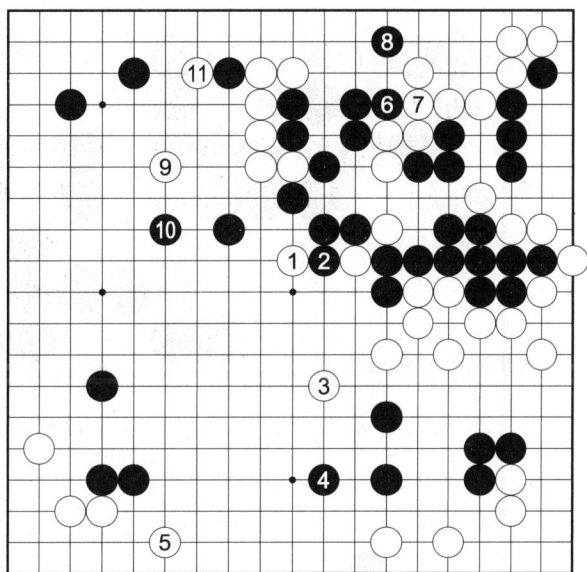

变化图 7-1

上图黑8如改为1位立，则白2飞，以下白棋就地盘活，至白10做眼，黑棋同样不行。

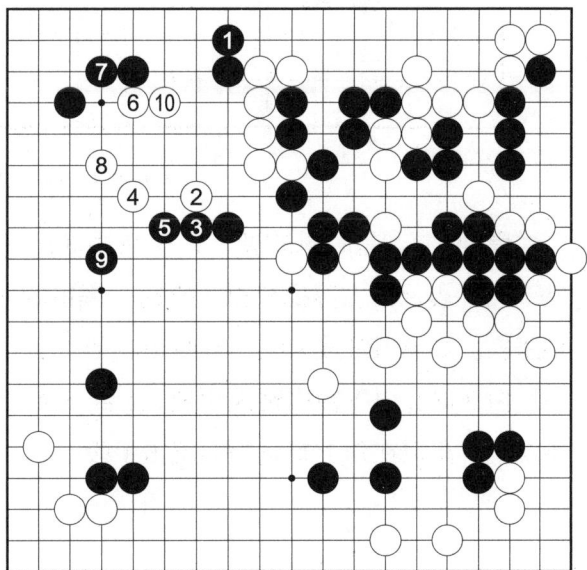

变化图 7-2

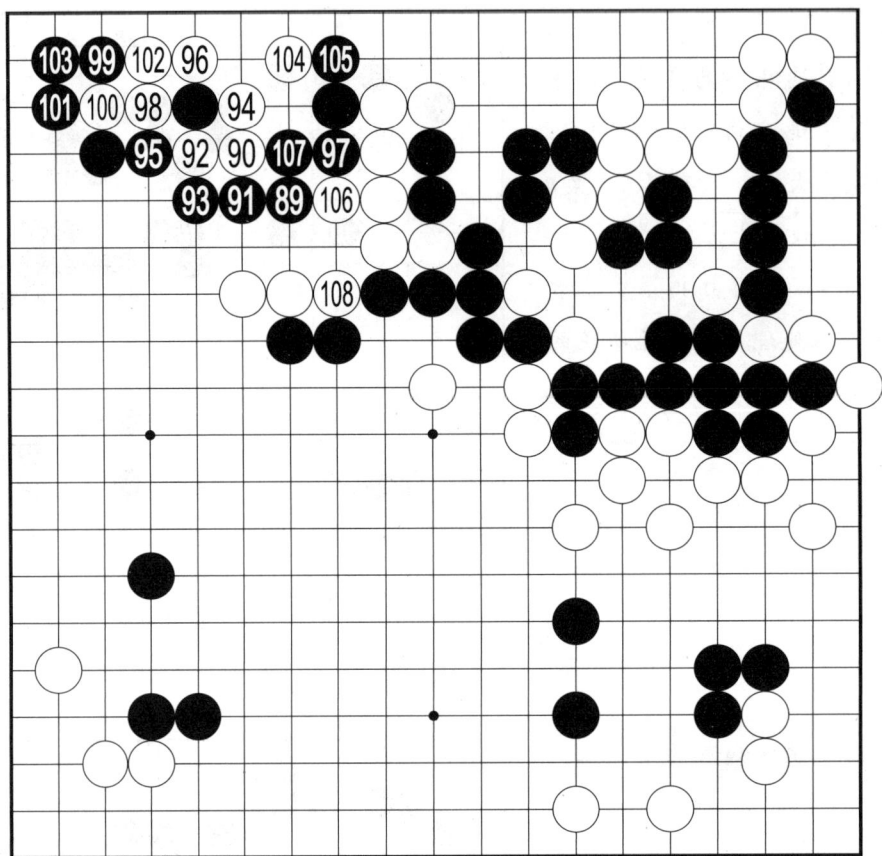

第 8 谱（89—108）

黑 89 点，是眼见的要点，虽然局面已非，但身为职业棋士的桥本昌二依然不屈斗志，奋力寻找战机。此时，黑棋的实空只有左上无忧角，下方白棋实地坚实。如黑棋难成大空，则胜望渺茫。

白 90 刺，以下白棋钻入角地，又活一块，至白 108 连接，黑棋真是叫苦不迭。事实上，黑棋在角上有更强的反击手段。

白1打时，黑2尖，是千钧一发的究极手段！

白3拔必然，黑4接回，以下白5挡后，黑扳虎，白9再打时，黑可抽手在10位跳下，白11、白13刺后飞出，黑14分断白6子，白得先手再从下方发起反击，黑实在苦。不过与实战相较，黑棋上方也算有所收获。

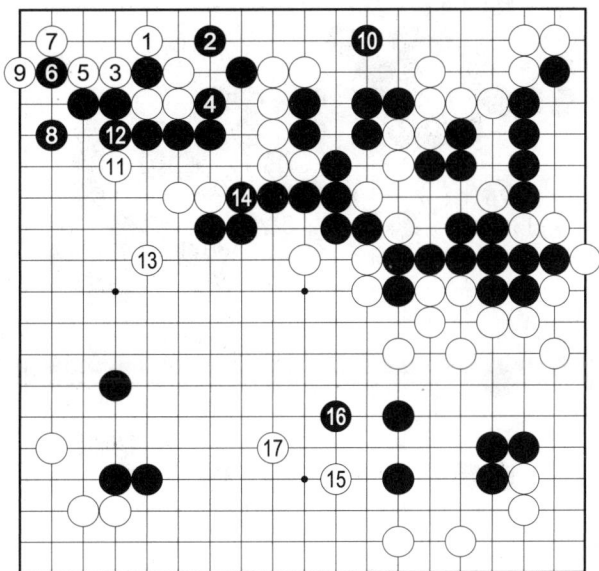

变化图 8-1

黑1尖，白2提后，黑3挤入是更为强烈的手段。

白4挡后，黑扳粘，以下白只有冲断黑棋，黑11扳后再黑13一路点，白粘后，黑大致有A位爬和B位做眼两种应对，以下分别探讨。

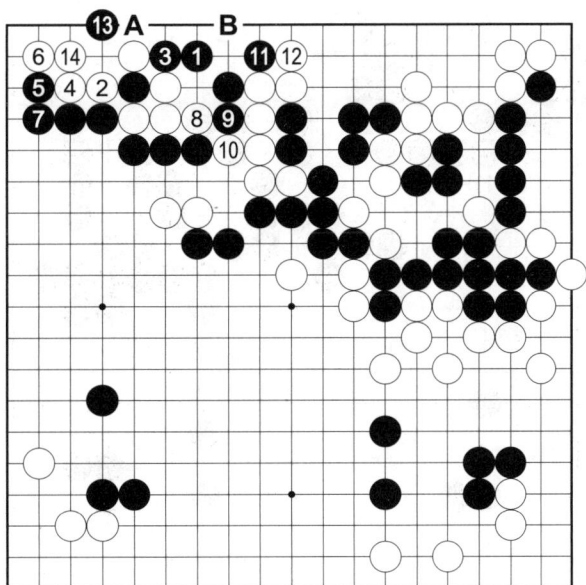

变化图 8-2

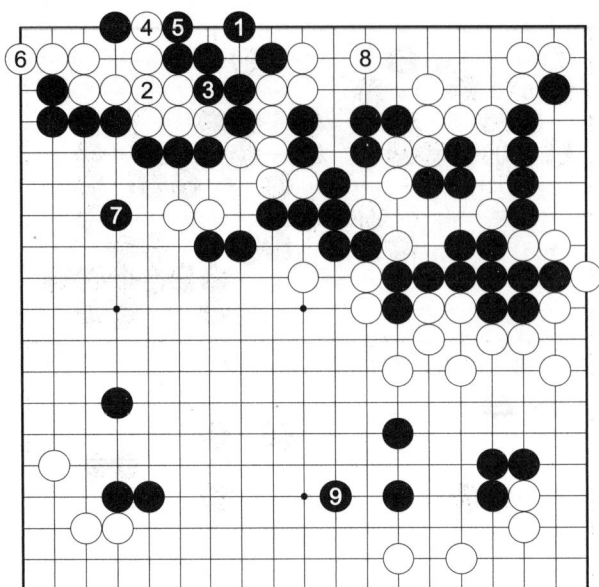

变化图 8-3

黑白双方各自做眼，黑7飞后，白8跳回，黑9终于得以补强。俯视全盘，黑空何在？白棋盘面已大优20余目。

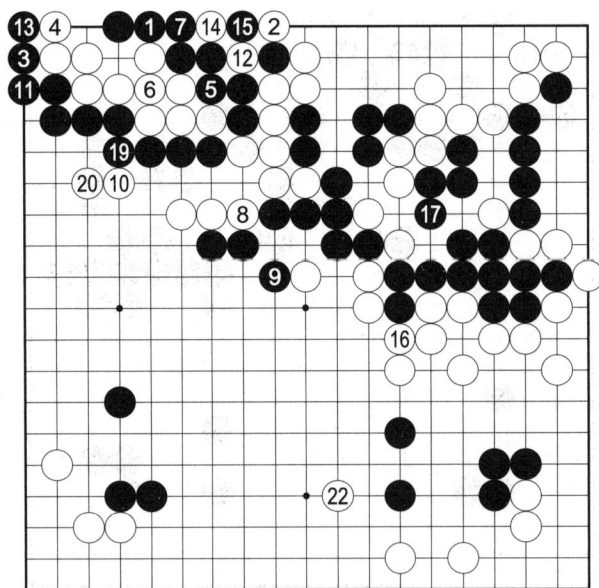

⑱＝⑭ ㉑＝⑮

变化图 8-4

黑1爬回最强，以下角部将形成对杀。

黑7后，白8虎，黑补后，白10再飞毫不手软，此后形成劫争，白右下欺凌黑弱棋，劫材无数，黑已崩坏难救。另外白10还可在12位提，角部形成双活。

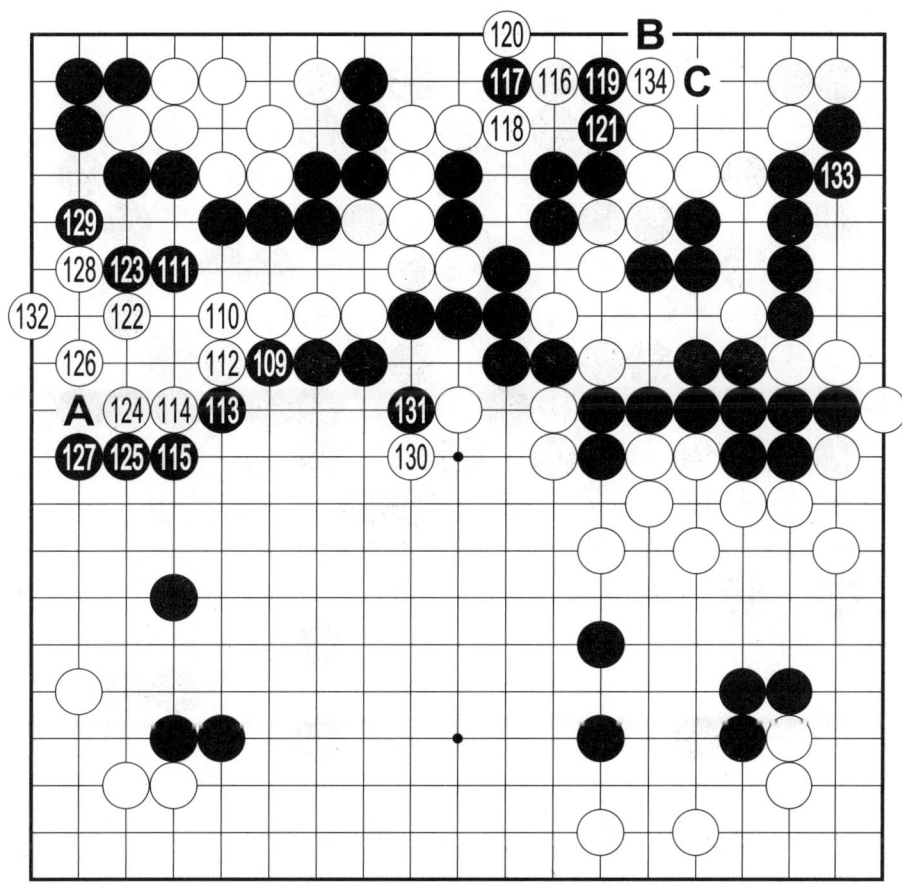

第 9 谱（109—134）

　　虽然黑棋已呈败势，但因为是快棋，不到最后一刻，鹿死谁手尚未可知。在读秒声的催促下，对于年逾花甲的吴清源也是严峻的考验。

　　进入本谱，黑棋将希望寄托在攻击中腹白大块。白 116 飞，黑 117 弃子切断，白棋已先手得一眼，再左边 122 位跳下，可轻松做出另一个眼位。白 130 做活前先与黑 131 交换机敏，白 132 在 A 位团，局部或许更好一些。黑 133 粘后，白 134 挡，以后黑在 B 位扳，白在 C 位退即活。

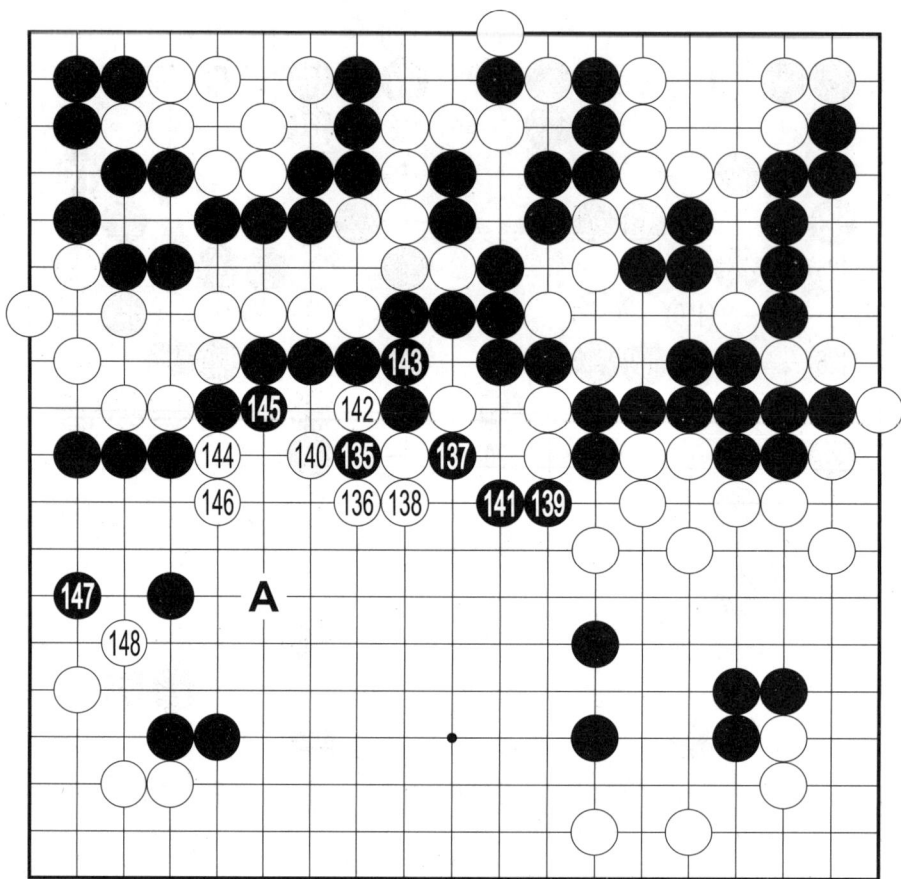

第 10 谱（135—148）

　　如何将优势转为胜势，历来是胜负角斗场上的难题。黑 135 扳，白 136 连扳强硬，以下双方应对完美。黑吃住中腹三子，白 146 长出必然，黑 147 跳下后，白 148 尖，好手！能在读秒声中弈出此手，吴清源的快速判断能力真是令人惊叹。

　　作寻常计，白棋的焦点自然是将中腹白棋安顿即可，所以普通是在 A 位飞出，而白 148 打算弃掉中腹白子，顺势从下边冲出。若形成转换，棋盘将进一步缩小。这种构想，真如高山流水，行于当行，止于当止。

在读秒声的催促中，白棋该如何处理？此际白1断试问黑棋应手，可谓正当其时，时机正好。

黑2打不给借用，白3、白5连回一子，黑不得不在右边两眼做活。黑棋在大差局面下再被搜刮，心情可想而知。

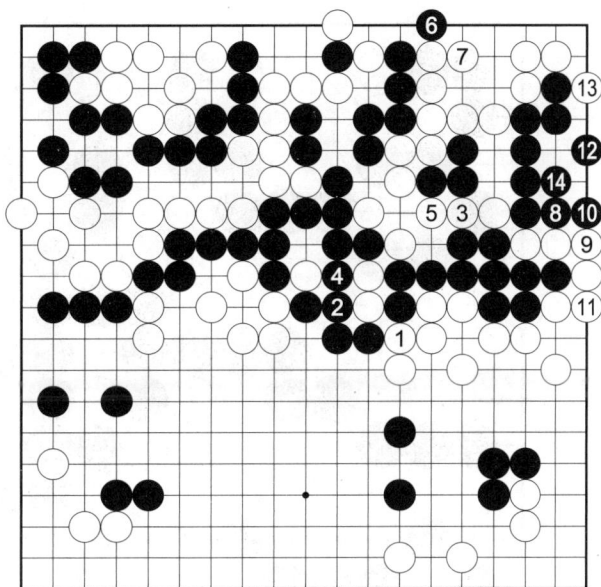

变化图 10-1

白1断时，黑2补可避免苦活的窘境，但中腹免不了被白棋借用，以下白3至白7后再9位粘，黑若胆敢在A位打，则白在B位打，黑只有在C位提，白在D位跳下形成转换，局面不言而喻。

所以白9后，黑在E位跳出，白简单自补，局面再无波澜。综上可见，白1断试应手时机正好。

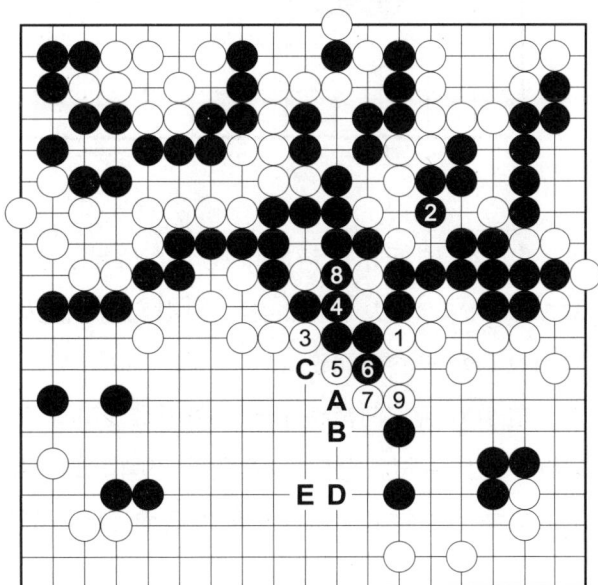

变化图 10-2

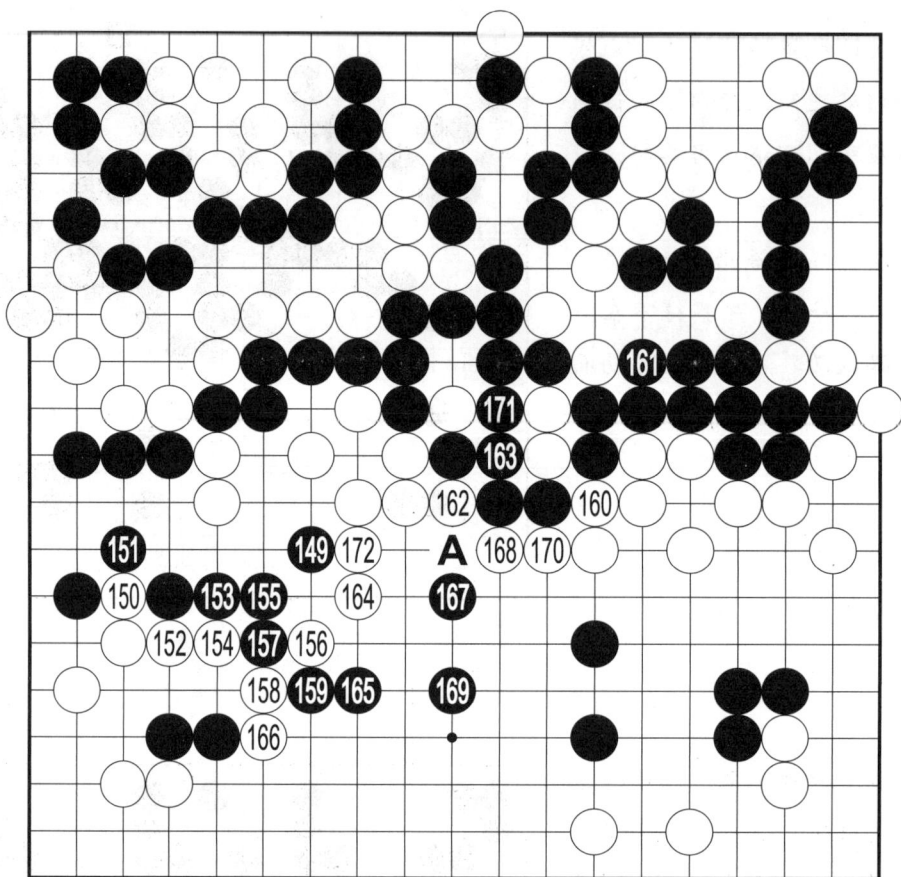

第 11 谱（149—172）

黑 149 点反击，若简单在 150 位粘，白将从 152 位冲出弃子。实战放任白 150 先冲，再从右边冲出，黑棋自身也危如累卵。之后白 156 跳，黑 157、黑 159 只能先冲断再说。

白 160 断，白棋终于走到令黑难受的地方。黑 161 打，之后白 164 尖出，再弃子包住中腹，至白 172 接后，黑棋敢在 A 位断吗？

吴清源弈得毫不退让，步步精准无比，最后胜负处终于要见真章。

白1扳，黑2冲出，白腾挪手段众多，白5靠即是一法。

以下黑6切断，白7、白9好手，至白13尖，下方黑形破碎，要拿住白棋更是痴人说梦。

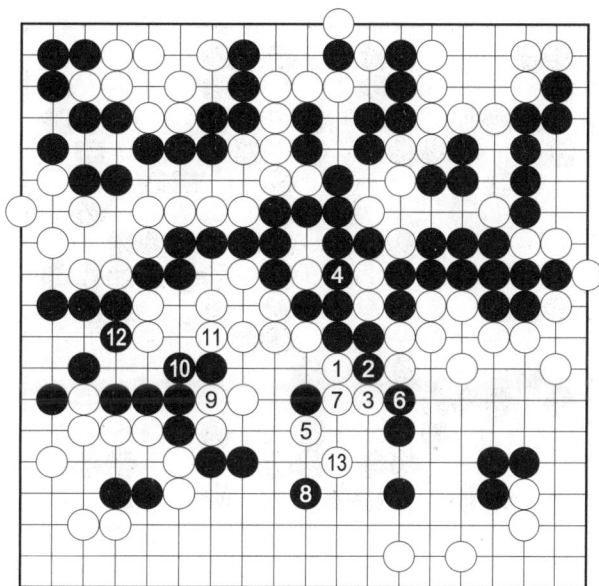

变化图 11-1

接上图。黑全部强行撑住的话，至白14，黑只能落得玉碎下场。

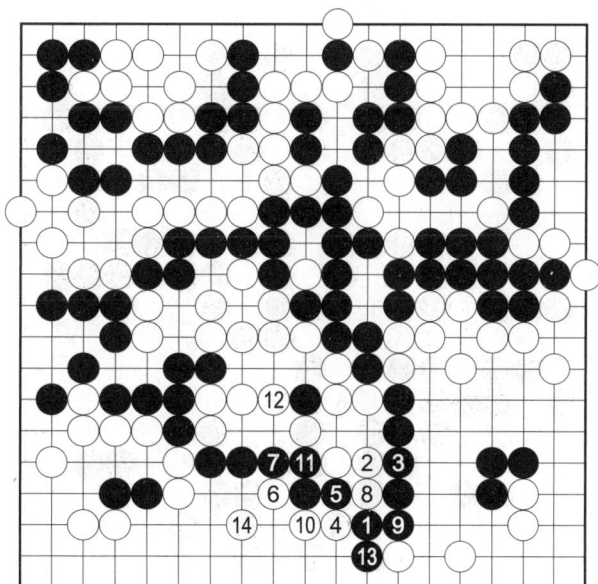

变化图 11-2

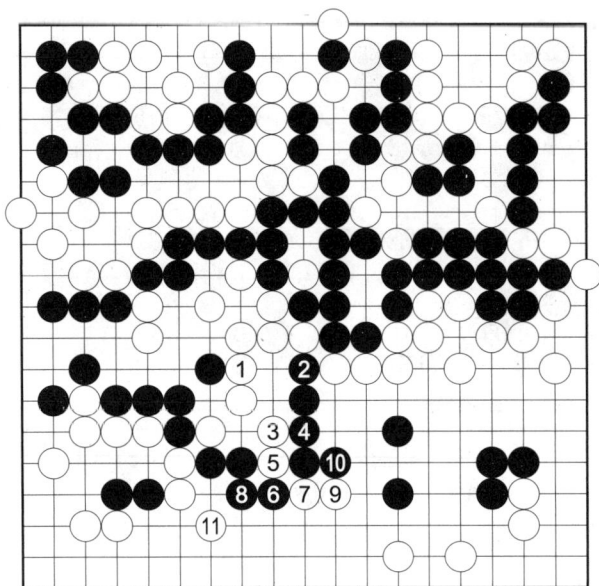

变化图 11-3

白1接后，眼见黑可2位断，但白3尖后，黑形支离破碎。

黑4只得接住，白5向下冲断，至白11尖，黑难收拾。

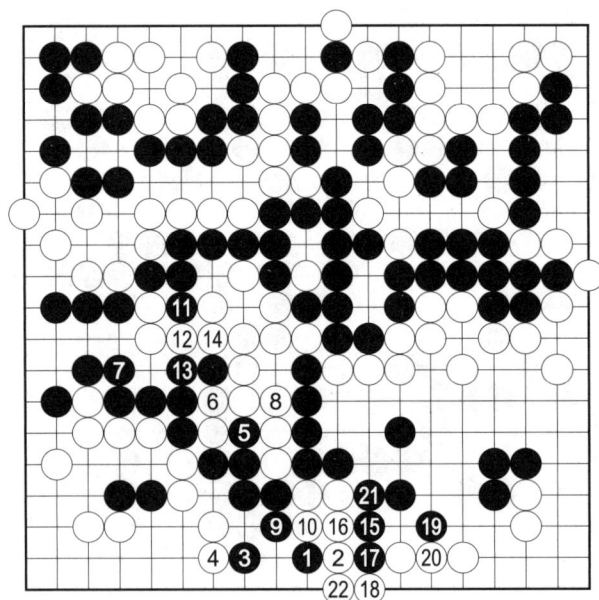

变化图 11-4

接上图。黑1飞最强，此后形成对杀。至白22，黑差一气，反击不成反被噬。

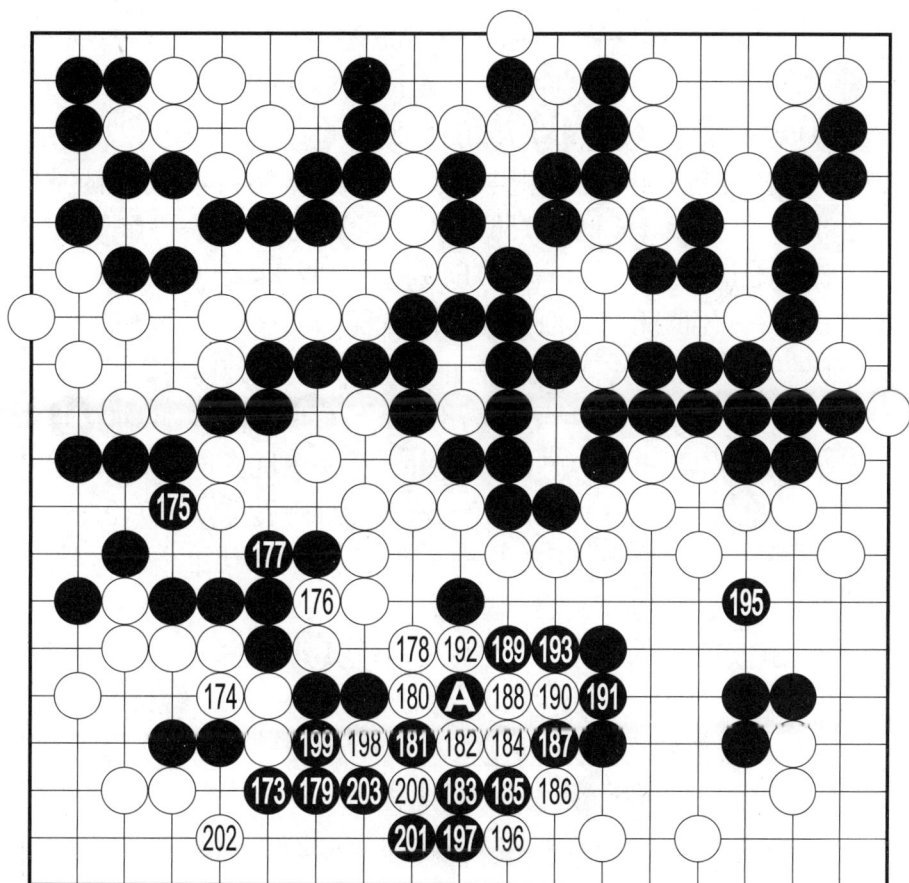

194＝Ⓐ　204＝181

第 12 谱（173—204）

黑 181 强行挡住，是桥本昌二最后的顽强。白 182 断后再白 186 扳，黑两块被分断。黑 195 跳补，又遭白 196 虎，黑下方无药可救。

白 202 尖后再 204 位粘住，下方黑棋全部阵亡，桥本昌二只能投子认负。

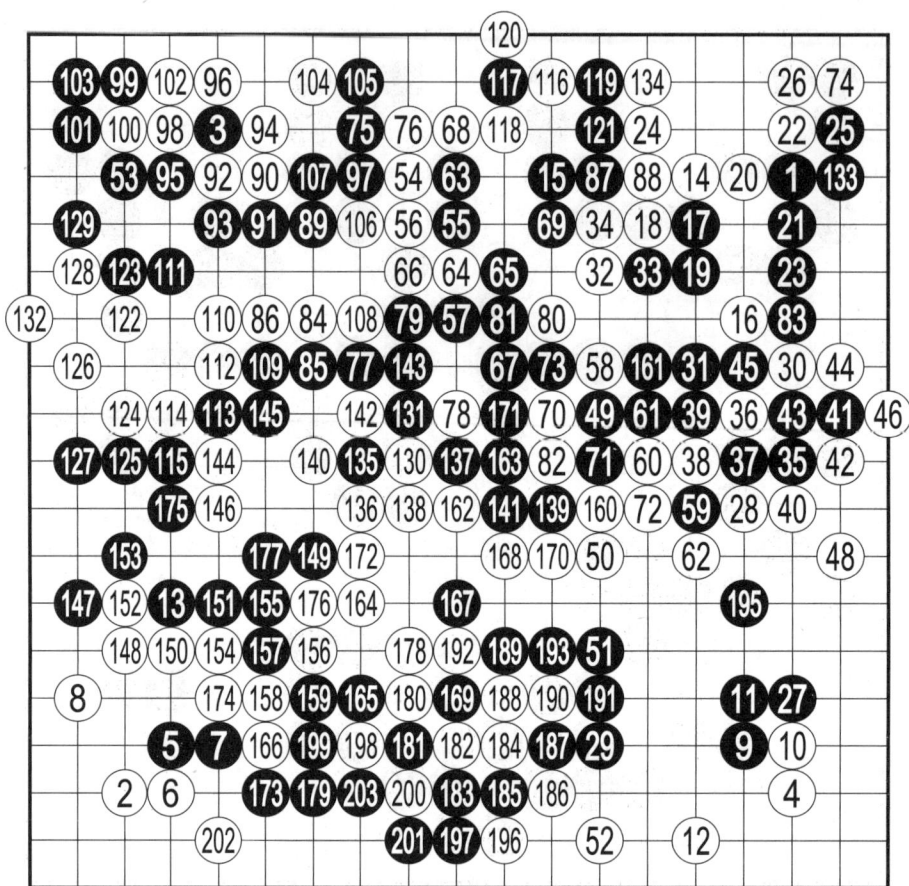

总谱（共 204 手，白中盘胜）

通观此局，吴清源的状态宛如回到了全盛时期。精确的计算，锐利的着法，呈现出一局完胜之谱，本局堪称吴清源后期的代表作之一。

62 岁的吴清源赢下本局后，又接连战胜洼内秀知九段闯入决赛。恰如休眠多年的火山再度爆发，这一特大新闻轰动了当时的日本棋坛。在冠亚军决战中，吴清源与老对手坂田荣男再次相遇，那局棋直到后半盘还是吴清源胜券在握，最后却因一个失误将好局相送，极为可惜。

吴清源曾两次获得日本"最强者决定战"冠军。在进入 60 年代后，吴清源始终与新闻棋战冠军无缘。"昭和棋圣"终为"无冕之王"，惜哉，惜哉！

1984 年，70 岁的吴清源正式引退。他的退隐仪式依旧是一盘棋——以一对十的联棋。桥本宇太郎、高川格、坂田荣男、林海峰、梶原武雄、藤泽秀行、山部俊郎、桥本昌二、杉内雅男、杉内寿子，这十位当时日本棋坛的代表人物悉数到场，与吴清源同弈一局。

吴清源登台，全场掌声经久不绝。师兄桥本宇太郎率先上场，他捻一枚黑棋落于天元，如吴清源 19 岁时面对名人秀哉时的场景。吴清源微笑着应以小飞挂，那是桥本宇太郎面对山部俊郎起手天元时的应手。短短两手，勾起的满是往昔的回忆，会场里八百多人掌声雷动。彼时，吴清源的师友濑越宪作、本因坊秀哉、木谷实均已不在人世。人生如棋，不胜嗟叹。

2014 年，中日棋界为吴清源先生举办盛大隆重的百岁寿诞庆贺仪式。5 个月后，吴清源先生在睡梦中安详逝去。

"一百岁后我也要下棋，两百岁之后我在宇宙中也要下棋。"吴清源如是说。他认为，21 世纪的棋就是"六合的调和"，就是四方世界，就是宇宙苍穹。如果说天是中腹，地是边角，那么东南西北就是整个棋盘。这种说法，启迪人们将视线放在全局，不过分计较一时一地的得失，只有重视全部和整体，才能心怀广阔，进入棋艺最高境界。可以说，这既是围棋棋理的精华与要旨，也是人生哲理的典范和启示。

如今，物技高超，日新月异，人工智能给围棋带来了深刻变革。围棋这项智力游戏经过科技的赋能与加持，将更为博大宽广的思路、更为精确深远的判断和更为精巧隐秘的手段呈现在世人眼前。而在吴清源的珠玑妙谱中，这样的思维可谓随处可见。它穿越时空，联通古今，成为人类智慧的结晶之作。

尧帝造棋问天，人类纹枰求道。棋盘即是宇宙，宇宙也是浩瀚无边的棋盘。

吴清源，他的名字早已跨越国界，超越竞技范畴，成为一个时代的象征。他的百年生涯，跨越两个世纪，成就一篇辉煌浩繁的棋史，足令今时和后世万流景仰。